니체의 문화혁명

건강한 문화, 병든 문화

니체의 잠언과 해설

니체의 문화혁명

건강한 문화, 병든 문화

박찬국 지음

철학과 현실사

II 건강한 도덕, 병든 도덕

서문

　나는 인간에 관한 니체의 잠언들을 소주제별로 분류한 후 해설을 붙여서 『니체, 인간에 대해서 말하다: 병든 인간, 건강한 인간』을 2008년에 철학과현실사에서 출간한 적이 있다. 이번에 출간하는 책 『니체의 문화혁명: 건강한 문화, 병든 문화』에서는 문화에 관한 니체의 잠언들, 구체적으로는 철학과 도덕, 종교와 예술에 관한 니체의 잠언들을 소주제별로 분류하여 해설을 붙였다. 『니체, 인간에 대해서 말하다: 병든 인간, 건강한 인간』에서는 니체의 잠언들을 먼저 소개하고 해설을 덧붙였는데, 이번 책에서는 각 소주제에 대한 니체의 사상을 먼저 해설한 후 그와 관련된 잠언들을 소개하는 형식을 취했다. 이는 인간에 관한 니체의 잠언들에 비해서 철학과 도덕, 종교와 예술에 관한 니체의 잠언들이 니체의 사상에 대해 문외한일 수 있는 독자들이 읽기에는 상당히 어렵다고 생각했기 때문이다.

　니체는 우리 인간이 건강하게 살기 위해서는 건강한 문화를 건립하는 것이 가장 중요하다고 보았다. 문화의 토대를 형성하는 것이 철학과 도덕, 종교와 예술이라는 사실을 고려할 때, 건강한 문화가 형성되기 위해서는 일차적으로 건강한 철학과 도덕, 건강한 종교와 예술이 먼저 건립되지 않으면 안 된다. 니체가 자기 자신을 반(反)시대적인 철학자라고 불렀던 데서 알 수 있는 것처럼 니체는 근대와 근대의 문화가 철저하게 병들어 있다고 보았다. 그는 이렇게 근대의 문화가 병들어 버린 근본적인 원인을 소크라테스와 플라톤에서 유래한 이원론적인 형이상학과 기독교가 서양의 역사를 지배해 온 것에서 찾고 있다. 따라서 건강한 철학과 도덕, 건강한 종교와 예술을 건립하기 위한 니체의 투쟁은 서양의 전통 형이상학과 기독교와의 대결, 그리고 이러한 서양의 전통 형이상학과 기독교의 연장이라고 할 수 있는 민주주의와 사회주의와 같은 평등주의적 사조와 동정의 도덕과 같은 것들과의 대결이라는 형태로 수행되고 있다. 이런 의미에서 니체의 철학은 2,500여 년에 걸친 서양의 문화를 전복하려는 거대한 문화혁명의 성격을 갖는다고 할 수 있다.

모든 인간이 평등하다는 사상은 오늘날 당연한 진리로 간주되고 있기에 니체의 많은 잠언은 현대인들의 귀에 상당히 거슬리게 들리는 것이 당연하다. 본인 역시 민주주의자이기에, 니체의 귀족주의적인 입장은 받아들이기 힘들다. 그럼에도 불구하고 건강한 문화가 무엇이며 그러한 문화를 구성하는 철학과 도덕, 종교와 예술은 무엇인지에 대한 니체의 사상은 오늘날에도 여전히 큰 의미가 있다고 생각한다. 극단적인 평등주의를 추구했던 사회주의 사회가 국가권력에 의한 전제적인 독재를 초래하면서 인간 정신과 문화의 철저한 왜곡을 초래했던 사태를 생각해 보면, 평등주의에 대한 니체의 우려가 루카치와 같은 사람이 평가하는 것처럼 단순히 지배계급의 이익을 정당화하려는 보수 반동적인 동기에서 비롯되었다고만 치부할 수는 없다. 우리가 굳이 니체의 귀족주의적인 정치철학을 받아들이지 않더라도, 하나의 인간과 사회 그리고 문화가 건강한 것이 되기 위해 필요한 조건이 무엇인지에 대해서 니체는 여전히 우리가 곱씹어 보아야 할 통찰을 제시하고 있다. 독자들이 해설을 덧붙인 이 잠언집을 통해 니체의 육성을 직접 접하면서 니체의 통찰에 대해서 숙고할 시간을 갖기를 바란다.

이 책은 전문적인 학술서보다는 대중적인 교양서를 지향하고 있기 때문에 니체의 잠언들의 출처를 밝히지 않았음을 양해해 주기 바란다. 거의 모든 잠언이 본인이 번역한 『아침놀』, 『우상의 황혼』, 『안티크리스트』와 아직 출간하지는 않았지만 본인이 거의 번역을 완료한 『선악을 넘어서』와 『도덕의 계보학』에서 채택되었다.

이 책의 집필은 『니체, 인간에 대해서 말하다: 병든 인간, 건강한 인간』의 후속편을 써보라는 철학과현실사 전춘호 사장님의 권고로 이루어졌다. 전사장님의 권고로 니체의 문화사상을 전체적으로 조망할 수 있는 기회를 얻게 된 셈이다. 어려운 출판계 사정에도 불구하고 좋은 책을 출간하기 위해서 분투하시는 전사장님과 아름답게 책을 만들어주신 편집진 여러분께 깊은 감사를 드린다.

2018년 3월 23일
박찬국 씀

I

건강한 철학,
병든 철학

1. 이원론적인 서양의 전통 형이상학과 기독교는 인간을 병들게 한다

니체 철학의 가장 근본적인 문제의식은 무엇인가? 그것은 건강한 인간과 건강한 삶은 어떻게 가능한가라는 것이었다. 니체는 인간과 인간의 삶의 방식을 비롯하여 종교와 철학 그리고 도덕과 예술 등 모든 것을 병적인 것과 건강한 것으로 나눌 수 있다고 본다. 니체는 자신이 어떤 것이 건강하고 생명력이 넘치는 것인지 아니면 병들어 있고 생명력이 고갈되어 썩어가고 있는지를 가려낼 수 있는 예민한 후각을 가지고 있다고 생각한다. 그리고 니체는 소크라테스 이래의 서양 형이상학과 기독교가 지배해 온 2,500여 년의 서양 역사에서 모든 것이 병들고 썩어가는 냄새를 맡는다.

니체는 서양 형이상학과 기독교는 근본적으로 이원론에 의해서 규정되어 있다고 본다. 그것들은 끊임없이 생성 변화하는 현실을 가상이나 타락한 세계로 간주하는 동시에 이른바 영원불변의 세계를 진정한 세계로 간주한다. 그것들은 하나의 인간 역시 생성 변화하는 현실에 속하는 부분인 육체와 그렇지 않은 부분인 영혼 내지 순수정신으로 나눈다. 육체가 가상이고 타락한 것이라면 영혼이야말로 영원불변한 실체이고 순수한 것이다. 예를 들어 플라톤의 철학에서 참된 실재인 영원불변의 이데아계는 순수정신에 의해서만 포착되는 참되고 완전한 세계다.

니체는 사람들이 영원불변의 것을 참된 실재로 상정하는 이유를 생리학적으로 분석한다. 니체는 그 이유를 사람들의 생명력이 약화되었다는 데서 찾는 것이다. 생명력이 약화된 상태에서 사람들은 생성 소멸하는 세계를 있는 그대로 감당하기 힘들어한다. 사람들은 생성 소멸하는 세계를 다채롭게 변화하는 아름다운 세계로 경험하지 못하고 자신의 안전을 끊임없이 위협하는 상태로 느끼는 것이다. 따라서 사람들은 생성 소멸의 세계를 가상으로 보면서 폄하하며, 영원불변의 세계를 실재로 보면서 생성 소멸의 세계에 복수하는 것이다. 이에 반해 생명력이 넘치는 인간은 생성 소멸의 세계를 아름답고 숭고한 세계로 경험하면서 그것이 설령 고통과 고난을 가져오더라도 그 세계를 긍정한다. 생명력이 강한 사람은 다채롭고 변화하는 세계에서 자신과 마찬가지로 생명력에 넘치는 어떤 것을 보는 것이다. 세계를 영원불변의 실재세계와 생성 소멸하는 현상세계로 나눈다는 것은 쇠퇴하고 있는 삶의 한 징조다.

이러한 사태를 하나의 예를 들어서 설명하고자 한다. 생명력이 약한 인간이 험준한 산을 올라간다고 해보자. 그는 올라갈수록 보다 험난한 모습을 드러내는 산의 모습에 진저리를 내게 된다. 이때 그는 산의 정상에는 모든 고통이 사라진 영원불변의 세계가 존재하고 이러한 영원불변의 세계야말로 참된 실재이고 산 자체는 하나의 가상에 불과한 것이라고 생각하면서 자신을 위로할 수 있다. 이에 반해 생명력이 강한 인간이 험준한 산을 올라갈 경우, 그는 그 산을 숭고한 아름다움을 간직한 실재 자체로 경험한다. 올라갈수록 산이 보다 험난한 모습을 드러내더라도 그는 오히려 그것에서 신비와 숭고함을 경험할 수 있으며 그 험준한 산을 가뿐히 올라가는 자신의 넘치는 생명력을 즐길 수 있다. 이러한 생명력을 니체는 힘에의 의지라고 부른다.

힘에의 의지는 자신의 힘을 강화하고 고양시키려는 의지, 다시 말해서 자신을 강하고 우월한 존재로 느끼고 싶어 하는 의지를 가리킨다. 이원론은 궁극적으로 생성 소멸하는 현실의 삶에 지치고 피로해진 병약한 힘에의 의지에서 비롯된다. 이에 반해 건강한 힘에의 의지는 생성 소멸하는 현실이 그 어떠한 고통과 고난을 동반하더라도 그것을 숭고한 아름다움을 간직한 것으로 흔쾌하게 긍정한다. 다채롭게 생성 소멸하는 현실이 갖는 이러한 숭고한 아름다움을 니체는 디오니소스적 아름다움이라고 부른다. 디오니소스적인 아름다움은 주체할 수 없는 생명력으로 끊임없이 새롭고 다채로운 모습으로 자신을 드러내는 이 세계의 아름다움이다. 이런 의미에서 우리는 또한 건강한 힘에의 의지를 디오니소스적 의지라고도 부를 수 있을 것이다. 그것은 생성 소멸하는 삶이 설령 고통과 고난을 수반하더라도 영원히 다시 오기를 바라는 생명력으로 충일한 의지다.

니체는 이원론적인 세계관은 금욕주의적인 삶을 초래한다고 본다. 이른바 참된 실재인 영원불변의 세계에 진입하기 위해서는 우리는 생성 소멸하는 현상계에 속하는 감각과 육체에서 벗어나 순수한 이성과 정신을 실현해야 한다. 따라서 서양의 전통 형이상학과 기독교는 육체와 결부되어 있는 성욕과 같은 감각적인 충동을 비본질적이고 타락한 것으로 간주하면서 영혼이 이러한 욕망과 충동에

물들지 않도록 경고한다. 더 나아가 이원론적인 세계관은 성욕과 같은 감각적인 욕망 외에 명예욕이나 승부욕, 소유욕과 정복욕과 같은 욕망도 타락한 욕망으로 간주한다. 이러한 욕망들은 개별적인 형태를 띠는 육체와 결부되어 있는 욕망인 반면에, 순수정신은 개별성을 떠난 보편적인 것이기 때문이다.

따라서 인간들의 자연스러운 욕망과 세속적인 기쁨을 금기시하는 금욕주의와 이러한 금욕주의를 철저하게 실현할 수 없는 데서 오는 죄의식이 서양 형이상학과 기독교가 만들어내는 병적인 정신 상태다. 금욕주의는 영혼이 육체와 지속적으로 전쟁을 벌이게 하는 한편, 감각적인 욕망의 유혹에서 벗어나지 못하는 영혼으로 하여금 죄책감에 사로잡히게 하면서 자신을 학대하게 만든다.

그러나 이원론적 세계관 덕분에 사람들은 영원불변한 천상의 세계에 대한 희망과 기대에 의지하면서 지상에서 겪는 고통과 불안, 무상함을 견뎌낼 수 있다. 사람들은 자신들의 삶을 병적인 것으로 만드는 대가로 살아갈 힘을 얻는 것이다. 따라서 이원론은 생성 소멸하는 지상과 육체를 가상과 타락한 것으로 간주하면서 자신을 영원불변의 천상과 순수영혼과 동일시하면서 지상과 육체에 대해서 우위를 확보하려는 힘에의 의지에서 비롯된 것이다. 그러나 영원불변의 천상과 순수영혼은 허구에 불과한 것이기에 그것은 자신을 허구적인 것과 동일시하면서 진정한 현실을 억압하고 학대하려는 병적인 의지다. 니체는 이러한 지상과 육체의 참된 본질을 힘에의 의지에서 찾기에 이원론적인 의지는 참된 현실인 자기 자신을 학대하고 괴롭히는 마조히즘적인 의지다.

니체는 이러한 마조히즘적인 의지를 데카당한 의지라고도 부르고 있다. 니체는 데카당스라는 말을 음악이나 문체 혹은 인간 내면에서 통일성을 산출하는 능력이 결여되어 있는 상태를 가리키는 특별한 용어로 사용하기도 하지만 보통은 생명력의 퇴화를 가리키는 용어로 사용하고 있다. 이렇게 생명력이 퇴화된 상태에서 사람들은 생성 소멸하는 살아 있는 현실에 염증을 느끼고 그것을 증오하면서 고통도 기쁨도 사라진 정적, 즉 무를 지향하게 된다. 니체는 이원론적인 세계관이 지향하는 이른바 영원불변의 세계란 사실은 아무것도 없는 무의 상태라고 본다. 이원론적인 의지는 이런 의미에서 무를 향한 의지다. 따라서 데카당한 의지는 금욕주의적인 의지일 뿐아니라 허무주의적이고 염세주의적인 의지다.

이러한 허무주의적이고 염세주의적인 의지는 생성 변화하는 생에 염증을 느끼고 그것을 가상과 거짓으로 폄하하지만, 니체는 이러한 의지에서도 어떻게든 살아남아 있으면서 자신의 우월감을 느끼고 싶어 하는 욕망을 본다. 그것이 진정으로 살고 싶어 하지 않는 의지라면, 그러한 의지에 사로잡힌 자들은 자살을 선택하거나 서로의 목을 졸라서 죽여주어야 하겠지만, 사실은 그들도 계속해서 살고 있기 때문이다. 이렇게 삶은 헛된 것이라고 외치면서도 어떻게든 살고자 하는 의지라는 점에서 그러한 의지는 자기기만적인 의지다. 그것이 삶이 헛되다고 외치는 것도 사실은 어떻게든 삶을 유지하기 위한 기만적인 술책에 지나지 않는 것이다.

이런 의미에서 니체는 서양의 형이상학과 기독교의 이원론적인 상상은 모두 정신적으로 허약하고 병든 인간들로부터 생긴 것이라고 보았다. 이렇게 정신적으로 허약하고 병든 인간들에게서 나온 이론체계가 일반인들에게 진리의 체계로 주입되면서, 정신적으로 원래 건강했던 사람들마저도 병약하게 만들어버린다. 병든 인간들은 병든 상상과 허구에 의해서 자신의 삶뿐 아니라 건강한 사람들의 삶마저도 구제불능의 병든 삶으로 만들어버리는 것이다.

그러나 니체는 상상과 허구 자체를 부인하는 것은 아니다. 상상과 허구에도 인간을 건강하게 만드는 상상과 허구가 있는 반면에, 인간을 병적으로 만드는 상상과 허구가 존재한다. 인간을 건강하게 만드는 상상과 허구의 대표적인 것으로 니체는 그리스 신화를 들고 있다. 이에 반해 인간을 병적이고 허약하게 만드는 상상과 허구의 대표적인 것으로 니체는 소크라테스에서 플라톤, 아우구스티누스, 토마스 아퀴나스, 칸트, 헤겔, 쇼펜하우어에 이르는 서양의 형이상학을 들고 있으며 그중에서 기독교를 최악의 것으로 꼽고 있다.

니체는 이렇게 말하고 있다.

이제까지 사람들은 이상적인 세계라는 것을 날조한 만큼 현실적인 세계로부터 그것이 갖는 가치, 의미, 진실성을 박탈해 왔다…. '참된 세계'와 '가상의 세계'라고 말해지는 것은 독일어로 이렇게 번역되어야만 한다. 즉 참된 세계는 날조된 세계이고 가상의 세계야말로 현실이라고. 이상이라는 거짓말은 이제까지 현실에 대한 저주였고, 인류 자체는 이러한 거짓말에 의해서 그의 본능의 밑바닥까지 기만당하고 그릇되게 되었다.

어느 시대에서든 최고의 현인들은 삶에 대해 똑같은 판단을 내리고 있다. **삶은 무가치하다고**…. 어느 시대, 어느 나라를 막론하고 우리는 현인들의 입에서 똑같은 소리를 듣는다. 회의와 우울, 삶에 대한 피로감, 삶에 대한 적개심이 가득 찬 소리를. 소크라테스조차도 죽을 때 이렇게 말했다. "산다는 것 ― 그것은 오랫동안 병들어 있는 것이지. 나는 [이제] 구원자 아스클레피오스에게 닭을 한 마리 빚지게 되는 셈이지."[1] 소크라테스조차도 사는 데 질렸던 것이다. 이러한 사실이 **입증하는** 것은 무엇인가? 그것은 무엇을 **보여주는가?** 이전 같으면 사람들은 이렇게 말했을 것이다. (아니, 실제로 그렇게 말했다. 무엇보다도 우리의 염세주의자들이 목청을 높여서 말했다.)

---

1) 아스클레피오스는 의약과 의술의 신인데 사람들은 병이 나으면 감사하다는 뜻으로 이 신에게 닭을 한 마리씩 바쳤다고 한다. 소크라테스는 여기서 자신의 삶이 일종의 병이었다고 말하고 있는 듯하다.

"아무튼 그러한 판단은 진리임에 틀림없다! **모든 현인들의 의견 일치**(consensus sapientium)가 그러한 판단이 진리라는 것을 입증한다." 오늘날에도 우리는 여전히 그렇게 말할 것인가? 그렇게 말해도 **되는가?** "아무튼 그러한 판단은 무언가 **병적인** 성격을 갖고 있다"고 우리는 대답할 것이다. 우리는 모든 시대의 최고의 현인들이라는 사람들을 좀 더 자세히 살펴봐야만 할 것이다! 그들은 두 다리로 제대로 서지 못하는 자들이 아니었을까? 아니면 발육부진이거나 절뚝거리거나 **데카당**이 아니었을까? 지혜란 썩은 짐승의 시체가 풍기는 희미한 냄새에도 도취하는 까마귀처럼 지상에 나타난 것이 아닐까?

―――

알려지지 않은 어떤 것을 알려진 어떤 것으로 환원하는 것은 마음의 부담을 없애주고 안심시켜 주며 만족시켜 주고 그 외에도 자신이 힘을 가지고 있다는 느낌까지 갖게 해준다. 알려지지 않은 것을 접하게 될 때 우리는 위험, 불안, 걱정과 같은 것을 느끼게 된다. ― 첫 번째 본능은 이러한 괴로운 상태들을 **제거하려고** 한다. 첫 번째 원칙: 어떤 설명이든 설명이 전혀 없는 것보다는 낫다. [우리가 어떤 현상을 설명하려고 할 때] 우리에게 근본적으로 문제가 되는 것은 오직 우리를 괴롭히는 생각들에서 벗어나는 것이기 때문에, 우리는 이러한 생각들에서 벗어나는 수단에 대해서는 엄격하게 따지지 않는다. 알려지지 않은 것을 알려진 것으로서 설명해 주는 첫 번째 생각이 사람들의 마음을 너무나 편하게 해주기 때문에 사람들은 그것을 '참으로 간주하게 된다.' 이 경우에는 **쾌감**(힘[Karft])이 진리의 기준으로 작용하고 있는 셈이다. 따라서 원인을 알고 싶어 하는 충동은 공포감에 의해 조건 지어지고 또한 자극된다. '왜?'라는 물음은 가능하다면, 참된 원인을 제공하기보다는 오히려 **특정한 종류의 원인**, 즉 안심시켜 주고 편하게 해주고 마음의 부담을 없애주는 원인을 제공해야만 한다.

———

'순수한 정신'에 대한 편견. —순수한 정신에 대한 교설이 지배한 곳에서는 어디서나 그것의 극단성으로 인해서 그것은 사람들의 신경을 파괴했다. 그것은 육체를 폄하하고 소홀히 하며 혹은 괴롭히는 것을 가르쳤다. 그것은 육체가 갖는 모든 충동을 이유로 내세워 인간 자신을 괴롭히고 폄하할 것을 가르쳤다. 그것은 음울하고 긴장에 사로잡혀 있고 억압되어 있는 혼의 소유자들을 낳았다. 이 사람들은 더 나아가 이러한 비참한 감정의 원인을 알고 있으며 그 원인을 아마 제거할 수 있다고 믿었다! '그러한 원인은 육체에 있음에 틀림이 없다! 육체는 여전히 지나치게 번성하고 있다!' 그들은 그렇게 결론지었다. 육체는 자신이 계속해서 조소당하는 것에 대해서 자신의 고통을 통해서 거듭하여 이의를 제기했음에도 말이다. 일반적인 만성 신경과민이 마침내 저 덕이 높은 순수한 정신적인 인간들의 운명이 되었다.

———

여기에서 논쟁이 되고 있는 사상은 금욕주의적 성직자가 우리의 삶에 내리는 **가치평가**다. 그는 우리의 삶을 (그 삶에 속하는 것들인, '자연', '세계', 생성하고 소멸하는 모든 영역과 함께) 전적으로 다른 종류의 존재와 관련짓는다. 우리의 삶이 자기 자신을 반대하거나 **자신을 부정하지 않는 한**, 우리의 삶은 이러한 다른 종류의 존재에 대해서 대립하며 그것을 배제한다. 이 경우, 즉 금욕주의적 삶의 경우에 삶은 저 다른 생존을 위한 하나의 다리로 간주된다. 금욕주의자는 삶을 결국에는 출발했던 지점으로 되돌아가야만 하는 미로처럼 취급하며, 또는 행동에 의해서 반드시 바로잡아야만 하는 오류처럼 취급한다. 왜냐하면 금욕주의자는 사람들이 그와 함께 같은 길을 걷기를 요구하며, 할 수만 있다면 존재에 대한 자신의 가치평가를 강제하기 때문이다. 이러한 사실은 무엇을 의미하는가? 그러한 기괴한 가치평가 방식은 인간의 역사 속에 하나의 예외나 호기심거리로서 기입되어 있는 것이 아니다. 그것은 지상에서 가장 광범위하고 가장 오래 지속되는 사실들 중의 하나다. 멀리 떨어진 별에서 읽는다면, 지구에서의 우리의 삶을 나타내는 대문자는 아마도 다음과 같은 결론을 내리도록 이끌 것이다. 즉 지구는 본래는 금욕주의적 별이다. 자신에 대해, 지구에 대해, 모든 생명에 대해 심한 메스꺼움으로 가득 차 있고, 자신에게 고통을 가하는 것을 즐기면서—아마도 이것이 그들의 유일한 즐거움일 것이다—자신에게 가능한 한 많은 고통을 주는 피조물들, 즉 불만에 가득 차 있고 오만하며 끔찍한 피조물들의 은둔처일 것이라고. 금욕주의적 성직자가 얼마나 규칙적이고 보편적으로, 즉 거의 모든 시대에 걸쳐서 나타나는지를 생각해 보라. 금욕주의적 성직자는 어떤 종족에서만 나타나는 것이 아니라 모든 곳에서 번성하며 모든 계층으로부터 자라나온다. […] 여기에서는 견줄 데 없는 원한이, 즉 삶에서의 어떤 것에 대해서가 아니라 삶 자체에 대해서 그리고 삶의 가장 깊고 강하며 근

본적인 조건들에 대한 지배자가 되려는 탐욕스러운 본능과 권력의
지에 사로잡힌 원한이 지배하고 있다. 여기에서는 힘의 원천을 봉
쇄하기 위해서 힘을 사용하려는 시도가 행해지고 있다. 여기에서는
생리적인 성장 자체, 특히 그것의 표현인 미나 기쁨은 질시와 악의
에 찬 눈총을 받게 된다. 반면에, 기형이나 발육부전의 것, 고통, 사
고, 추한 것이나, 자발적인 희생, 자기상실, 자학, 자기희생은 호의
적으로 느껴지며 **추구**된다. 이 모든 것은 극도로 역설적인 것이다.
우리는 여기에서 자기 자신이 분열되기를 바라면서 이러한 고통 속
에서 자기 자신을 즐기고 그 자신의 전제인 생리적인 삶의 능력이
감퇴되면 될수록 더욱더 자신에 대해서 확신하게 되고 의기양양해
하는 분열 앞에 서 있는 것이다.

신학자가 영향을 미치는 곳에서는 어디나 **가치판단**이 전도되어 있
으며, '참'과 '거짓'이라는 개념들이 필연적으로 거꾸로 되어 있다.
여기서는 삶에 가장 해로운 것이 '참된 것'이라고 불리고, 삶을 고양
하고 강화하며 긍정하고 정당화하고 개가(凱歌)를 올리게 해주는 것
이 '거짓된 것'이라고 불리는 것이다. … 신학자들이 군주(**혹은** 민중)
의 '양심'에 호소함으로써 **권력**을 잡으려고 할 경우 그때마다 일어
나고 있는 것이 궁극적으로 무엇인지는 의심할 여지가 없다. 종말
에의 의지, **허무주의적** 의지가 권력을 장악하려고 하고 있는 것이다.

그러나 이제 우리의 문제로 되돌아가자. '삶에 반(反)하는 삶

(Leben gegen Leben)'이라는 금욕주의자에게서 보이는 자기모순이란 심리학적으로가 아니라 생리학적으로 생각해 볼 때 우매한 일이라는 사실은 우선 명백하다. '삶에 반하는 삶'이라는 자기모순은 단지 외관상의 것일 수 있다. […] 금욕주의적 이상은 퇴화되고 있는 삶의 방어 본능과 구원 본능에서 생겨난 것이다. 그러한 삶은 모든 수단을 강구해 자신을 유지하려고 하며 자신의 생존을 위해 투쟁한다. 이는 그러한 삶이 부분적인 생리적 장애와 고갈을 겪고 있다는 사실을 시사하며, 이러한 장애와 고갈에 대항하여 아직 원래 그대로 남아 있는 삶의 가장 깊은 본능들이 끊임없이 새로운 수단과 방책을 사용하여 투쟁한다. 금욕주의적 이상은 그러한 수단인 것이다. 따라서 사정은 이런 이상을 숭배하는 자들이 생각하는 것과는 정반대이며, 삶은 이 이상 속에서 그러한 이상을 통해 죽음과 싸우며 죽음에 대항한다. 금욕주의적 이상은 삶을 보존하기 위한 기교인 것이다. 이러한 이상이 인간을 지배하고 권력을 쥘 수 있었다는 것, 특히 인간의 문명화와 사육이 관철된 곳에서는 어디에서나 그랬다는 것은 역사가 가르쳐주는 대로이지만, 이러한 사실에는 지금까지의 인간 유형, 적어도 길들여진 인간 유형에 존재하는 병적인 성격과 죽음에 대한 인간의 생리적 투쟁(보다 정확하게 말하자면 삶에 대한 염증과 고갈과의 투쟁과 '종말'에 대한 소망과의 투쟁)이라는 중요한 사실이 표현되고 있다. 금욕주의적 성직자는 다르게 존재하고 다른 곳에 있고 싶어 하는 갈망이 체화된 자이며 실로 이러한 갈망이 최고도에 달한 자이고, 그러한 열렬한 갈망의 진정한 정열이다. 그러나 바로 그러한 갈망의 힘이야말로 그를 지상에 붙잡아두는 사슬이다. 바로 이와 함께 그는 지상에 존재하고 인간으로

24

존재하기 위한 좀 더 유리한 조건을 만들어내기 위해 작업해야만 하는 도구가 된다. 바로 그러한 갈망의 힘과 함께 그는 실패한 자들, 불만에 차 있는 자들, 영락한 자들, 불행을 당한 자들, 자신으로 인해 괴로워하는 자들과 같은 모든 무리의 목자가 되어 본능적으로 그들 앞에서 나아가면서 그들을 생존에 묶어두는 것이다. 그대들은 이미 내 말을 이해하고 있겠지만, 이 금욕주의적 성직자, 겉보기에는 삶의 적대자로 나타나는 자, 이 부정하는 자야말로 삶을 보존하고 긍정하는 가장 거대한 힘에 속하는 것이다. 저 병적인 상태는 무엇으로 인해 생기게 되었는가? 이는 인간이 어떠한 다른 동물보다도 더 병들어 있고 불안정하며, 변덕스럽고 확정되지 않았기 때문이다. 그는 병든 동물이다.

───

금욕주의적 이상을 제외하면, 인간, 인간이라는 동물은 지금까지 아무런 의미도 갖지 못했다. 지상에서의 그의 생존에는 아무런 목표도 없었다. '인간은 무엇을 위해 생존하는가?'라는 물음에 대한 답이 결여되어 있었던 것이다. 인간과 대지를 위한 의지가 결여되어 있었다. 인간이 겪는 모든 거대한 운명의 배후에는 보다 더 거대하게 '헛되다!'라는 후렴이 울리고 있었다. 무엇인가가 결여되어 있었다는 것, 무서운 공허가 인간을 둘러싸고 있었다는 것, 바로 이것이 금욕주의적 이상이 염두에 두고 있었던 것이다. 인간은 자기 자신을 정당화하고 설명하고 긍정하는 법을 알지 못했다. 인간은 삶의 의미라는 문제로 괴로워했다. 인간은 대체로 보아 하나의 병든 동물이었다. 그러나 인간에게 문제가 되었던 것은 고통 자체가 아니라 '무엇을 위해서 괴로워하는가?'라는 물음에 대한 답이 결여되어 있다는 것이었다. 가장 용감하고 고통에 익숙한 동물인 인간은 고통 그 자체를 부정하지는 않는다. 아니 고통의 의미나 고통의 목적이 밝혀져 있기만 한다면, 인간은 고통을 바라고 고통 자체를 찾기까지 한다. 고통 자체가 **아니라** 고통의 무의미가 바로 이제까지 인류에 내려져 있었던 저주였다. 그런데 금욕주의적 이상은 인간에게 하나의 의미를 주었던 것이다! 그것은 지금까지 주어진 유일한 의미였다. 어떤 의미가 있다는 것은 아무런 의미도 없다는 것보다는 낫다. 금욕주의적인 이상은 어떤 점에서 보더라도 최상의 '어쩔 수 없는 것'[인간이 부득이하게 받아들여야만 했던 것]이었다. 금욕주의적 이상에 의해 고통이 해석되었으며, 무서운 공허가 채워진 것으로 보였다. 모든 자살적 허무주의로 통하는 문이 폐쇄되었다. 이 해석은 의심할 여지없이 새로운 고통을 가져왔다. 그것은 보다 깊은, 보다 내면적인, 보다 유독한, 보다 삶을 갉아먹는 고통이었다. 이 금욕주의적 이상은 죄라는 관점에서 모든 고통을 해석했다. 그러나 이 모든 것에도 불구하고, 인간은 그것에 의해서 구원을 받았고, 의미를 갖게 되었으며, 이제 더 이상 바람에 휘날리는 나뭇잎이나 무의미의 장난감이 아니게 되었다. 이제 인간은 무엇인가를 **의욕할** 수 있게 되었다. 어디를 향해서, 무엇을 위해서, 무엇에 의해서 의욕했는가는 중요하지 않다. **의지 자체는 구원되었던 것이다.** 금욕주의적 이상에 의해서 방향이 정해진 저 모든 의지가 도대체 **무엇을** 표현하고 있는지는 은폐할 수 없다. 인간적인 것에 대한 증오, 동물적인 것에 대한 보다 심한 증오, 물질적인 것에 대해서는 더욱더 심한 증오, 이성과 관능에 대한 공포, 행복과 아름다움에 대한 공포,

모든 가상, 변화, 생성, 죽음, 소망, 욕망 그 자체로부터 도망치려는 갈망, 이 모든 것이 의미하는 바는 — 우리가 감히 그것을 파악하려고 시도한다면 — 허무에의 의지이며, 삶에 대한 혐오이며, 삶의 가장 근본적인 전제들에 대한 반역이다. 그러나 이것은 하나의 의지이며 의지로서 남아 있다! 그래서 처음에 말했던 것을 결론적으로 다시 한 번 말한다면, 인간은 아무것도 의지하지 않기보다는 오히려 **허무**를 의지하기를 원한다.

고대 그리스의 너무나 풍요로워서 넘쳐흐르기까지 하는 본능을 이해하기 위해서 나는 디오니소스라는 이름을 갖는 저 놀라운 현상을 최초로 진지하게 다루었다. 그 현상은 힘의 과잉으로부터 설명될 수 있다. […] 왜냐하면 디오니소스적 비밀제의에서야, 디오니소스적 상태의 심리학에서야 비로소 그리스적 본능의 **근본적 사실**, 즉 '생에의 의지'가 드러나고 있기 때문이다. 그리스인은 이런 비밀제의에 의해 **무엇을** 보장했는가? **영원한** 삶, 삶의 영원회귀였다. 과거 속에서 약속되고 신성시된 미래였다. 죽음과 변화를 넘어서 있는 삶에 대한 의기양양한 긍정이었다. 그리고 생식과 성의 신비를 통한 총체적 생명의 존속으로서의 **진정한** 삶이었다. 이 때문에 그리스인에게 성적 상징은 경외할 만한 상징 자체였고, 모든 고대적 경건성에 내재한 심오한 의미였다. 생식, 수태, 출산의 행위에 속하는 세부적인 하나하나의 일이 최고의 엄숙한 감정을 불러일으켰다. 비밀제의의 가르침에서는 **고통**이 신성한 것으로 선포되고 있다. '산모의 통증'은 고통 일반을 신성한 것으로 만든다. 모든 생성과 성장, 미래

를 보증하는 모든 것이 고통을 **일으키는** 원인이다. … 창조의 기쁨이 존재하려면, 삶에의 의지가 자신을 영원히 긍정할 수 있으려면, '산모의 고통'도 영원히 존재해야만 한다. … 이 모든 것을 디오니소스라는 말이 의미하고 있다. 나는 이러한 **그리스적** 상징, 디오니소스 축제의 상징보다도 더 고귀한 상징을 알지 못한다. 그것에서는 삶의 가장 깊은 본능, 곧 삶의 미래와 삶의 영원성을 향하는 본능이 종교적으로 체험되고 있다. 삶으로 향하는 길 자체가, 곧 생식이 **신성한** 길로 체험되고 있는 것이다. … 기독교가 삶에 **대한** 원한을 토대로 하여 성(性)을 처음으로 불결한 것으로 만들었다. 기독교는 우리의 삶의 발단에, 다시 말해 삶의 전제가 되는 것에 **오물**을 끼얹었던 것이다.

2. 인간은 천국에서 추방된 천사가 아니라 동물의 일종이다

플라톤 이래로 서양 형이상학은 인간을 원래 천국에서 순수정신으로 살다가 추방된 천사로 간주하는 경향이 있었다. 인간은 자신들이 원래 순수한 천사였다고 생각하기에 불순하기 그지없는 이러한 지상에서는 일시적으로만 머무는 것으로 느끼게 된다. 인간은 이렇게 자신이 동물과 전적으로 다른 기원을 갖는다고 생각하면서 자신이 본래의 순수한 정신을 구현하고 있지 않다고 자학하게 된다. 이런 의미에서 니체는 인간은 다른 동물과 달리 건강한 삶의 본능을 상실한 채 방황하는 병든 동물이라고 본다.

니체는 인간이 동물과 달리 자유의지나 순수정신, 불멸의 영혼 혹은 도덕적 양심을 갖는다는 생각이 이원론적인 형이상학에 근거한 오류라고 본다. 니체는 용기나 정의감 그리고 현명함이나 절제와 같이 인간이 자랑하는 도덕적 덕이라는 것도 신적인 근원을 가지고 있는 것이 아니라 동물적인 근원을 가지고 있으며 동물에서 그 원초적인 형태를 발견할 수 있다고 본다. 따라서 인간은 아무리 발전해도 순수정신이나 신적인 존재가 될 수는 없다. 인간의 생성은 항상 동물적인 과거를 가지고 끌고 다니는 것이다. 이와 관련하여 니체는 동물적인 존재에 지나지 않으면서도 자신들이 먹이로 삼는 동식물에 대해서 동정하는 인간들에 대해서 역겨움을 표한다. 인간은 동물들에 대해서 동정하면서 자신들이 도덕적인 존재라는 사실을 확인하려고 하지만 니체가 보기에는 그것은 하나의 감상에 지나지 않는다.

인간중심주의를 비판하는 맥락에서 니체는 또한 신이 없으면 모든 것이 허용될 것이고 세상에는 악이 횡행할 것이기 때문에 신이 있어야 한다고 보는 도스토예프스키식의 주장을 비판한다. 니체는 이런 식의 논법은 이 세계의 근저에는 윤리적인 질서가 있다고 보는 이상주의자들의 논법이기도 하다고 말하고 있다. 대표적인 이상주의자인 헤겔은 선한 절대정신이 세계를 지배한다고 보고 있다. 기독교든 이상주의자들이든 신이나 윤리적인 의의가 없으면 인간은 삶을 견딜 수 없을 것이기 때문에 그것들은 존재해야 한다고 주장한다. 그러나 니체는 여기에는 오만한 인간중심주의가 작용하고 있다고 본다. 인간에게 필요하니까 신과 윤리적인 세계질서가 존재해야 한다고 생각하는 인간중심주의 말이다.

니체는 이렇게 말하고 있다

내 경험 가운데 가장 놀랄 만한 일은 인간은 여자건 남자건 예외 없이 자기들이 무의식적으로 만물의 영장임을 당연한 것으로 생각한다는 것이다. 우리는 그러한 결론을 합리화시킬 수 있을 만큼 동물이나 식물 또는 조류들에 대해서 무엇을 알고 있다는 말인가?

　새로운 근본적 감정: 우리의 궁극적인 무상(無常)함. ― 옛날에 사람들은 자신들이 신적인 기원을 갖는다고 생각함으로써 인간의 위대성을 느끼려고 했다. 이것은 현재는 금지된 길이 되었다. 왜냐하면 그 길의 입구에는 소름끼치는 다른 동물과 나란히 원숭이가 서 있고 '이 방향으로는 더 이상 갈 수 없다'고 말하기라도 하는 것처럼 이빨을 드러내고 있기 때문이다. [⋯] 인류에게는 보다 높은 차원에로 이르는 통로는 존재하지 않는다. 이는 개미나 집게벌레가 그들의 '생의 역정'의 최후에 신과의 친족관계나 영원에로 상승하지 않는 것과 동일하다. 생성은 과거를 자기의 배후에서 끌고 다닌다. 이러한 영원한 연극에서 어떤 작은 별과 거기에서 살고 있는 작은 류(類)인 인류에게 하나의 예외가 허용되어야만 한다는 말인가! 그 따위 감상적인 생각들은 집어치우라!

　정신에 대한 긍지. ― 동물로부터 인간이 기원했다는 설에 대해 저항하면서 자연과 인간 사이에 커다란 거리를 두려는 인간의 긍

지. 이 궁지는 정신의 본질에 대한 편견에 근거하고 있다. 이러한 편견은 비교적 새로운 것이다. 인류의 긴 선사시대에 사람들은 정신이 모든 것들에게 존재한다고 생각했고 그것을 인간의 특권으로서 존중할 생각을 하지는 않았다. 반대로 사람들은 정신적인 것을 (모든 충동, 악의, 경향과 함께) [다른 생물체들과의] 공동의 재산으로 생각했고 이에 따라 일반적인 것으로 만들었기 때문에 사람들은 자신이 동물이나 나무에서 기원했다는 사실에 대해서 부끄러워하지 않았고(신분이 높은 종족은 그러한 우화를 통해서 자신이 존엄을 갖게 된다고 믿었다), 정신을 통해서 우리는 자연으로부터 분리되는 것이 아니라 그것과 결합된다는 것을 보았다. 따라서 사람들은 겸손하게 자신을 훈육했다. 이것도 마찬가지로 편견의 결과다.

———

자신들을 추방된 신들로 여기는 것! — 인류는 자신들의 기원, 자신들의 독특함, 자신들의 사명, 그리고 이러한 오류들에 근거해서 제기된 요구들에 의해서 자신을 고양시켜 왔고 거듭해서 '자신을 초극해 왔다.' 그러나 동일한 오류들을 통해서 이루 다 말로 할 수 없을 정도로 많은 고통, 서로에 대한 박해, 헐뜯음, 오해, 그리고 개개인 자신에게는 훨씬 더 많은 비참함이 이 세상에 들어오게 되었다. 인간은 자신의 도덕 때문에 괴로워하는 동물이 되었다. 인간이 그것으로 사들인 것은 전체적으로 보아 자신들은 이 세상에게는 근본적으로 너무 선하고 너무나 중요한 존재이기에 단지 지나치는 식으로만 이 세상에 머물 뿐일 것처럼 느끼는 것이다. '괴로워하는 오만한 자들'은 당분간은 변함없이 인간의 최고유형으로 존재할 것이다.

'인간성' — 우리는 동물을 도덕적인 존재로 여기지 않는다. 그러나 그대들은 동물들이 우리를 도덕적인 존재로 여길 것이라고 생각하는가? 말할 줄 아는 어떤 동물은 이렇게 말했다. "우리 동물들은 적어도 인간성이란 편견에서 자유롭다."

우리는 새롭게 알게 되었다. 우리는 모든 점에서 더 겸손해졌다. 우리는 인간의 유래를 더 이상 '정신'이나 '신성'에서 찾지 않는다. 우리는 인간을 동물 가운데로 되돌려놓았다. 인간은 가장 강한 동물로 간주되지만, 이것은 인간이 가장 교활한 동물이기 때문이다. 그의 정신성이란 이것[동물적인 교활함]의 결과다. 다른 한편으로 우리는 이 경우에도 다시 목청을 높이려고 하는 허영심, 즉 인간이 마치 동물의 진화과정의 숨겨진 위대한 목적이었던 것처럼 생각하는 허영심에 저항한다. 인간은 결코 창조의 정점이 아니다. 모든 존재자는 인간과 나란히 존재하며 인간과 동일한 완전성을 갖는다. … [그런데] 우리가 그렇게 주장할 때도 우리는 [사실은] 인간을 지나치게 높이 평가하는 것이다. 다른 동물들과 비교할 때, 인간은 자신의 본능에서 가장 위험하게 이탈하여 길을 헤매는 가장 실패한 동물이며 가장 병적인 동물이다. 물론 그는 이 모든 것과 함께 **가장 흥미로운 동물**이다.

동물과 도덕. ―세련된 사회에서 요구되는 술책들, 즉 우습게 보일 수 있는 태도와 눈에 띄는 태도 그리고 거만한 태도를 신중하게 피하는 것, 자신의 격렬한 욕망과 마찬가지로 자신의 뛰어난 능력을 감추는 것, 동류인 것처럼 행동하고, 자신을 집단에 편입시키고, 자신의 품위를 떨어뜨리는 것, 이 모든 것은 사회적 도덕으로서 대체로 최저의 동물세계에 이르기까지 도처에서 발견될 수 있다. 그리고 바로 이 낮은 세계에서 이러한 상냥한 예방조치들의 배후에 있는 의도를 간취할 수 있다. 즉 사람들은 추적자들로부터 벗어나려고 하는 것이며 전리품들을 획득하기 위해서 유리한 지위를 확보하려고 하는 것이다. 이 때문에 동물들은 자제하는 것을 배우며 자신을 위장하는 것을 배운다. 많은 동물들은 예를 들면 자신의 색을 환경의 색에 적응시키거나(이른바 '색채 기능'에 의해서), 죽은 체하거나, 다른 동물이나 모래, 잎, 이끼, 해면의 형태나 색을 가장하는 것이다(영국의 연구가가 모방이라고 부르고 있는 것). 이와 같이 개인은 '인간'이라는 개념의 보편성이나 사회 밑에 자신을 숨기고 군주, 신분, 당파, 시대나 환경의 의견에 순응한다. 그리고 우리가 행복해 하고 감사하는 태도를 보이거나, 강력한 힘을 가진 자로서 처신하거나, 사랑에 빠진 태도를 보이는 모든 세련된 방식들에 대해서도 우리는 쉽게 동물세계에서 유사한 것을 찾아볼 수 있을 것이다. 진리에 대한 감각은 근본적으로 안전에 대한 감각인바, 그러한 진리에 대한 감각조차 인간은 동물과 공통으로 갖고 있다. 인간은 자신을 기만하지 않으려 하고, 자기 자신에 의해서 미혹되지 않으려 하며, 자신의 정열을 불신하며, 자신을 억제하고 자신을 언제나 감시한다. 동물은 인간과 마찬가지로 이 모든 것에 정통하다. 동물의 경우에도 현실에 대한 감각으로부터(현명함으로부터) 자제가 생겨난다. 똑같이 동물은 자신이 다른 동물들의 마음속에 미치는 영향을 관찰한다. 그것으로부터 동물은 자기 자신을 되돌아보는 것을 배우며, 자기를 '객관적으로' 생각하는 것을 배운다. 동물은 그 나름대로 자기인식을 갖고 있는 것이다. 동물은 자신의 적과 친구의 움직임에 대해서 판단을 내리고 그것들의 특징을 암기하며, 이러한 특징들에 따라서 태도를 취한다. 특정한 종류의 동물에 대해서는 그것은 투쟁하는 것을 전적으로 포기해 버리며, 마찬가지로 많은 종류의 동물들이 접근해 올 때 평화와 계약의 의도를 읽어낸다. 현명함, 절제, 용기의 기원과 마찬가지로 정의의 기원은 동물적이다. 간단히 말해서 우리가 소크라테스의 덕이라고 부르는 그 모든 것의 기원은 동물적인 것이다. 즉 먹을 것을 찾고 적으로부터 도망치는 것을 가르치는 저 본능들에서 비롯된 것이다. 그러면 최고의 인간조차도 오직 그가 취하는 음식물의 종류에 있어서만, 그리고 그가 무엇을 적으로 생각하는지에 있어서만 자신을 향상시켰고 고상하게 만들었을 뿐이라는 사실을 생각해 보자. 이 경우 모든 도덕적 현상은 동물적인 것이라고 불릴 수 있을 것이다.

───

　가축, 애완동물 그리고 그와 유사한 것들. ─ 가장 흉포한 적으로서 식물과 동물의 영역을 침입하고 결국에는 약화되고 불구가 된 자신의 희생물들에 대해서 자애로운 감정을 가질 것을 요구하는 피조물이 식물과 동물에 대해서 품는 감상(感傷)보다 더 역겨운 것이 있을까?

———

수많은 사람들이 여전히 다음과 같은 추론을 하고 있다. "신이 존재하지 않는다면 인생은 견딜 수 없을 것이다!" (또는 이상주의자들의 무리들이 말하는 것처럼) "삶의 근저에 윤리적인 의의가 없다면 삶은 견딜 수 없는 것일 것이다! 따라서 신이 (혹은 현존재의 윤리적인 의의가) 존재하지 않으면 안 된다!"라고 말이다. 그러나 사실은 오직 다음과 같을 뿐이다. 즉 그러한 생각에 길들여진 자는 그러한 생각 없는 삶을 바라지 않는다는 것, 따라서 그러한 생각은 그와 그자신의 유지를 위해서 필수적인 생각일 뿐이라는 것이다. 그러나자신의 유지를 위해서 필수적인 모든 것이 실제로도 존재해야만 한다고 선포하는 것은 얼마나 오만한 생각인가! 마치 자신의 유지가필연적인 것인 듯이!

3. 전통 형이상학은 박제화된 개념들을 궁극적인 실재로 간주한다

니체는 이원론적인 철학자들이 생성 소멸하는 생명을 가상으로 부정하면서 박제화하는 특이체질을 가지고 있다고 보는 한편, 최후의 것과 최초의 것을 혼동하는 특이체질을 갖고 있다고 본다. 그들은 최후에 오는 것, 즉 박제화된 개념들을 모든 현상의 궁극적인 원인으로 간주하면서 구체적인 살아 있는 현상들을 그것에서 비롯된 것으로 여긴다. 즉 선의 이데아나 존재 자체와 같은 가장 일반적이고 가장 공허한 최고의 개념들은 증발하는 실재의 마지막 연기에 불과한 것인데도 철학자들은 그것들을 오히려 최초의 것으로 간주하면서 맨 앞에 놓는다는 것이다. 니체는 '신'이라는 개념도 동일한 방식으로 생겼다고 본다. 즉 그것은 생성 소멸하는 현실에서 추상된 최후의 것, 가장 희박한 것, 가장 공허한 것이지만 그것이 최초의 것으로, 원인 그 자체로서, 가장 실재하는 것(ens relissmum)으로서 정립된다.

이런 의미에서 니체는 이원론적인 형이상학은 공허한 추상을 실재로 여기는 병든 자들의 뇌질환에서 생긴 것이라고 본다. 이들은 높은 것은 낮은 것에서 생겨나서는 안 된다고 보면서 최고의 지위를 갖는 것은 자기 스스로를 산출하는 자기원인(causa sui)의 성격을 가져야 한다고 본다. 다른 어떤 것에서 비롯된다는 것은 결점을 갖는 것이며 그 가치가 의심스러운 것으로 간주된다. 모든 최고의 개념들, 존재자, 무조건자, 선, 진리, 완전함, 이 모든 것들은 다른 것에서 생성된 것일 수 없으며 따라서 자기원인이지 않으면 안 된다.

니체는 이렇게 말하고 있다

그대들은 철학자들의 특이체질은 무엇인가라고 나에게 묻는다. … 예를 들자면 그들은 역사적 감각을 결여하고 있으며 생성이라는 관념 자체를 증오한다는 이집트주의가[2] 그것에 해당한다. 그들이 어떤 사태를 '영원의 상 아래에서(sub specie aeterni)' 탈역사화할 경우 그들은 그것을 미라로 만들지만, 이때 그들은 자신들이 그 사태에 명예를 부여했다고 믿는다. 철학자들이 지금까지 수천 년 동안 손으로 다뤄온 것은 모두 개념의 미라들이었다. 현실적인 그 어느 것도 그들의 손아귀에서 살아서 빠져나간 적이 없다. 이러한 개념의 우상 숭배자들이 숭배할 때 그들은 생명을 빼앗아버리고 박제로 만든다. 그들이 숭배할 때 그들은 모든 것의 생명을 위협하는 위험한 것이 된다. 그들은 생식과 성장과 마찬가지로 죽음, 변화, 노쇠도 항의할 만한 결점으로 생각하며 심지어는 논박의 대상으로까지 생각한다. [참으로] 존재하는 것은 **생성하지** 않는다. 생성하는 것은 **존재하지** 않는다. … 그리하여 철학자들은 모두 절망하면서까지 존재하는 것[영원불변하게 존재하는 것]을 믿는다.

---

2) 여기서 이집트주의는 지상의 육신을 미라로 만드는 것과 관련되어 있지만, 전후 맥락으로 보아 그 용어는 여기에서는 상징적으로 사용되고 있다고 할 수 있다. 즉 그것은 생성하는 세계보다는 이데아의 세계를 비롯한 피안의 세계를 중시하는 경향을 가리킨다고 볼 수 있다. 또한 니체는 이러한 피안의 세계를 참된 세계로 간주하면서 지상의 세계를 가상으로 생각하는 태도를, 지상에 살아 있으면서도 실질적으로는 죽어 있는 것이나 마찬가지라는 점에서 철학자들은 미라로 살고 있다고 말하고 있다.

철학자들이 갖고 있는 **또 다른** 특이체질도 지금까지 서술한 특이체질에 못지않게 위험하다. 그것은 최후의 것과 최초의 것을 혼동하는 데 존재한다. 그들은 최후에 오는 것 — 유감이다! 그런 것은 절대로 나타나지 말아야 하는 것이기에 말이다! — 즉 '최고의 개념들', 가장 일반적이고 가장 공허한 개념들, 증발하는 실재의 마지막 연기를 **최초의 것으로 간주하면서** 맨 앞에 놓는다. 이것은 다시 그들이 경외하는 방식을 표현하는 것에 불과하다. 즉 높은 것은 낮은 것에서 생겨나서는 안 **된다**. 높은 것은 [다른 것으로부터] 절대로 생겨나서는 안 **된다**는 것이다. … 이로부터 귀결되는 교훈: 최고의 지위를 갖는 것은 자기원인(causa sui)이어야 한다는 것이다. 다른 어떤 것에서 비롯된다는 것은 결점을 갖는 것이며 그 가치가 의심스러운 것으로 간주된다. 최고의 가치는 모두 최고의 지위를 갖는 것이다. 모든 최고의 개념들, 존재자, 무조건자, 선, 진리, 완전함 — 이 모든 것은 다른 것에서 생성된 것일 수 없으며 따라서 자기원인**일 수밖에 없다.** 그런데 이 모든 것은 서로 다른 것들일 수 없으며 서로 모순될 수는 없다. … 이와 같은 방식으로 철학자들은 '신'이라는 그들의 놀라운 개념을 갖게 된 것이다. … 최후의 것, 가장 희박한 것, 가장 공허한 것이 최초의 것으로, 원인 그 자체로서, 가장 실재하는 것(ens relissmum)으로서 정립된다. … 인류가 병든 거미들의[3] 뇌질환에서 생긴 것을 진지하게 받아들였어야만 했다니! 그리고 인류는 그 때문에 값비싼 대가를 치러왔다!

40

기원과 의의. ― 다음과 같은 생각이 나에게 왜 거듭해서 일어날 뿐 아니라 갈수록 현란한 색채로 빛나는 것일까? 즉 이전의 학자들은 사물의 기원을 탐구할 경우 자신들이 모든 행위와 판단에 헤아릴 수 없는 의미가 있는 어떤 것을 탐구한다고 항상 생각했다는 것, 그뿐 아니라 사람들이 인간의 구원은 사물들의 근원을 통찰하는 것에 달려 있음에 틀림없다고 항상 전제했다는 것, 이와는 반대로 우리는 지금은 근원에 다가갈수록 그만큼 우리의 관심은 더 감소하게 된다는 것, 더 나아가 우리가 근원에로 거슬러 올라가 사물들 자체에 다가갈수록 우리가 사물들에 투입했던 우리의 모든 가치평가들과 '관심들'은 그 의미를 상실하기 시작한다는 것이다. 근원에 대한 통찰과 함께 근원의 무의미성이 증대된다. 이에 반해서 가장 가까이에 있는 것들, 즉 우리 주위의 것들과 우리 내부의 것들은 옛날 사람들이 꿈에도 상상하지 못했던 색채와 아름다움 그리고 수수께끼와 의미의 풍요로움을 점차로 드러내기 시작한다. 일찍이 사상가들은 우리 안에 사로잡혀 있는 짐승처럼 원한에 차서 어슬렁거렸고, 항

3) 프랜시스 베이컨이 이미 독단적인 형이상학자들을 거미에 비유한 바 있다. 거미가 거미줄을 짜듯이 독단적인 형이상학자들은 경험에 근거하지 않은 공허한 개념들로 세계를 파악하는 틀을 짠다. 이에 반해 감각이 제공하는 정보들을 종합하지는 않고 단순히 수집만 하는 사람들을 베이컨은 개미에 비유하고 있다. 감각이 제공하는 정보들을 종합하는 사람들이 가장 바람직한 사람들인데, 그러한 사람들을 베이컨은 꿀벌에 비유하고 있다. 니체가 독단적인 형이상학자들을 '병든' 거미로 보는 것은 이들이 생성하는 지상의 삶을 견디지 못할 정도로 생명력이 퇴화되었고 병약하게 되었다고 보기 때문이다.

상 그 우리의 기둥 너머를 퀭한 눈으로 살펴보면서 기둥에 달려들어 기둥을 부수려고 했다. 그리고 그들은 틈새를 통해서 외부, 즉 피안과 먼 곳의 얼마쯤인가를 보았다고 믿으면서 지극히 행복한 것처럼 보였다.

4. 감각이 아니라 이원론적 철학의 병든 이성이 문제다

니체는 이원론적인 입장의 전통 철학자들이 실재라고 생각하는 세계는 생명이 사라진 죽음의 세계라고 본다. 살아 있는 세계는 끊임없이 생성 변화하는 세계다. 그리고 감각이야말로 이러한 실재의 세계를 그 자체로서 드러내는 것이다. 이에 반해 전통 철학자들은 영원불변하게 존재하는 것은 생성하지 않으며 생성하는 것은 존재하지 않는다고 믿는다. 그들은 우리로 하여금 생성 소멸하는 것을 실재라고 믿게 하는 것은 감각이라고 본다. 따라서 전통 철학자들이 따라야 할 도덕은 감각의 기만에서 벗어나는 것이며 생성과 역사, 거짓에서 벗어나는 것이다.

이러한 전통 철학자들은 실재를 불변적이고 완전한 것으로 간주하면서 감각은 생성하고 불완전하기 때문에 그러한 실재를 보지 못한다고 주장한다. 그러나 그러한 실재가 감각에 의해 포착되지 않는 것은, 감각이 우리를 기만하기 때문이 아니라 그것들이 실제로는 존재하지 않기 때문이다. 따라서 '이성'이야말로 우리로 하여금 감각의 증언을 왜곡하게 하는 원인이다. 감각이 생성, 소멸, 변천을 보여주는 한, 그것은 거짓말하지 않는다. 오히려 이성이 감각의 증언에 불변의 영원한 존재와 같은 거짓말을 투입한다. 니체는 우리의 감각이 얼마나 정교한 관찰의 도구인지를 코를 예로 하여 보여준다. 코야말로 우리가 마음대로 사용할 수 있는 도구 중에서 가장 섬세한 도구로서 그것은 분광기(分光器)조차도 확인할 수 없는 미세한 움직임의 차이까지도 분간해 낼 수 있다.

니체는 이렇게 말하고 있다.

존재하는 것은 **생성하지** 않는다. 생성하는 것은 **존재하지** 않는다. … 그리하여 철학자들은 모두 절망하면서까지 존재하는 것[영원불변하게 존재하는 것]을 믿는다. 그러나 존재하는 것은 손에 잡히지 않기 때문에 그들은 그것이 잡히지 않는 근거를 찾는다. "만약 우리가 존재자를 지각하지 못한다면 거기에는 무엇인가 착각이나 기만이 있음에 틀림없다. 그렇게 기만하는 자는 어디에 숨어 있는가?" — "찾았다"라고 그들은 환호한다. "감각이 바로 기만하는 자였다." **그렇지 않아도 부도덕한** 감각이 **된** 세계에 대해서 우리를 속인다. 따라서 철학자가 따라야 할 도덕은 감각의 기만에서 벗어나고 생성과 역사, 거짓에서 벗어나는 것이다. 이러한 철학자에게 역사란 감각에 대한 신앙, 거짓에 대한 신앙 이외의 것이 아니다. 철학자가 따라야 할 도덕은 감각을 신뢰하는 모든 자들, 즉 [철학자들을 제외한] 인류의 나머지 전체 — 그들은 모두 '대중'에 지나지 않는다 — 를 부정하는 것이다. 철학자로 존재한다는 것은 미라로 존재하는 것이며, 무덤 파는 자의 흉내를 내면서 단조로운 신론(Monotono-Theismus)을[4] 표현하는 것이다! 그리고 무엇보다도 먼저 **신체**, 감각의 이 가련한 **고정관념**인 신체를 버리는 것이다! [이들 철학자에 따르면] 신체는 자신이 현실적인 것처럼 행세할 정도로 뻔뻔스럽지만, 실은 존재하

---

4) 여기서 니체는 유일신론(Monotheismus)을 단조롭게 오직 하나의 영원불변적인 신만을 인정한다는 점에서 단조로운 신론(Monotono-Theismus)이라고 비꼬고 있다. 이에 대해서 니체는 다신론을 긍정적으로 보고 있다.

는 모든 논리의 오류에 사로잡혀 있고 이미 논파되어 있으며 더 나아가서는 불가능하기조차 하다는 것이다.

―――――――――

감각은 도대체 거짓말을 하지 못한다. 감각의 증언을 가지고 우리가 **만들어내는** 것, 그것이 비로소 감각에 거짓말을 집어넣는 것이다. 예를 들어 통일성이라는 거짓말, 사물성, 실체, 영속성이라는 거짓말을…. '이성'이야말로 우리로 하여금 감각의 증언을 왜곡하게 하는 원인이다. 감각이 생성, 소멸, 변천을 보여주는 한, 그것은 거짓말하지 않는다. [···] '가상적인' 세계가 유일한 세계다.[5] 즉 '참된' 세계란 나중에 [이른바 '가상적인' 세계에] 덧붙여져서 **날조**된 것에 불과하다.

―――――――――

그런데 우리의 감각이란 얼마나 정교한 관찰의 도구인가! 예를 들어 이 코는 어떠한 철학자도 그것에 대해서 아직 존경과 고마움을 보여준 적이 없지만, 코야말로 우리가 마음대로 사용할 수 있는 도구 중에서 가장 섬세한 도구다. 그것은 분광기(分光器)조차도 확인할 수 없는 미세한 움직임의 차이까지도 분간해 낼 수 있다. 우리는 오늘날 우리가 감각의 증언을 **수용하기로** 결심한―즉 우리가 감각

―――――――――

5) 이 경우 가상의 세계는 감각에 의해서 파악되는 생성 변화하는 세계를 가리킨다. 이 원론적인 형이상학은 이 생성 변화하는 세계를 가상적인 세계라고 부르고 있지만 니체가 보기에는 이 세계야말로 유일하고 참된 세계다.

을 더 예리하게 하고 무장시키고 끝까지 사유하는 것을 배우는 —
바로 그 정도로만 과학을 소유하고 있다. 그 외의 것은 기형아이며
아직 과학이 되지 못한 것이다. 아직 과학이 되지 못한 것이란 형이
상학, 신학, 심리학, 인식론을 가리킨다.[6]

━━━

그대가 가르치려는 진리가 추상적이면 추상적일수록, 그대는 더
욱더 감각에 의거하여 설명해야만 한다.

━━━

신뢰할 만한 모든 것, 일체의 양심, 일체의 명백한 진리는 감각에
서 비롯된다.

━━━

6) 형이상학과 신학을 과학 이전의 것으로 보는 것은 콩트의 실증주의 입장을 수용하는
것이라고 볼 수 있다. 그런데 니체가 심리학과 인식론을 과학 이전의 것으로 볼 경
우, 그것들은 감각적인 지각에 의거하지 않고 순전히 의식에 대한 내적인 반성을 통
해서 인간의 심리나 인식작용을 파악할 수 있다고 보는 심리학과 인식론을 가리킨다
고 할 수 있다. 이에 대해서 니체는 과학적 심리학은 감각적인 지각으로부터 출발해
야 한다고 보며, 인식론 역시 육체의 생리적 상태와 결부된 '정동들의 관점 이론
(eine Perspektiven-Lehre der Affekte)'에 의해서 대체되어야 한다고 본다.

5. 순수정신이 아니라 힘에의 의지가 실재다

　니체는 생성 소멸하는 현실은 플라톤이 말하는 것처럼 보편적인 이데아의 그림자에 불과한 것도 아니고 영원한 일자인 신이 창조한 것도 아니라고 본다. 그것은 무수한 힘에의 의지들로 이루어져 있다. 힘에의 의지는 단순한 생존을 넘어서 자신을 강화하고 고양시키는 의지다. 그것은 자신의 외부의 것들을 자신의 성장과 강화를 위한 자료로 만들려는 의지다. 니체는 이러한 힘에의 의지가 실재 자체라고 보며, 인간의 이성이나 감각도 결국은 힘에의 의지가 자신을 강화하기 위해서 사용하는 도구라고 본다.

　우리의 의식적인 모든 생각이나 행동 그리고 감정까지도 이러한 힘에의 의지에 의해서 규정되어 있다. 힘에의 의지가 병들고 지쳐 있을 경우 우리는 현실에서 도피하려는 이원론적인 생각에 사로잡히기 쉬우며 염세적인 감정에 빠지기 쉽다. 이에 반해 힘에의 의지가 건강할 경우 우리는 생성 소멸하고 무수한 힘에의 의지가 서로의 힘을 겨루는 이 현실을 긍정하며 심지어는 이 현실을 아름답게 보게 된다. 니체는 힘에의 의지가 의식 차원에 속하는 것이 아니라 본능의 차원에 속하며 따라서 이 본능을 건강하게 하는 것이 중요하다고 본다.

니체는 힘에의 의지가 본능적인 차원의 것이라는 점에서 '육체'라고 부르면서도 그것이 우리의 모든 의식적인 생각과 행동을 규정하는 것이라는 점에서 '거대한 이성'이라고도 부르고 있다. 힘에의 의지는 맹목적인 것이 아니라 세계를 보는 관점을 이미 자체 내에 포함하고 있다. 힘에의 의지가 건강한 것일 경우 그것이 세계를 보는 관점은 건강하고 밝은 것이며, 이에 반해 병든 것일 경우 그것이 세계를 보는 관점은 병들어 있고 어둡다. 이런 의미에서 니체는 힘에의 의지를 강하게 만들 수 있는 섭생이나 교육에서의 모든 실험이 필요하다고 말한다.

힘에의 의지는 자신의 힘을 강화하고 고양하려는 것이기에 그것은 자신보다도 더 강한 힘에의 의지에 대한 질투와 시기심을 수반하기 쉽다. 흔히 질투와 시기심은 악덕으로 평가되지만, 니체는 동일한 시기심이라도 긍정적인 성격을 가질 수도 있고 부정적인 성격을 가질 수도 있다고 본다. 즉 헤시오도스가 말하는 것처럼 선한 에리스와 악한 에리스가 있다는 것이다. 에리스는 증오와 복수의 여신이다.

약한 자, 무능한 자가 자신보다도 강하고 능력 있는 자를 시기하면서 음험한 복수를 획책할 때 그러한 시기는 악한 것이다. 상대방이 자신보다 능력이 뛰어나고 자신보다 열심히 노력해서 우월한 지위에 있다고 생각하지 않고 자신보다 더 간교하고 세상에 아부를 잘해서 우월한 지위에 있다고 생각할 경우에는 악한 시기심이 작용하고 있다. 이에 반해 상대방이 자신보다 더 뛰어나기 때문에 우월한 지위를 차지하게 되었다는 사실을 흔쾌히 인정하면서 그를 따라잡기 위해서 노력할 경우에는 선한 시기심이 작용하고 있다.

우리말로는 시기심이라는 말은 그 자체로 악한 시기심이라는 의미를 가지고 있으니 선한 시기심이라는 말에는 어폐가 있다. 따라서 우리말로는 선한 시기심이라는 용어보다는 선의의 경쟁심이라는 용어를 사용하는 것이 니체가 염두에 두고 있는 사태를 표현하기에 더 좋다고 생각한다. 니체는 그리스 문화가 시와 건축, 철학, 정치 등에서 찬란한 업적을 이루게 된 것은 그리스인들이 이렇게 선의의 경쟁심을 장려했기 때문이라고 보고 있다. 니체가 보기에 창조란 경쟁의 산물이며 창조적 힘이란 상대방에 대해서 승리를 거두려는 승부욕의 승화된 형태다.

원래 고대 그리스인들은 잔인한 민족이었다. 이들은 니체가 『도덕의 계보』에서 말하는 금발의 야수와 같은 자들이었다. 이들 금발의 야수들은 아무런 양심의 가책도 없이 자신이 정복한 민족을 살육하고 강간했다. 자신이 살해한 헥토르의 시체를 마차에 매달고 달리는 아킬레스의 복수욕에서 우리는 그러한 잔인성과 야수성의 전형을 보게 된다.

그러나 그리스 문화는 이러한 잔인성을 그리스인 자신들 내부에서는 정치나 사회, 예술 등의 삶의 모든 부분에서 일어나는 선의의 경쟁심으로 승화했다. 그리스인들은 그리스 외의 민족들은 철저하게 지배하고 정복하려고 했으면서도, 그러한 정복욕과 지배욕을 자신들 내부에서는 선의의 경쟁을 통해서 우위를 차지하려는 창조적인 경쟁심으로 변용시킨 것이다. 그들의 증오와 승부욕이 타 민족들에 비해서 훨씬 강했기 때문에 이들의 경쟁심도 훨씬 극렬하면서도 창조적일 수 있었다. 이들은 시나 비극의 창작 혹은 웅변이나 철학에서 일등을 차지하려고 했으며, 이러한 과정에서 사람들의 삶에 의미와 빛을 부여하는 훌륭한 작품들을 창조할 수 있었다. 아울러 이들의 이러한 공명심은 조국이 위기에 처했을 때는 앞을 다투어 나가 싸우는 애국심으로 전환될 수 있었다.

그리스인들은 경쟁과 투쟁을 인간사회뿐 아니라 우주까지도 지배하는 원리로 보았다. 이러한 생각이 투쟁은 만물의 아버지라는 헤라클레이토스의 사상에서 잘 나타나고 있다. 만물 상호 간의 경쟁과 투쟁을 통해서 끊임없이 생성하고 변화하는 우주가 바로 그리스인들이 생각하는 우주였다. 경쟁과 투쟁이 사라진 세계는 조화롭고 평화로운 세계가 아니라 오히려 죽은 세계라는 것이다.

니체는 나중에 모든 현상의 근본원리를 자기 자신을 지배함으로써 자신의 주변과 다른 사람들을 압도하고 지배하려는 힘에의 의지에서 찾았다. 사람들은 니체의 힘에의 의지 사상이 보통 쇼펜하우어의 의지 사상과 다윈의 진화론을 종합한 것에서 비롯된 것으로 보았지만, 우리는 그러한 사상의 기원을 오히려 그리스 문화에 대한 초기 니체의 연구에서 찾을 수 있을 것이다. 니체는 원래 고전문헌학자였고 고전문헌학자로서 그리스 문화에 정통했던 것이다.

니체는 이렇게 말하고 있다

아마 내가 바로 위에서 '정신의 근본의지'에 대해서 말했던 것을 바로 이해하지는 못할 것이다. 따라서 그것에 대해서 설명하는 것을 허락해 주기 바란다. 대중이 '정신'이라고 부르는 저 명령적 존재는 자신과 자신의 주위에 대해서 주인이 되고 싶어 하고 자신을 주인으로서 느끼고 싶어 한다. 그것은 다양성으로부터 단일성에 이르려는 의지, 즉 결합하고 구속하고 지배하려고 하며 실제로 지배하는 의지를 갖는다. 그것의 욕구와 능력은 생리학자들이 살아 있고 성장하며 번식하는 모든 것이 가지고 있다고 인정하는 욕구와 능력과 동일한 것이다. 낯선 것을 자기 것으로 만드는 정신의 힘은 새로운 것을 오래된 것에 동화시키거나 다양한 것을 단일화하고 완전히 모순되는 것을 무시하거나 배척하는 강력한 경향에서 분명히 드러난다. 이와 마찬가지로 정신은 낯선 것이나 '외부세계'에 속하는 모든 것의 특정한 윤곽이나 특징을 자의(恣意)적으로 강조하고 자신에 맞게 왜곡한다. 이 경우 정신이 의도하는 것은 새로운 '경험'을 자기 것으로 체화하고 새로운 사물들을 기존의 계열 속에 편입시키는 데, 즉 성장하는 데 있으며, 보다 분명하게 말하자면, 성장한다는 느낌, 힘이 증대되었다는 느낌을 갖는 데 있다. 겉으로 보기에는 그것과 상반되는 충동도 이러한 동일한 의지에 봉사하고 있다. 그러한 충동이란 무지와 고의적인 자기폐쇄를 향한 갑작스러운 결단, 자신의 창문을 닫아버리는 것, 이런저런 사물들을 내적으로 부정하고 접근을 허용하지 않는 것, 인식될 수 있는 많은 것에 대해서 일종의 방어 태세에 들어가는 것, 어둠과 폐쇄된 지평에 만족하는 것, 무지를 긍정하고 시인하는 것을 가리키며, 이것들 모두의 필요성은 정신의 동화력, 비유적으로 말하자면 정신의 '소화력'의 정도에 비례한다. 실로 '정신'은 위장(胃臟)과 가장 많이 유사하다.

———

이 시대는 의식이 겸허해져야 하는 시대다. 결국 우리는 의식적인 자아 그 자체를 저 더 고차원적이고 보다 더 넓은 조망을 갖는 지성을 섬기는 도구로 이해한다. 따라서 우리는 이렇게 물을 수 있다. 모든 의식적 의욕, 모든 의식적 목적, 모든 가치평가는 아마도 그것이 의식 안에서 생각되고 있는 것과는 무언가 본질적으로 다른 것에 도달하기 위해서 사용되는 도구들에 불과한 것이 아닌지라고. 우리는 우리의 쾌락과 불쾌가 문제된다고 생각하지만 … 그것들은 우리가 의식하지 못하는 어떤 것을 수행하기 위한 수단일지도 모른다. […] 요컨대 정신이 발달하는 전체적인 과정에서 문제가 되는 것은 아마 육체다. 즉 그것은 하나의 고차원의 육체가 자신을 계속 형성하고 있다는 것을 감촉할 수 있게 되어가는 역사다. 유기적인 것은 더 한층 높은 단계에로 상승해 간다. 자연을 인식하고자 하는 우리의 열망은 육체가 스스로를 완성하기 위해서 사용하는 수단이다. 혹은 오히려 육체의 영양 섭취, 거주의 방식, 생활방식을 변화시켜야 하는 수천 가지의 실험들이 행해진다. 의식과 의식 속에서의 가치평가, 모든 종류의 쾌감과 불쾌는 이러한 변화와 실험들을 나타내는 표지일 뿐이다.

신체의 운동과 변화에 대해서 말하자면 … 우리는 목적을 결정하는 의식의 관점에서 이들 운동과 변화를 더 이상 설명하지 않게 되었다. 그러한 소박한 믿음을 오래전에 버렸던 것이다. 대부분의 운동은 의식과 아무 상관이 없다. 감각과도 상관이 없다. 매 순간 발생하는 수많은 사건들에 있어서 감각과 사유가 차지하는 역할은 거의 무시해도 좋을 정도다. … 우리는 의식에 대해서 겸손해진 시대에 살고 있는 것이다.

───

고대 그리스인들은 악의와 시기를 우리와는 다르게 생각했다. 그들은 헤시오도스처럼 생각했다. 헤시오도스는 서로 대립하는 사람들을 파멸적인 전쟁으로 이끄는 에리스를 악이라고 불렀으며, 사람들로 하여금 질투와 악의 그리고 시기에 사로잡히게 하면서 전쟁이 아닌 경쟁을 하도록 부추기는 또 다른 에리스를 선이라고 찬양했다.

───

그리스의 예술가들, 예를 들어 비극 작가들은 우승을 하기 위해 시를 지었다. 그들의 모든 예술은 경쟁과 분리해서는 생각할 수 없다. 헤시오도스의 선한 에리스, 즉 공명심이 그들의 천재성에 날개를 달아주었다.

[이 개념은] 헬레니즘의 가장 순수한 원천에서 나온 것으로, … 세계-원리로 탈바꿈한 헤시오도스의 선한 에리스다. 이는 고대 그리스의 체육관과 도장, 예술적인 경기, 정치 집단들과 도시 국가들의 투쟁에서 생겨나 가장 일반적인 원리로 변모된 … 경쟁이라는 관념으로서, 우주라는 기관은 이 경쟁이라는 원리에 의해 조절된다. [더 나아가, 헤라클레이토스는] 영원하며 유일한 생성, 끊임없이 일하고 생성하면서 결코 [고정된 채로] 존재하지 않는 모든 실재의 총체적인 불안정성[을 가르쳤다. 이것은] 무섭고 당혹스러운 느낌이 들게 한다. … 이러한 느낌을 그것의 대립하는 것으로, 즉 숭고한 느낌과 행복한 놀라움으로 변모시키기 위해서는 놀라운 강인함이 필요했다.

[그리스 철학자들은] 그들 자신과 그들의 '진리'를 굳건히 확신했다. 그리고 이러한 확신을 가지고 그들의 이웃들과 선배들을 모두 굴복시켰다. 그들은 모두 폭력적이고 호전적인 폭군이었다. … 모든 그리스인이 되고 싶어 했던 그런 폭군이었다. … 입법자가 된다는 것은 폭정의 승화된 형태다.

6. 다윈은 진화의 과정을 왜곡했다

　니체는 인간이 자연의 진화과정에서 나타난 존재라는 사실은 인정하지만 이러한 진화가 다윈이 말하는 것처럼 환경에 대한 수동적인 적응에 의해서 일어난다고 보지 않는다. 니체는 모든 존재자는 단순히 생존을 추구하는 것이 아니라 힘의 고양과 상승을 추구한다고 본다. 이런 의미에서 니체는 진화의 동력을 자신을 강화하고 전개하면서 다른 것들을 압도하려는 능동적인 의지에서 찾는다. 니체는 다윈이 진화의 동력을 환경에 대한 수동적인 적응에서 찾은 이유를 다윈이 모든 종류의 지배의지를 비난하는 민주주의적인 사고방식에 사로잡혀 있었기 때문이라고 본다.

　또한 다윈은 생물들이 희소한 자원을 둘러싸고 생존하기 위해서 투쟁한다고 보면서 자연을 근본적으로 궁핍한 것으로 보았지만, 니체는 이러한 다윈의 자연관은 객관적인 사실을 반영한 것이라기보다는 맬서스의 인구론의 영향을 받은 것으로 본다. 주지하듯이 맬서스는 자연에는 살아 있는 것들의 생존을 위해서 필요한 자원이 결핍되어 있다고 본다. 이와 관련하여 그는 "식량은 산술급수적으로

(2배, 3배, 4배… 식으로) 증대하는 것에 반해 인구는 기하급수적으로(2배, 4배, 16배… 식으로) 증대한다"는 유명한 말을 남겼다. 니체가 보기에 삶의 본질은 맬서스나 다윈이 주장하는 것과는 달리 곤경이나 기근이라기보다는 오히려 풍부와 풍요, 심지어는 불합리한 낭비다. 따라서 존재자들 사이의 투쟁도 희소한 자원을 둘러싸고 각자의 생존을 위해서 일어나는 것이 아니라 힘의 고양과 상승을 위해서 일어난다.

아울러 다윈은 생존경쟁에서 강자가 승리한다고 보았지만 니체가 보기에는 오히려 다수인 약자가 보통 승리한다. 약자가 계속해서 강자를 지배한다. 약자가 다수일 뿐 아니라 또한 더 교활하다. 특히 약자는 모든 인간은 평등하다는 식의 허위적인 이데올로기를 강자에게 주입함으로써 승리한다. 다윈은 힘을 주로 육체적인 것으로만 생각하면서 약자가 구사하는 교활한 생존전략을 망각했다.

니체는 이렇게 말하고 있다.

반(反)다윈 — 저 유명한 '생존을 위한 투쟁'에 관해서 말해 보자면, 현재로서는 주장만 되고 있지 증명은 안 된 것 같다. 생존을 위한 투쟁이 일어나기는 하지만 예외로서 일어날 뿐이다. 삶의 전체적인 모습은 궁핍 상태나 기아 상태가 **아니라** 오히려 풍요와 충일(充溢)이며 심지어는 터무니없는 낭비이기도 하다. 투쟁이 일어나기는 하지만 그 경우 그것은 **힘**을 위한 투쟁이다. … 맬서스와 자연을 혼동해서는 안 된다. 그런데 생존을 위한 투쟁이 일어나고 있다고 가정해 보면 — 사실, 일어나고 있지만 — 그 결과는 유감스럽게도 다윈 학파가 바라거나 사람들이 다윈 학파와 함께 바라도 **된다**고 생각하는 것과는 정반대다. 즉 '생존을 위한 투쟁'은 강자나 특권자들이나 행복한 예외자들에게 불리하게 되는 결과로 끝나는 것이다. 종의 성장은 완전한 형태로 이루어지지 **않는다.** 약자가 항상 거듭해서 강자를 지배하게 된다. 이는 약자가 다수이고 **더 영리하기**조차 하기 때문이다. … 다윈은 정신을 망각하고 말았다(이것이야말로 영국식이다!). **약자가 더 많은 정신을 가지고 있다**는 사실을 말이다. […] 여기에서 말하는 정신이란 것으로 나는 — 이미 알고 있겠지만 — 신중함, 인내, 교활한 지혜, 위장, 강한 자제력 그리고 모든 종류의 의태(擬態)를(이 마지막 것이야말로 이른바 덕의 대부분을 포함한다)[7] 의미하고 있다.

---

7) 의태(mimicry)는 동물학에서 사용되는 용어로 자신을 위장하면서 환경에 적응하는 능력이다.

지배하고 있으며 지배하려고 하는 모든 것에 대한 혐오라는 **민주주의자에게 고유한 특이체질**, 저 근대적인 지배기피증(Misarchismus)(추한 사실을 가리기 위해서 추한 단어를 만들어본다면)은 자신을 위장하여 […] 오늘날에는 가장 엄밀하고 외관상 가장 객관적인 과학에까지 점점 침입하고 있으며 침입해도 무방한 것처럼 될 정도가 되었다. 사실 그것은 이미 생리학과 생물학의 전체까지 지배하게 된 것처럼 보인다. 그리고 말할 필요도 없이 그것은 생리학과 생물학에서 하나의 근본개념, 즉 저 본래의 **능동성**이란 개념을 박탈해서 그 학문에 피해를 입히고 있다. 앞에서 언급한 저 민주주의적 특이체질의 압력에 의해서, '적응'이라는 것, 즉 제2급의 능동성이며 단순한 반동성이 전면에 내세워진다. 삶 자체까지도 외적인 환경에 갈수록 합목적적으로 적응해 나가는 것으로 정의되기에 이르렀다(허버트 스펜서). 그러나 이러한 정의는 삶의 본질을, 힘에의 의지를 보지 못하고 있다. 이러한 정의는 자발적이고 공격적이며 침략적이고 새로운 해석과 방향을 부여하는 형성적인 여러 힘들 — 이 여러 힘들의 작용에 의해서 비로소 '적응'도 이루어진다 — 의 본질적인 우선권을 간과하고 있다. 이 정의는 또한 유기체 자체에서 삶의 의지가 능동적이며 형성적으로 나타나는 여러 최고의 기관이 갖는 지배적인 역할을 부인하고 있다.

7. 주체나 실체로서의 '자아'는 존재하지 않는다

　우리는 보통 우리의 의식 속에 존재하는 의지가 어떤 행위의 원인이라고 믿으며, 또한 이러한 의식과 의지는 주체적인 자아에 속한다고 생각한다. 우리는 이러한 주체적인 자아가 자신의 자유로운 의식적인 의지에 따라서 어떤 행동을 일으킨다고 생각하는 것이다. 이렇게 어떤 주체적인 자아가 자신의 자유로운 의식적 의지에 따라서 어떤 행동을 일으키지 않는다면, 우리는 그렇게 행동할 수 있는 자유도 없게 되고 따라서 자신의 행위에 대해서 책임도 질 수 없을 것이라고 생각하는 것이다. 이렇게 자유의지를 행위를 일으키는 원인 일반이라고 믿으면서 우리는 그러한 의지를 소유하고 있는 독립적이고 자유로운 실체로서의 '나'가 있다고 믿는다.

　이러한 자유로운 실체로서의 '나'는 어떤 행위를 자신이 원한다면 언제든지 하지 않을 수도 있는 주체다. 이러한 사고방식에 따라서 우리는 어떠한 행위에 대한 주체의 책임을 물으며, 인간의 역사를 자유로운 주체가 자신의 이념을 전개해 나가는 과정으로 보기도 한다. 그러나 니체는 이렇게 특정한 행위로부터 독립한 주체를 상정하는 것은 주어와 술어로 이루어져 있는 언어에 의한 기만 때문이라고 보고 있다. 이러한 언어 구조로 인해 우리의 이성은 술어에 해당될 수 있는 어떤 행위에 그것의 원인이자 주체로서 주어에 해당되는 실체를 찾게 된다. 이성의 이러한 특징으로 인하여 이성은 도처에서 어떤 행위의 원인으로서 실체로서의 '자아'를 찾게 된다. 이런 의미에서 니체는 우리의 언어는 그것의 기원과 관련해서 볼 때 심리학이 가장 초보적 형태를 갖던 시기에 속하며 원시적인 주물숭배(Fetischwesen)에 빠져 있다고 본다. 또한 우리의 사유는 어떠한 조건에 의존하지 않고 자신의 공상을 마음대로 펼 수 있기 때문에 우리가 조건들에서 자유로운 존재라고 착각을 하게 한다.

니체는 자유로운 의식적 의지의 주체로서의 자아라는 개념은 하나의 허구에 불과하다고 본다. 우리의 의식적 의지는 사실은 우리가 의식하지 못하는 생리적 차원의 힘에의 의지에 의해서 규정된다고 본다. 힘에의 의지가 병약해 있으면 사람들은 서양 형이상학이나 기독교처럼 이원론적으로 생각하고 행동하게 된다. 물론 이들은 자신들이 세계에 대한 객관적인 관찰에 입각해서 그렇게 생각하고 행동한다고 생각하겠지만 말이다.

그런데 우리는 존재로서의 나, 실체로서의 나를 믿으면서 나라는 실체에 대한 이러한 믿음을 모든 사물에 투영한다. 이와 함께 비로소 '사물'이라는 개념을 만들어낸다. 영원불변한 실체인 원자라는 개념도 이렇게 해서 생긴 것이다. 도처에서 존재가 원인으로서 고안되어서 은근슬쩍 밑으로 밀어넣어진다. '나'라는 개념에서 비로소 파생된 것으로서 '존재'라는 개념이 발생한다. 그리고 세계 전체는 신이라는 불변적이고 자유로운 정신적 실체 내지 존재에 의해서 창조된 것으로 간주된다. 이 모든 실체 개념들이 주어와 술어로 구성되어 있는 언어구조에서 비롯되었다고 보면서, 니체는 "우리는 아직 문법을 믿고 있기 때문에 신에게서 벗어나지 못하는 것은 아닌가라고 나는 염려한다"고 말하고 있다.

　니체는 이렇게 말하고 있다.

생각은 내가 원해서 나오는 것이 아니라 그것이 원해서 나온다. 따라서 나라는 주어가 생각한다는 서술어의 조건이라고 말하는 것은 사실의 왜곡이다.

언어는 그것의 기원과 관련해서 볼 때 심리학이 가장 초보적 형태로 존재하던 시기에 속한다. 즉 언어-형이상학의, 분명하게 말하자면 **이성**의 근본전제들을 떠올려볼 때 우리는 우리가 원시적인 주물숭배(Fetischwesen)에 **빠져 있음**을 발견하게 된다. 그 경우 **우리의 이성**은 도처에서 행위자와 행위를 본다. 그것은 의지를 행위를 일으키는 원인 일반이라고 믿는다. 그것은 '나'를 믿는다. 존재로서의 나, 실체로서의 나를 믿으면서 나라는 실체에 대한 이러한 믿음을 모든 사물에 **투영한다.** […] 이 철학자들은 이성 범주들이 [감각적] 경험에서 유래한 것일 수 없다고, 경험 전체가 이성 범주들과 모순된다고 추론했다. **그렇다면 이성 범주는 어디에서 유래한 것인가?** 이 점에서는 인도에서도 그리스에서도 사람들은 다음과 같은 동일한 오류를 범했다. 즉 "우리는 한때 더 높은 세계에서 살았음에 틀림없다(**훨씬 더 낮은 세계**가 아니라. 그러나 더 낮은 세계에 살았다는 것이 진리일 수 있었는데도!). 우리는 신적인 존재임에 틀림이 없다. **왜냐하면** 우리는 이성을 가지고 있기 때문이다!"라고.

앞에서 언급된 논리학자들의 미신과 관련해서 나는 이러한 미신을 믿는 자들이 인정하려고 하지 않는 사소하면서도 간단한 사실 하나를 거듭해서 강조하고 싶다. 그 사실이란, 어떤 생각은 내가 원할 때가 아니라 그 생각 자체가 떠오르기를 원할 때 떠오른다는 것이다. 따라서 '나'라는 주어가 '생각한다'는 술어의 조건이라고 말하는 것은 사실을 **왜곡하는 것**이 된다. '그 무엇이 생각한다(Es denkt)'라고 할 때의 '그 무엇'이 저 오래되고 유명한 '자아'라는 주장은 완곡하게 표현해서 단지 하나의 가정이거나 주장일 뿐 '직접적으로 확실한 사실'이 결코 아니다. 결국 이러한 '그 무엇이 생각한다'고 말하는 것만으로도 이미 너무나 많은 것이 주장되고 있다. 이러한 '그 무엇'에는 사고 과정에 대한 하나의 **해석**이 포함되어 있으며, '그 무엇'은 사고 과정 자체에는 속하지 않는다. 이 경우 사람들은 문법상의 관습에 따라서 "사고라는 것은 하나의 활동이며 모든 활동에는 활동하는 주체가 있다. 따라서 사고하는 주체가 있다"라고 추론하고 있는 것이다. 거의 동일한 도식에 따르면서 옛 원자론은 작용하는 힘 외에 저 물질 덩어리, 즉 그 안에 힘이 존재하고 그것으로부터 힘이 비롯되는 원자를 상정했다. 그러나 보다 엄밀한 두뇌의 소유자는 결국은 이 '대지의 잔여물'을 상정하지 않고서도 아무런 문제도 없이 자연을 설명할 수 있게 되었다. 그리고 논리학자까지 포함하여 우리는 언젠가는 아마도 그 사소한 '그 무엇'(저 오래되고 유명한 '자아'가 이 '그 무엇'으로 도피한 것이다)을 상정하지 않고서도 아무런 문제도 없이 사고하는 데 익숙해질 것이다.

모든 현대철학은 도대체 근본적으로 무엇을 하고 있는가? 데카르트 이래로 — 사실 그의 선례에 따르기보다는 그에게 반항하면서 — 모든 철학자는 겉으로는 주어와 술어 개념을 비판하는 것 같지만 사실은 낡은 영혼 개념에 대한 암살을 기도하고 있다. 즉 그들은 기독교 교리의 근본전제에 대한 암살을 기도하고 있는 것이다. 인식이론적인 회의로서의 현대철학은 은밀하게든 공공연하게든 **반(反)기독교적**이다. 그러나 보다 섬세한 귀를 지닌 자를 위해서 말하자면, 결코 반종교적이지는 않다. 이전에 사람들은 문법과 문법상의 주어를 믿듯 '영혼'을 믿었다. 즉 그들은 '나'는 제약자이고 '생각한다'는 술어이자 피제약자라고 말했으며, 생각한다는 것은 하나의 행위로서 그것을 일으키는 원인인 하나의 주체가 반드시 상정되어야 한다고 말했다. 이제 사람들은 놀랄 만한 집요함과 간계로 이러한 올가미에서 빠져나오려고 한다. 그리고 사람들은 이렇게 자문한다. 혹시 그 반대가 참이 아닐까, '생각한다'가 제약자이며 '나'는 피제약자가 아닐까라고. 만약 그렇다면 '나'는 사유작용 자체에 의해서 **만들어진** 하나의 종합물에 불과한 것은 아닐까라고.

소위 '자아'라는 것. — 언어와 그것이 입각하고 있는 편견들은 우리가 내적인 [심리] 과정과 충동을 구명할 때 자주 장애가 된다. 그러한 편견의 예로 우리는 본래 언어는 이러한 과정과 충동이 가장 강하게 나타나는 상태만을 가리킨다는 편견을 들 수 있다. 그런데 우리는 우리에게 언어가 결여되어 있을 때 더 이상 정확히 관찰하지 않는 경향이 있다. 이는 이 경우 정확하게 생각하는 것은 고통스럽기 때문이다. 아니, 일찍이 사람들은 언어의 세계가 끝나는 곳에서는 존재의 세계도 끝난다고 부지불식간에 결론지었다. 분노, 증오, 사랑, 동정, 욕망, 인식, 기쁨, 고통 — 이것들 모두는 극단적인 상태들을 가리키는 명칭들이다. 끊임없이 일어나고 있는 보다 낮은 정도의 것들은 말할 것도 없고 보다 온건한 중간 정도의 것들도 우리는 보지 못한다. 그러나 바로 그것들이야말로 우리의 성격과 운명의 직물을 짜는 것이다. 저 극단적인 폭발들 — 식사를 하거나 어떤 소리를 들을 때 우리에게 의식되는 가장 평범한 만족과 불만도 올바르게 평가한다면 하나의 극단적인 폭발이다 — 은 매우 자주 그 직물을 자르는데 그 경우 그것들은 보통 그동안 쌓였던 것들이 폭발하면서 나타나는 난폭한 예외들이다. 그러한 것들로서 이러한 폭발들은 관찰자들을 얼마나 심하게 오도하는지! 그것들은 행위하는 인간들을 오도하는 것 못지않게 관찰자들을 오도할 수 있는 것이다. 우리가 의식할 수 있고 말로 표현할 수 있는 상태들, 다시 말해서 우리가 칭찬하고 비난할 수 있는 상태들이 우리의 본모습을 드러내는 것은 아니다. 우리는 우리에게 잘 알려져 있는 이러한 보다 조야한 폭발들에 따라 자신을 오인한다. 우리는 예외가 규칙을 능가하는 재료로부터 결론을 끌어낸다. 우리는 우리의 자기라는 외관상으로는 가장 분명한 문자들을 잘못 읽는다. 이렇게 그릇된 길에서 우리가 발견한 우리 자신에 대한 우리의 생각, 소위 '자아'가 그 이후로 계속해서 우리의 성격과 운명을 형성하는 데 협력한다.

'주체'라는 미지의 세계. ― 가장 오랜 옛날부터 지금까지 사람들이 가장 파악하기 어려운 것으로 느꼈던 것은 자기 자신에 대한 인간의 무지, 즉 선과 악뿐 아니라 보다 본질적인 것에 대한 인간의 무지다. 인간의 행위가 어떻게 해서 성립하게 되는지를 사람들은 모든 경우에 아주 정확하게 알고 있다는 극히 오래된 망상이 여전히 존재하고 있다. '마음을 꿰뚫어 보는 신'이나 범행을 생각하는 범죄자뿐 아니라, 모든 사람들이 다른 사람들의 행위에서 본질적인 것을 알 수 있다는 것에 대해서 의심하지 않는다. "나는 내가 무엇을 원하는지, 내가 무엇을 했는지를 알고 있다. 나는 자유롭고 나의 행위에 대해서 책임을 진다. 나는 다른 사람에게 책임을 지게 한다. 나는 어떤 행위에 앞서서 존재하는 모든 윤리적인 가능성들과 마음의 모든 움직임들이 무엇인지를 분명히 알 수 있다. 그대들은 원하는 대로 행동할지라도 나는 나와 그대들 모두를 안다!" 이전에 사람들은 이렇게 생각했고 지금도 거의 모든 사람들이 그렇게 생각한다. 이 점에서는 위대한 회의가들이고 찬탄할 만한 개혁자들이었던 소크라테스와 플라톤도 "올바른 인식에는 올바른 행위가 뒤따를 것임에 틀림이 없다"는 저 가장 치명적인 편견, 저 가장 깊은 오류를 여전히 순진하게 신봉했다. 이 점에서 근본적으로 그들은 행위의 본질에 대한 인식이 존재한다는 일반적인 망상과 어리석은 자만의 계승자들이었다. "옳은 행위의 본질에 대한 통찰에 올바른 행위가 따르지 않는다면 끔찍할 것이다." 이것이 저 위대한 자들이 이 생각을 증명하는 데 필요하다고 생각했던 유일한 논증이다. 그 반대는 그들에게는 생각할 수도 없는 어리석음으로 여겨졌다. 그러나 바로 이 반대야말로 오랜 옛날부터 매일 시시각각으로 증명되었던 적나라한 현실이다! 어떤 행위에 대해서 알 수 있다는 것이 행위로 바로 이어지기에는 결코 충분하지 않다는 것, 인식으로부터 행위에로 이르는 다리는 이제까지 한 번도 놓인 적이 없었다는 사실이야말로 '무서운' 진리가 아닌가. 행위는 우리에게 나타난 그대로의 것이 결코 아니다! 그런데 자! 내부세계도 똑같다. 도덕적인 행위들은 사실은 '다른 어떤 것'이다. 그 이상 우리는 말할 수 없다. 그리고 모든 행위들은 본질적으로 미지의 것이다. 이 반대가 보편적인 믿음이었고 지금도 그러하다. 가장 오래된 실재론이 우리에게 반대하고 있다. 지금까지 인류는 생각했다. "행위란 우리에게 나타난 그대로의 것이다." (이 말을 다시 읽을 때 쇼펜하우어의 대단히 분명한 어떤 구절이 생각난다. 그도 역시 그리고 실로 아무런 주저 없이 이러한 도덕적 실재론에 의존해 있으며 의존한 채 머물렀다는 사실에 대한 증거로서 나는 그 구절을 인용하려고 한다). "정녕, 우리 모두는 선악을 정확히 알고 있는 유능하고 철저하게 도덕적인 판사이자 신성한 존재로서 선을 사랑하고 악을 미워한다. [그러나 이 경우] 이 모두란 자신의 행위가 아니라 타인의 행위가 음미되고 그는 단순히 시인하든지 부인하든지 하기만 하면 될 뿐이고 행위의 책임은 다른 사람들이 지게 되는 한에서의 각 사람들을 의미한다. 따라서 누구나 고해신부로서는 신의 자리를 완벽하게 대신할 수 있다."

자아라는 개념은 또 어떤가? 그것은 우화, 허구, 말장난이 되어 버렸다. [⋯] 인간은 먼저 자아라는 개념에서 존재라는 개념을 끄집어내어 '사물들'을 자신의 형상에 따라, 즉 원인으로서의 자아라는 개념에 따라 존재하는 것으로 설정했던 것이다. 나중에 그는 사물들에서 사물들 안에 그가 투입했던 것을 항상 다시 발견했을 뿐이라는 사실은 놀랄 일이 아니다. 다시 한 번 말하자면 사물 자체, 사물이라는 개념은 자아가 원인이라는 믿음의 반영에 지나지 않는다. 그리고 기계론자와 물리학자 여러분들이여, 그대들이 말하는 원자도 마찬가지다. 원자라는 개념에도 얼마나 많은 오류와 얼마나 많은 초보 심리학이 아직도 남아 있는가! '물자체'라는 개념, 형이상학자들의 추악한 치부(horrendum pudendum)에 대해서는 말할 것도 없다. 형이상학자들은 정신을 원인으로서 보면서 그것을 실재와 혼동하면서 실재의 척도로 만들었으며 신이라고 부르는 오류를 저질렀다!

실체의 개념은 주체 개념의 결과지 그 반대가 아니다. 만약 우리가 영혼을 포기한다면, '실체'의 전제조건인 '주체'도 사라지리라.

8. 자유의지의 철학은 단죄의 철학이다

　니체는 자유의지라는 개념은 기독교와 성직자들이 사람들을 심판하기 위해서 만들어낸 개념이라고 본다. 기독교는 사람들에게 자연스러운 본능을 근절할 것을 요구한다. 그런데 이렇게 요구하기 위해서는 인간에게 자신의 본능을 근절할 수 있는 자유의지가 존재한다고 상정해야 한다. 기독교는 사람들이 자유의지를 가지고 있음에도 불구하고 자연스러운 본능을 근절하지 못한다는 이유로 죄인이라고 단죄한다. 이런 의미에서 니체는 자유의지라는 개념은 기독교와 성직자들이 사람들을 죄인으로 단죄하기 위해서 만들어낸 개념이라고 보는 것이다. 성직자들은 심판할 권리와 더불어 죄를 지은 인간에게 벌을 내릴 권리도 확보한다. 성직자들이 이러한 권력을 가지게 되는 반면 인간은 죄책감에 사로잡히게 된다.

　니체는 자유의지라는 관념은 인간을 순수이성 내지 순수정신과 감성으로 나누면서 인간의 본질을 이러한 순수이성에서 찾는 근본적으로 잘못된 이원론적인 인간관을 전제하고 있다고 본다. 그리고 이러한 이원론적인 인간관과 함께 자유의지는 우리에게 죄책감을 심고 우리를 심판하기 위해서 만들어진 관념이라고 본다.

그렇다고 해서 니체가 '의지의 자유'를 전적으로 부정하는 것은 아니다. 니체는 이원론적인 종교나 철학이 주장하는 것처럼 인간이 자신의 본능적인 욕망까지도 근절할 수 있을 정도로 자유로운 의지는 없다고 보았지만 자신의 본능적 욕망을 승화시키고 정신화할 수 있는 자유로운 의지는 가지고 있다고 본다. 따라서 니체는 우리 인간을 의지의 자유를 전적으로 결여한 채 외부적인 조건들이나 신체적 조건들 그리고 맹목적인 정념이나 본능에 의해서 결정되어 있는 존재라고 보는 것은 아니다. 그가 비판하고자 하는 것은 이러한 조건들로부터 독립해서 존재할 수 있는 순수한 자유의지가 있다고 보는 관념이다.

니체가 비판하는 자유의지를 우리는 반자연적인 자유의지라고 부를 수 있다면 니체가 인정하는 자유의지를 자연적인 자유의지라고 할 수 있을 것이다. 자연적인 자유의지는 근대 자유주의자가 말하는 자유처럼 남에게 해만 되지 않으면 자기 맘대로 해도 좋다는 방종으로서의 자유가 아니라 자기극복에의 의지라고 할 수 있다. 니체는 이러한 자연적인 자유의지를 '자기 책임에의 의지를 가지고 있다는 것', '어지간한 고난과 고통은 무시하면서 싸움과 승리로부터 기쁨을 느끼는 남성적 본능이 다른 본능을 지배하게 되었다는 것'으로 규정하고 있다. 개인에게서나 민족에게서나 자유는 극복되어야 할 저항에 의해서, 드높은 곳에 머무르기 위해 치르는 노력에 의해서 측정된다. 이런 의미에서 니체는 자신이 말하는 진정한 자유를 구현한 대표적인 인간으로 율리우스 카이사르를 들고 있다. 이런 종류의 자유는 신학자들이 말하는 자유의지처럼 인간에게 원래부터 주어져 있는 것이 아니라 자신에 대한 일종의 폭정, 즉 치열한 자기극복을 통해서 쟁취된다. 이와 관련하여 니체는 "행위, 창조, 작용, 의욕에서 보이는 원숙함과 숙달의 표현, 안정된 호흡, **마침내 도달된** '의지의 자유'"에 대해서 말하고 있다.

이런 맥락에서 니체는 또한 자유로운 의지라는 개념은 가상적인 개념일 뿐이고 실제로 존재하는 것은 강한 의지와 약한 의지뿐이라고 말하고 있다. 이 경우 니체는 하나의 개체는 단일한 영혼으로 이루어져 있는 것이 아니라 무수한 힘에의 의지로 이루어져 있다고 보고 있다. 단적으로 말해서 개체는 하나의 복합체라는 것이다. 이러한 개체는 무수한 충동과 열정으로 이루어져 있으며 건강한 인간이란 이러한 무수한 충동과 열정을 자신의 뜻대로 통일시키는 인간이다. 이렇게 자신의 다양한 충동과 열정을 적시적소에 끌어다 쓰면서 자신의 완전한 통제하에 두는 인간을 니체는 강하고 고귀한 인간이라고 부르고 있거니와 이러한 인간은 강한 의지를 가지고 있다고 말하고 있다.

니체는 모든 생명체는 힘에의 의지를 갖지만 그중 인간만이 자기 자신을 통제하고 지배하려는 의지를 갖는다고 본다. 이와 함께 니체는 다윈이 부정해 버린 인간과 동물의 차별성을 이른바 순수정신과 같은 것을 끌어들이지 않고 복원하게 된다.

니체는 이렇게 말하고 있다.

자유의지라는 개념의 오류. — 오늘날 우리는 '자유의지'라는 개념에 더 이상 공감을 느끼지 못한다. 우리는 자유의지라는 것이 무엇인지를 이제는 너무나 잘 알고 있는 것이다. 그것은 신학자들의 가장 못된 기술로서 인류를 신학자들이 말하는 의미에서 '책임질 수 있는' 존재로 만들기 위해, 다시 말해 인류를 **스스로에게 의존하게 만드는 데**에 사용된다. … 나는 여기에서 인간을 책임질 수 있는 존재로 만드는 것의 근저에서 작용하고 있는 심리를 드러내려고 한다. — 책임을 따지는 곳 어디에서나, 책임을 따지는 것에는 대개는 **처벌하고 심판하려는 본능**이 있기 마련이다. 이러저러한 상태에 있다는 사실이 의지나 의도 혹은 책임 있는 행위에서 비롯된 것으로 간주된다면, 생성으로부터 무구(無垢)함이 박탈되어 버린다. 의지에 관한 학설은 본질적으로 처벌을 목적으로, 즉 **죄를 찾아낼** 목적으로 고안되었다. 낡은 심리학 전체, 즉 의지의 심리학의 전제조건은 그 심리학의 창시자이자 고대 공동사회에서 최고의 지위를 차지했던 사제들이 자신들이 처벌을 내릴 수 있는 **권한**을 갖고자 했다는 사실에 존재하며 또는 신에게 그런 권한을 부여하려고 했던 사실에 존재한다. … 심판받고 처벌받을 수 있기 위해서, 즉 **죄인**으로 간주될 수 있기 위해서 인간은 '자유롭다'고 생각되었다. 따라서 모든 행위는 자유로운 의지에서 비롯된 것으로 간주**되어야만** 했고 모든 행위의 기원은 의식에 존재하는 것으로 간주**되어야만** 했다. (이렇게 해서 심리적인 현상에서 **가장 근본적인** 왜곡이 심리학 자체의 원칙이 되어 버렸다. …) 오늘날 우리는 **정반대** 방향으로 움직이고 있다. 오늘날 우리 비도덕주의자들은 무엇보다도 죄 개념과 처벌 개념을 이 세계에서 다시 제거하고 이러한 개념들에 의한 오염으로부터 심리학, 역사, 자연, 사회적 제도 및 제재 조치들을 정화하려고 온 힘을 기울이고 있다. 우리의 눈에는 [이러한 운동에 대해서] 가장 철저하게 적대적인 것은 신학자들이 '도덕적 세계질서'라는 개념을 가지고 '벌'과 '죄'에 의해서 생성의 무구함을 계속해서 감염시키는 일인 것 같다. 기독교는 교수형 집행자의 형이상학이다.

———

그러나 다시 되돌아가보자. '좋음'의 또 하나의 기원, 즉 원한에 찬 인간이 생각해 낸 것과 '좋음'이란 문제가 해결되어야 한다. 어린 양들이 커다란 맹금을 매우 싫어한다는 것은 이상한 일이 아니다. 그러나 그것이 커다란 맹금이 어린 양들을 채어 가는 것을 비난할 근거는 되지 못한다. 어린 양들이 자기들끼리 "이 맹금은 악하다. 따라서 가능한 한 맹금이 아닌 것, 오히려 그것과 반대되는 것인 어린 양이야말로 선한 것이 아닌가"라고 말할지라도, 그러한 이상을 세우는 데는 비난할 이유가 전혀 없다. 오히려 맹금은 이렇게 말하는 어린 양들을 약간 조소를 띤 눈길로 바라보면서 아마도 이렇게 말할 것이다. "우리는 그들, 이 선한 어린 양들을 전혀 싫어하지 않고 오히려 사랑한다. 연한 어린 양만큼 맛있는 것은 없다"라고. 강한 것에게 강한 것으로서 자신을 표현하지 말 것을 요구하는 것, 즉 그것에게 압도하려는 욕망, 제압하려는 욕망, 지배자가 되려는 욕망, 적과 저항과 승리에 대한 갈망을 갖지 말 것을 요구하는 것은, 약한 것에게 강한 것으로 자신을 표현할 것을 요구하는 것과 마찬가지로 불합리하다. 일정한 양의 힘은 그것과 동일한 양의 충동, 의지, 작용이다. 오히려 그것은 이러한 충동 작용, 의지 작용, 활동 자체와 전혀 다른 것이 아니다. 그것이 그렇지 않게 보이는 것은 모든 작용을 작용하는 자, 즉 주체에 의해서 야기된 것으로 해석하면서 오해하는 언어의 유혹(그리고 언어 속에 화석화되어 있는 이성의 근본오류) 때문이다. 일반 민중이 번개를 섬광에서 분리하여 번개라 불리는 어떤 주체의 활동이며 작용으로 간주하는 것과 마찬가지로, 민중의 도덕도 강한 것의 배후에 강함을 표현하거나 표현하지 않는 것을 자유롭게 할 수 있는 일종의 중립적인 기체가 있는 것처럼, 강한 것을 강함의 표현과 분리한다. 그러나 그러한 기체는 존재하지 않는다. 활동, 작용, 생성의 배후에는 어떤 '존재'도 없다. '활동하는 자'라는 것은 우리의 사고가 고안해 내어 활동에 덧붙인 것에 지나지 않는다. 활동이 모든 것이다. 민중이 번개가 섬광을 일으킨다고 볼 때, 근본적으로 그들은 활동을 중복시켜서 활동의 활동으로 만들고 있는 셈이다. 민중은 동일한 하나의 사건을 한 번은 원인으로 다른 한 번은 그러한 원인의 작용으로 보는 것이다. 자연과학자들이 '힘이 움직이게 한다. 힘이 어떤 사건을 일으킨다'고 말할 경우 그들 역시 정확하게 말하고 있는 것은 아니다. 우리의 과학 전체는 모든 감정으로부터 벗어나 철저하게 냉정함을 견지하면서도 여전히 언어의 유혹에 사로잡혀 있으며 '주체'라는 위조된 기형아에게서 벗어나지 못하고 있다. (예를 들어 원자가 바로 그러한 기형아이며 칸트의 '물자체'도 똑같이 기형아다.) 은밀히 속에서 불타고 있는 복수심과 증오라는 감정이 '**강자**는 **마음대로** 약한 자가 될 수 있으며 맹금도 마음대로 어린 양이 될 수 있다'는 믿음을 자신을 위해서 이용하고 심지어 이러한 믿음을 그 어떠한 믿음보다도 열렬하게 고집한다고 하더라도 이상할 것이 없다. 왜냐하면 이와 함께 그들은 맹금에게 맹금으로 존재하는 것에 대해서 책임을 지게 하는 권리를 획득하기 때문이다. … 억압당하고 짓밟히고 능욕당한 자들은 무력감에서 비롯된 복수심 서린 간계(奸計)로 자기들끼리 이렇게 말한다. "우리는 악한 자들과는 다른 존재, 선한 인간이 되자! 선한 인간이란 능욕하지 않는 자, 그 누구도 해치지 않는 자, 공격하지 않는 자, 보복하지 않는 자, 복수를 신에게 맡기는 자, 우리처럼 조용히 사는 자, 악을 피하고 인생에서 요구하는 것이 거의 없는 자, 즉 우리처럼 인내하고 겸손하며 올바른 자다." 냉정하게 선입견 없이 들을 경우에 이 말은 "우리 약한 자들은 어차피 약한 존재다. 우리는 강하지 않기에 강함을 요구하는 어떤 일도 하지 않으며 이것은 좋은 일이다"라고 말하는 것에 불과하다. 그러나 이러한 떨떠름한 사실, 곤충들조차도 갖고 있는 가장 낮은 수준의 이러한 영리함(커다란 위험에 처했을 때 '지나친' 활동을 하지 않기 위해서 죽은 체하는)은 무력감에서 비롯된 저 화폐위조와 자기기만을 통해서 체념하면서 조용히 기다림의 미덕이라는 화려한 의상으로 자신을 위장한 것이다. 이것은 약한 자의 본질이자 작용이며 그가 피할 수도 없고 떨쳐낼 수도 없는 유일한 현실인 약함 자체가 자발적으로 수행한 업적이자 의욕되고 선택된 것, 하나의 **행위**이자 **공적**인 것처럼 보이게 하는 것이다. 이러한 종류의 인간은 모든 거짓을 신성한 것으로 만드는 자기보존과 자기긍정의 본능에 사로잡혀 있기 때문에 선택의 자유를 갖는 중립적인 '주체'에 대한 믿음을 필요로 한다. 주체(또는 보다 통속적으로 말하면 **영혼**)에 대한 믿음은 아마도 지금까지 지상에 존재했던 믿음 중 가장 확고한 믿음이었을 것이다. 왜냐하면 이것은 죽을 수밖에 없는 수많은 대다수의 인간, 모든 종류의 약자와 억압받는 자로 하여금 약함 자체를 자유로 해석하고, 그들이 그저 그렇게 존재하는 모습을 공적으로 해석하는 저 섬세한 자기기만을 가능하게 했기 때문이다.

━━━

의욕한다(Wollen)는 것은 무엇인가? — 우리는 태양이 솟아오를 때 자기 방에서 나와 "나는 태양이 뜨기를 의욕한다"고 말하는 사람을 비웃는다. 그리고 우리는 바퀴를 멈출 수 없으면서도 "나는 바퀴가 구르기를 의욕한다"고 말하는 사람을 비웃는다. 그리고 우리는 격투에서 져서 쓰러져 있는 사람이 "나는 여기에 누워 있다. 그러나 나는 여기에 누워 있기를 의욕한다"라고 말하는 것을 비웃는다. 우리는 이렇게 비웃지만, 우리가 '나는 의욕한다'라는 말을 사용할 때 저 세 사람 중의 누군가와 다르게 그 말을 사용하고 있다고 할 수 있는가?

━━━

'자유의 영역'에 대해서. — 우리는 우리가 행하고 경험하는 것보다 훨씬 더 많은 것들을 생각할 수 있다. 이는 우리의 사유가 피상적이며 그러한 피상적인 것에 만족한다는 사실을 의미한다. 그뿐 아니라 자신이 그렇게 피상적이라는 사실조차 알아채지 못한다. 만약 우리의 지성이 엄격하게 우리의 힘의 정도와 우리가 힘을 행사하는 정도에 따라서 발달해 있다면 우리는 우리가 할 수 있는 것만을 파악할 수 있다는 것을 — 도대체 파악이라는 것이 있다면 — 사유가 따라야 할 최고의 원칙으로 가질 것이다. 목이 마른 자는 물을 가지고 있지 않다. 그러나 그의 공상은 마치 그것만큼 입수하기 쉬운 것은 없는 것처럼 끊임없이 물을 그의 눈앞에 날라 온다. 피상적이고 쉽게 만족하는 종류의 지성은 정작 무엇이 필요한지를 파악하지 못하면서도 자신이 보다 우월하다고 느낀다. 이 지성은 보다 많은 것을 할 수 있고 보다 빨리 달리고 눈 깜짝할 사이에 거의 목표에 도달하는 것을 자랑한다. 이렇게 사유의 영역은 행위와 의지 그리고 체험의 영역에 비해서 자유의 영역인 것처럼 보인다. 이미 말한 것처럼 그것은 단지 피상과 자기만족의 영역에 불과한 것인데도 말이다.

───

자기원인(causa sui)이란 개념은 이제까지 고안된 것 가운데 최대의 자기모순이자 일종의 논리적 폭행이며 자연에 거슬리는 것이다. 그런데 인간은 지나친 자만심으로 말미암아 바로 그런 어처구니없는 개념에 끔찍할 정도로 깊숙이 휘말리게 되었다. 최고의 형이상학적 의미에서의 '의지의 자유'에 대한 열망은 유감스럽게도 설익은 교양인의 머리를 지배하고 있다. 자신의 행위에 대해서 스스로가 철저하게 책임을 지면서, 신, 세계, 선조들, 우연, 사회에 책임을 돌리지 않으려는 열망은 바로 저 자기원인으로 존재하려는 열망 이외의 아무것도 아니다. 그것은 뮌히하우젠(Münchhausen)을[8]

───

8) 뮌히하우젠(Karl Friedrich Hieronymus von Münchhausen, 1720-1797)은 독일 태생으로 터키와 러시아 전쟁에 참여했다. 그는 자신의 경험담을 사람들에게 과장하여 들려주었다.

능가하는 무모함으로 자신의 머리채를 잡아 올림으로써 자신을 무(無)의 수렁으로부터 존재로 끌어올리려고 하는 것과 같다. 그러므로 누군가가 자유의지라는 이 유명한 개념의 우직한 단순함을 꿰뚫어 보고 그것을 자신의 머리에서 지워버릴 수 있다면, 나는 그에게 그가 자신의 '계몽적 태도'를 한 걸음 더 발전시켜서 '자유의지'라는 이 터무니없는 개념과 상반되는 것마저 그의 머리에서 지워버릴 것을 간청하고 싶다. 그 상반된 것으로 내가 염두에 두고 있는 것은 인과 개념을 남용한 데서 비롯된 '자유롭지 못한 의지'라는 것이다. 자연과학자들이 그러듯이 (그리고 그들과 마찬가지로 사고가 자연과학적으로 되고 있는 오늘날의 인간이 그러듯이) 결과가 나올 때까지 원인을 압박하고 자극하는 오늘날에 지배하고 있는 어리석은 기계론적인 사고방식에 따라 '원인'과 '결과'를 그릇되게 **사물화해서는** 안 된다. '원인'과 '결과'라는 개념들을 단지 순수한 개념들, 다시 말해 기술하고 이해하기 위한 인습적인 허구로서 이용해야지 사실 자체를 설명하기 위한 것으로 사용해서는 안 된다. '[현실] 그 자체'에는 어떠한 '인과적 결합'도 '필연성'도 '심리적인 부자유'도 존재하지 않는다. 또한 원인이 있으면 결과가 반드시 따라오지도 않으며 어떠한 법칙도 지배하고 있지 않다. 원인, 잇달아 일어남, 상호성, 상대성, 강제, 수, 법칙, 자유, 근거, 목적 등을 만들어낸 것은 바로 **우리**다. 우리가 이러한 기호세계를 현실 자체로서 사물들 속에 투사하고 투입한다면, 우리는 항시 그래왔듯이 또다시 **신화적으로** 사고하는 셈이 된다. 따라서 '자유롭지 못한 의지'라는 개념은 하나의 신화에 불과하다. 실제의 삶에 존재하는 것은 단지 **강한** 의지와 **약한** 의지뿐이다. 어떤 사상가가 '인과 결합'과 '심리적 필연성'이란 말을 들을 때마다 강제적이고 필연적인 어떤 것, 복종해야 할 강박감, 압박감, 부자유 같은 것을 느낀다면 그것은 항시 그의 내부에 무엇인가가 결핍되었다는 징후다. 그 같은 느낌들을 갖는다는 것은 수상쩍은 일이며 자신도 모르게 본심을 드러내는 셈이다. 내 관찰이 틀리지 않았다면 일반적으로 '의지의 부자유'는 두 개의 전혀 상반된 관점의 문제이며 또한 항상 지극히 **사적인** 사고방식의 문제인 것으로 보인다. 어떤 이들은 '책임'과 **자신**에 대한 믿음을 포기하지 않으려 하며 어떠한 희생을 치르더라도 **자신에 대한** 긍지를 지켜나가려 한다. '허영심이 강한 부류들이 여기에 속한다.' 그 반면에 어떤 이들은 책임지려 하지도 않고 비난받고 싶어 하지도 않으며 은밀한 자기경멸로 인해 책임을 다른 것에 **전가**하려 한다. 오늘날 후자와 같은 사람들이 책을 쓰게 되면 그들은 자연적으로 범죄자의 편을 들게 된다.

철학자들은 의지에 대해서 말할 때 의지가 흡사 세상에서 가장 잘 알려진 것인 것처럼 말하는 버릇이 있다. 사실 쇼펜하우어도 의지만이 우리에게 본래 알려져 있는 것이며, 지나치지도 부족하지도 않게 우리에게 완전히 알려져 있는 것이라고 주장했다. 그러나 나에게는 항상 이런 생각이 든다. 쇼펜하우어는 항상 그랬던 것처럼 이 경우에도 철학자들이 통상적으로 해오던 일을 했을 뿐이라고. 즉 그는 **대중의 선입견**을 수용하면서 과장했을 뿐이라고. 의지란 나에게는 무엇보다도 **복합적인** 것이며, 단어로서만 단일체(Einheit)일

뿐이다.[9] 바로 이 한 단어에 대중의 선입견이 둥지를 틀고 있으며, 이러한 선입견이 항상 철학자들로 하여금 주의를 소홀히 하게 만들었다. 따라서 우리는 좀 더 주의하여 '철학적이 되지 않도록' 하자. 우리는 이렇게 말해야 할 것이다. 즉 모든 의지에는 첫째로 다수의 감정이 있다고. 다시 말해서 어떤 상태로부터 **벗어나려는** 감정[어떤 상태를 싫어하는 감정], 어떤 상태로 **향하려는** 감정[어떤 상태를 좋아하는 감정], 또한 이렇게 '벗어나려고 하고' '향하려는' 감정에 대한 감정이 있다. 그리고 그 다음에는 팔다리를 움직이지 않고서도 우리가 '의욕'하자마자 일종의 습관에 의해서 움직이기 시작하는 부수적인 근육 감정이 있다. 따라서 감정뿐 아니라 다양한 감정이 의지의 구성요소로서 인정되어야 하는 것처럼, 두 번째로 사유도 의지의 구성요소로 인정되어야 한다. 모든 의지작용에는 명령하는 하나의 사상이 존재하는 것이다. 우리는 이 사상을 '의지'로부터 분리할 수 있다고 생각하면서 그것을 의지로부터 제거한 후에도 의지가 여전히 남아 있는 것처럼 믿어서는 안 된다! 셋째로 의지는 감정과 사유의 복합체일 뿐 아니라 무엇보다도 하나의 **정념**(情念, Affekt)이다. 그리고 그것은 명령의 정념이다. '의지의 자유'라고 불리는 것은 본질적으로는, 사람들이 자신의 명령에 순종해야만 하는 것에 대해서 갖는 우월감이다. 즉 "나는 자유롭다. '그'는 복종해야 한다"는 의식이 모든 의지 속에 도사리고 있다. 마찬가지로 모든 의지 속에는 저 주의 집중, 오로지 하나의 목표에만 똑바로 고정된 시선, '지금 이

---

9) 의지는 여러 충동들의 복합체일 뿐인데 이것을 가리키는 단어가 Wille라는 단일체로서 나타나기 때문에, 사람들은 흡사 단일한 의지가 있는 것처럼 생각한다는 것이다.

것 이외의 다른 것은 전적으로 불필요하다'는 저 무조건적인 가치평가, 복종시킬 수 있다는 내적인 확신, 그리고 명령하는 자의 상태에 속하는 그 모든 것이 도사리고 있다. **의욕하는** 인간은 복종하거나 복종하리라고 믿는 자기 내부의 어떤 것에 대해서 명령을 내린다. 그러면 이제 우리는 대중이 단 한 단어로 표현하는 이 복합적인 것, 즉 의지가 갖는 가장 기묘한 면에 대해서 살펴보기로 하자. 일정한 상황 아래서 우리는 명령하는 자이기도 하면서 동시에 복종하는 자이기도 하다. 그리고 복종하는 자로서의 우리는 강제, 강요, 억압, 저항, 무리하게 움직여진다는 감정을 갖게 되며, 이러한 감정들은 의지의 발동에 뒤이어 거의 동시에 일어나는 경향이 있다. 다른 한편으로 우리는 '자아'라는 종합 개념에 의해서 이 이중성을 무시하면서 이러한 이중성은 존재하지 않는다고 기만적으로 사고하는 습관을 가지고 있다. 이 때문에 이제까지의 일련의 모든 그릇된 추리 및 이러한 추리의 결과 우리가 갖게 되는 의지 자체에 대한 그릇된 가치평가가 의지작용에 끼어들게 되었고, 의지하는 자는 행동을 유발하는 데는 의지만으로 **충분하다**고 굳게 믿게 되는 것이다. 그리고 대부분의 경우에는 명령의 결과를 기대할 수 있을 때만, 즉 복종과 행위를 **기대할** 수 있을 때만 의지가 작용해 왔기 때문에, 그 **외관**만을 보고서 마치 그런 **결과의 필연성**이 존재하는 것처럼 사람들은 느끼게 된 것이다. 요컨대 의욕하는 인간은 상당한 확신을 가지고 의지와 행위는 하나라고 믿는 것이다. 그는 성공을, 즉 의지의 실현을 의지 자체의 공으로 돌림으로써 모든 성공에 따라오기 마련인 기분, 즉 힘이 증대되었다는 기분을 즐긴다. '의지의 자유', 이것은 의지하는 자가 느끼는 기쁨의 복합적인 상태를 표현하는 말이다. 그는 명령을 내리면서 동시에 자신을 그 명령의 수행자와 동일시한다. 이와 함께 그는 저항을 극복하는 기쁨을 맛본다. 그러나 그는 그 저항을 본래 극복한 것은 자신의 의지 자체라고 생각한다. 이와 같이 의지하는 자는 명령하는 자로서의 자신의 쾌감에다가 성공적으로 실행하는 집행 도구들, 즉 종속적인 '하위의 의지들'이나 '하위의 혼들'―사실 우리의 몸은 많은 혼들의 집합체일 뿐이다―의 쾌감을 덧붙인다. 그 결과야말로 나인 것이다(L'effet c'est moi). 잘 형성되고 행복한 모든 공동체에서 일어나는 일이 여기에서도 일어난다. 즉 지배계급은 사회 공동체가 성취하는 것과 자신을 동일시한다. 모든 의지에서 단적으로 문제가 되는 것은 앞에서 말한 것처럼 많은 '혼들'의 집합체를 바탕으로 한 명령과 복종이다. 따라서 철학자는 도덕의 영역에 그러한 의미의 의지를 포함시킬 권리를 주장해야 한다. 이 경우의 도덕이란 [많은 혼들 사이의] 지배관계에 관한 학설을 의미한다. 그러한 지배관계로부터 '생'이라는 현상이 유래하는 것이다.

―――――

　나의 자유 개념. ― 어떤 일의 가치는 때로는 그 일에 의해서 달성되는 것에 있지 않고 그것을 위해서 치러지는 것에, 즉 우리가 얼마나 비용을 치러야 하는가에 있다. 예를 하나 들어보자. 자유주의적 제도는 그것이 세워지자마자 자유주의적이기를 그친다. 나중에 보게 되면 그런 자유주의적 제도만큼 지독하고 철저하게 자유를 손상시키는 것은 없다. 자유주의적 제도가 무엇을 초래하는지는 잘 알려져 있다. 그것은 힘에의 의지를 서서히 무너뜨려버린다. 그것은 산과 골짜기를 평준화하면서 이러한 평준화를 도덕으로까지 격상시킨다. 그것은 인간을 왜소하게 만들고, 비겁하게 만들며, 향락을 추구하는 존재로 만든다. 이러한 제도에 의해서 매번 개가를 올리는 것은 무리동물이다. 자유주의, 이것은 독일어로 말하자면 Heerden-Vertierung(무리동물로 만드는 것)이다. ⋯ 동일한 자유주의 제도가 아직 쟁취되어야 할 대상으로 존재하는 한에서는 그것은 전혀 다른 작용을 초래한다. 그 경우 그것은 자유를 사실상 강력하게 촉진한다. 좀 더 자세히 살펴보면, 그러한 작용을 초래하는 것은 투쟁이다. 그러한 투쟁은 자유주의적 제도를 쟁취하기 위한 투쟁이며 그것은 투쟁으로서 비자유주의적인 본능을 존속하게 한다. 그리고 이러한 투쟁이 인간을 자유로운 존재로 교육시킨다. ⋯ 그렇다면 자유란 무엇인가? 자기를 책임지려는 의지를 갖는다는 것, ⋯ 고난, 시련, 궁핍, 심지어 생명의 위협에 대해서까지도 무관심하게 되는 것, 자신의 대의를 위해서 자기 자신을 포함하여 다른 사람들을 언제라도 희생할 용의가 있다는 것이다. 그리고 자유란 전쟁과 승리를 즐기는 남성적 본능이 '행복'을 추구하는 본능과 같은 다른 본능들을 지배하게 되었다는 것을 의미한다. 자유롭게 된 인간은—자유롭게 된 정신은 더욱 그렇지만—소상인, 기독교인, 암소, 부녀자, 영국인 그리고 그 외의 민주주의자들이 꿈꾸는 그 경멸할 만한 평안을 짓밟아버린다. 자유로운 인간은 전사다. ⋯ 개인에게서나 민족에게서 자유는 어떻게 측정되는가? 극복해야 하는 저항의 크기, 높은 곳에 머무르기 위해 치러야 하는 노고의 정도에 의해 측정된다. 가장 자유로운 인간 유형은 가장 큰 저항이 끊임없이 극복되고 있는 곳에서 찾아져야 할 것이다. 곧 폭군의 정치에서 다섯

걸음쯤 떨어진 곳에서, 그리고 예속이라는 위험의 문턱 가까이에서. 이것은 특히 '폭군'이라는 말이 일종의 무자비하고 끔찍한 본능으로 그리고 자기 자신에게 최대의 권위와 규율을 요구하는 본능으로 이해됐을 때, 심리학적으로 참이다. 폭군의 가장 아름다운 전형이 율리우스 카이사르다. 그런데 그것은 정치적으로도 참이다. 확인해 보려면 역사를 한 번 둘러보기만 해도 된다. 어느 정도라도 가치가 있었거나 가치를 갖게 된 민족은 자유주의적 제도 아래서 그렇게 된 것은 아니었다. 그들을 외경할 만한 무엇인가로 만들었던 것은 커다란 위험이었다. 우리에게 우리의 구조수단을, 우리의 덕을, 우리의 방어수단과 공격무기를 강구하게 하고, 우리의 정신을 비로소 알게 하고, 우리가 강해지도록 강요하는 것은 위험인 것이다. … 제1원칙, 강해지려고 절실하게 원해야 한다. 그렇지 않으면 결코 강해지지 못할 것이다. 강한 인간을 위한, 이제까지 있을 수 있었던 가장 강한 종류의 인간을 위한 위대한 온실이었던 로마나 베니스의 귀족 공동체는 내가 자유라는 말을 이해하는 의미와 같은 동일한 의미로 자유를 이해하고 있었다. 즉 사람이 갖고 있으면서도 갖고 있지 않은 어떤 것, 사람이 원하고 쟁취하는 어떤 것으로서.

9. 기계론과 원자론은 현실에 대한 피상적인 설명이다

니체는 무기물을 포함하여 모든 것은 힘에의 의지라고 보고 있다. 따라서 니체는 원자와 같은 고정불변의 실체는 존재하지 않는다고 본다. 존재하는 것은 힘에의 의지와 힘뿐이며 이러한 힘은 다른 것들로부터 고립된 고정된 불변의 실체로서 존재하지 않고 끊임없이 서로 작용한다. 따라서 물리학에서 말하는 작용이란 것도 실은 보다 강한 힘이 그렇지 않은 힘에게 작용을 가하는 것에 지나지 않는다. 따라서 자연법칙이라는 것도 '힘들 사이의 관계를 확정한 것'일 뿐이다.

기계적 세계란 사실은 유기체적인 과정 속에서 분화되고 전개되어 나가기 전에 아직 강력한 통일체 속에 통합되어 있는 정동(情動)들의 세계, 힘에의 의지들의 세계의 보다 원초적인 형태를 의미한다. 단적으로 말해서 기계적인 세계는 사실은 힘에의 의지를 본질로 갖는 생명 세계의 초기 형태다. 이런 의미에서 니체는 모든 운동, 모든 현상, 모든 법칙을 오직 힘에의 의지라는 내적인 사건의 징후로서만 파악해야 한다고 보며, 물리학에서 말하는 충격과 반발은 힘에의 의지들 사이의 관계에 대한 파생적이고 비근원적인 표현방식이라고 본다. 물리학은 세계를 있는 그대로 파악하는 것이 아니라 세계를 해석하고 짜 맞추는 것에 불과하다는 것이다.

니체는 물리학에서 말하는 원자라는 개념은 지극히 초보적인 조잡한 심리학의 잔재라고 보고 있다. 니체에 따르면 우리는 원인이라는 것이 무엇인가를 자유로운 의식적 의지를 갖고 생각하고 행동하는 실체로서의 자아로부터 이해한다. 사람들은 자유로운 의지를 갖는 실체로서의 자아를 원인의 모델로 여기면서 외부세계에서 일어나는 모든 사건도 실체로서의 자아와 같은 성격을 갖는 원인에 의해서 야기되는 것으로 생각하게 된다. 이에 따라 사람들은 외부세계에서 일어나는 모든 사건의 원인을 자아와 같이 독립적이고 상주하는 실체성을 갖는 원자에서 찾는다.

니체는 또한 근대 물리학이 모든 것을 원자들과 그것들 사이의 기계적인 운동으로 환원시킨다는 점에서 근대의 평등주의적인 사고방식에 의해서 지배되고 있다고 본다. 니체는 물리적 영역들에서조차도 사실은 힘에의 의지들과 이러한 의지들이 갖는 힘들 사이의 지배관계가 성립한다고 보는 것이다.

더 나아가 니체는 기계론적인 원자론에 입각한 물리학이 실재 자체를 반영한다면 인류는 결국 허무주의에 빠지게 되고 그것에서 빠져나갈 수 있는 출구를 갖지 못할 것이라고 본다. 니체는 이러한 출구는 기계론적인 원자론처럼 영혼과 같은 것을 단적으로 부정하는 것에 의해서가 아니라 영혼이라는 개념을 새롭게 규정하는 것에 의해서 열린다고 본다.

근대 자연과학의 대두와 함께 전통적으로 삶에 의미와 방향을 제시해 주면서 삶에 활기를 불어넣어 주던 불멸의 단일한 실체로서의 영혼이나 인격신과 같은 미신이 제거되었다. 그러나 이와 함께 인간은 삶의 의미와 방향을 상실한 채 황량한 생의 사막에 던져지고 인생의 의미와 가치에 대한 회의에 사로잡히게 되는 허무주의에 빠지게 된다. 과거의 인간들은 인간을 고통에서 구원해 줄 신이나 불멸의 영혼이 존재한다고 믿으면서 유쾌하고 안락하게 살아왔던 반면에, 근대에는 인간의 삶에 의미와 방향을 제시하던 과거의 신앙들이 사라졌기 때문에 근대인들은 허무주의에 사로잡힐 수 있는 위기에 처하게 되는 것이다. 니체는 오늘날 철학자들의 과제는 근대 자연과학이 제시하는 황량한 세계상을 넘어서 힘에의 의지로서의 세계에 대한 통찰에 입각하여 근대인들이 허무주의에서 벗어날 수 있는 출구를 제공하는 데 있다고 본다. 이러한 출구는 불멸의 단일한 실체로서의 영혼과 같은 것을 상정하거나 근대 물리학처럼 영혼과 같은 것을 단적으로 부정함으로써 주어지는 것이 아니라, 우리의 영혼을 수많은 힘에의 의지가 서로 지배권을 둘러싸고 투쟁하는 장으로서 이해하는 것과 함께 열리게 된다.

니체는 이렇게 말하고 있다.

우리의 욕망과 열정의 세계 이외의 다른 아무것도 실재로서 '주어져 있지' 않고 우리가 우리의 충동이라는 실재 외에 다른 어떤 '실재'로 올라가거나 내려갈 수도 없다면 — 왜냐하면 사유란 이런 충동들 상호 간의 연관에 불과하기 때문이다 — 시험적으로 다음과 같은 질문을 던지는 것이 허용되지 않을까? 즉 이 '주어져 있는 것'만으로도 이른바 기계적 (또는 '물질적') 세계까지도 이해하기에 **충분하지** 않은가? 이 경우 기계적 세계는 (버클리나 쇼펜하우어적인 의미에서의) 착각이나 '가상', '표상'을 의미하지 않고 오히려 우리의 정념 자체가 갖고 있는 것과 동일한 정도의 실재성을 갖는 것으로서 이해된다. 즉 그것은 유기체적인 과정 속에서 분화되고 전개되어 나가기(당연한 일이지만 약하게 되기) 이전에 모든 것이 강력한 통일체 속에 통합되어 있는 정념 세계의 보다 원초적인 형태를 의미한다. 그것은 일종의 충동적 생이며, 그것에서는 모든 유기적 기능이 자기제어와 동화, 영양 섭취, 배설, 신진대사와 종합적으로 결합되어 있다. 기계적 세계를 이러한 생명의 **초기 형태**로서 이해해 볼 수 있지 않을까? 궁극적으로 이러한 [사유] 실험을 하는 것이 허용될 뿐 아니라 **방법상**의 양심으로부터도 요구된다. […] 문제는 결국 우리가 의지를 **작용하는 것으로서** 정말로 인정하는가, 다시 말해 우리가 의지의 인과관계를 믿는가이다. 우리가 그렇게 인정하고 믿는다면 — 우리가 의지의 인과관계를 믿는다는 것은 근본적으로 인과관계 자체를 믿는다는 것과 다름없다 — 우리는 의지의 인과관계를 유일무이한 인과관계로서 가정하지 **않으면 안 된다.** '의지'는 물론 오직 '의지'에게만 작용할 수 있고 '물질'(예를 들면 '신경')에는 작용할 수 없다. 간단히 말해서 작용이 인정되는 곳에서는 어디서나 의지가 의지에 작용을 가한다는 가설과, 따라서 모든 기계적인 사건은 그 속에서 어떤 힘이 작용하는 한 의지의 힘이며 의지의 작용이라는 가설을 실험해 보아야만 한다. 마지막으로 우리가 우리의 충동적인 생 전체를 의지의 **유일한** 근본형태 — 나의 명제에 따르면 힘에의 의지 — 의 분화와 전개로서 설명할 수 있다면, 또한 모든 유기적 기능을 이러한 힘에의 의지로 환원할 수 있고 이러한 힘에의 의지에 의해서 생식과 영양 섭취 문제 — 이것은 하나의 문제다 — 를 해결할 수 있다면, 작용하는 **모든** 힘을 '**힘에의 의지**'로서 분명하게 규정하는 것은 정당성을 얻게 될 것이다. 내부로부터 관찰된 세계, 그것이 갖는 '예지적 성격'에 의해서 규정되고 정의된 세계는 '힘에의 의지' 이외의 것이 아니다.

***

사람들은 모든 운동, 모든 현상, 모든 법칙을 오직 내적인 사건의 징후로서만 파악해야 한다. 그리고 이를 위해서 인간의 유비를 이용해야만 한다.

***

충격(Druck)과 반발(Stoss)은 파생적이고 비근원적인 것이다. 그것은 이미 '함께 응집시키고' 누르고 칠 수 있는 어떤 것을 전제한다. 그러나 그것은 무엇으로부터 응집시켰는가?

물리학도 ([물리학에 대한] 실례를 무릅쓰고 우리의 견해를 말하자면!) 단지 하나의 세계를 해석하고 짜 맞추는 것에 지나지 않으며 세계를 [있는 그대로] 설명하는 것은 아니라는 사실이 이제 대여섯 명의 두뇌 속에서 어렴풋이 떠오르고 있다. 그러나 물리학이 감각에 대한 믿음에 입각해 있는 한, 그것은 해석 이상의 것으로 인정될 것이며 앞으로도 오랫동안 그렇게, 즉 [사태 자체에 대한] 설명으로 인정될 것임에 틀림없다. 물리학은 눈과 손가락 그리고 시각적 증거와 촉각을 자신을 뒷받침하는 것으로 가지고 있다. 그것은 근본적으로 천민의 취향이 지배하는 시대에 사람들을 매혹하고 설득하며 **확신시키는** 힘을 가지고 있다. 실로 물리학은 영원히 통속적인 것일 수밖에 없는 감각주의가 내세우는 진리 규준에 본능적으로 따르고 있다. 물리학에서는 무엇이 명료한 것이고 무엇이 '설명되는' 것인가? 그것은 보고 만질 수 있는 범위의 것에 지나지 않는다. [물리학에 따르면] 우리는 모든 문제를 이 정도까지만 탐구해야 한다

유물론적 원자론에 대해서 말하자면, 그것은 지금까지 존재했던 모든 이론 중 가장 잘 반박된 것 중의 하나다. 오늘날 유럽의 학자 중 어느 누구도 편리한 일상적인 용법(즉 하나의 간단한 표현수단)이라는 것을 인정하는 것 외에 그것에 진지한 의미를 부여할 정도로 무식한 사람은 없다. [⋯] 그러나 우리는 한 걸음 더 나아가서 '원자론적 요구'에 대해서도 전쟁을 선포하여 가차 없는 혈투를 벌여야

한다. 이러한 '원자론적 요구'는 저 유명한 '형이상학적 요구들'과 마찬가지로 아무도 눈치채지 못하는 영역에서 아직도 명맥을 유지하고 있는 위험물이다. 우리는 무엇보다도 기독교 세계가 가장 교묘하면서도 가장 오랫동안 가르쳐온 보다 해로운 또 다른 원자론인 **영혼의 원자론**(Seelen-Atomistik)에 최후의 일격을 가해야 한다. 영혼의 원자론이라는 말로 우리는 영혼을 영원하며 분할할 수 없는 불멸의 단자(單子, Monade)나 원자로 믿는 신앙을 가리킨다. **이러한** 신앙이야말로 학문에서 추방되어야 한다! 우리 사이에서만 하는 말이지만, 그렇다고 해서 '영혼' 자체를 제거함으로써 가장 오래되고 가장 소중한 가설 중의 하나를 포기할 필요는 전혀 없다. 흔히 미숙한 자연주의자들은[10] '영혼'이라는 문제를 건드리자마자 영혼을 잃어버리곤 한다.[11] 그러나 영혼에 대한 새롭고 보다 세련된 가설을 세울 수 있는 길은 열려 있다. '사멸하는 영혼', '주체의 다수성 (Subjekts-Vielheit)으로서의 영혼' 및 '충동들과 감정들의 사회적 구조로서의 영혼'과 같은 개념들은 앞으로 학문에서 시민권을 가져야 할 것이다.

---

10) 감각적으로 지각될 수 있는 것만을 존재한다고 보는 실증주의자들 또는 기계적인 인과법칙에 따르는 물질만이 존재한다고 보는 기계론적 유물론자들을 가리킨다고 할 수 있다.

11) 여기서 영혼을 잃어버린다는 것은 영혼의 존재를 부정한다는 것을 가리킨다고 할 수 있다.

10. 모든 철학은 자기고백이다

이원론적인 형이상학에서는 의식과 본능을 서로 대립되는 것으로 보았지만 사실은 의식은 본능의 지배를 받고 있다. 예를 들어 니체는 생성 소멸하는 세계를 가상으로 격하하면서 영원한 피안세계를 진정한 실재로 보는 플라톤이나 기독교의 이원론은 삶에 지친 병든 의지의 산물이라고 본다. 이러한 병든 의지는 무의식의 차원에 속하면서도 플라톤주의나 기독교를 신봉하는 이원론자들로 하여금 이원론적으로 사유할 수밖에 없게 만드는 것이다.

니체는 여기서 철학에는 개인의 성향이 반영될 수밖에 없다고 본다. 그 이유는 철학이 전체를 파악하려 하기 때문이라고 할 수 있다. 니체에 의하면 인간은 전체나 세계를 객관적으로 파악하고 평가할 수 없다. 이는 인간은 이미 전체나 세계 안에 포함되어 있으므로 세계를 객관화시킬 수 없기 때문이다. 따라서 전체에 대한 판단은 주관적인 판단이나 개인적인 성향의 표현이라고 할 수 있다. 철학자들은 자신들이 순수한 진리를 추구한다고 생각하지만 실은 그들이 말하는 진리는 자신들의 본능과 충동에 의해서 규정된 자기고백에 불과하다.

니체는 건강한 철학은 건강한 생명력으로 충만한 본능으로부터만 솟아날 수 있다고 본다. 건강한 생명력은 개념과 체계의 딱딱한 범주 속에 갇혀 있기를 거부한다. 이런 의미에서 니체는 보편적인 철학은 없다고 본다. 건강한 본능에 호소하는 건강한 철학이나 병든 본능을 미화시키고 정당화하는 병든 철학이 존재할 뿐이다. 니체는 서양의 전통 형이상학은 아무리 그럴듯한 장대한 체계로 자신을 꾸며대더라도 정열이 결여된 창백한 지성에 의해서 쓰인 책이라고 본다.

니체는 이렇게 말하고 있다.

오랫동안 철학자들이 쓴 글의 행간을 충분히 읽고 그들을 면밀히 관찰한 결과, 나는 다음과 같은 결론, 즉 우리는 심지어 철학적 사고까지 포함하여 의식적 사고의 대부분을 본능의 활동으로 간주해야만 한다는 결론에 도달하게 되었다. [⋯] 철학자의 의식적 사고의 대부분은 그의 본능에 의해 은밀하게 인도되고 특정한 궤도를 따라서 움직이게 된다. 모든 논리와 외관상으로는 독립적인 그것의 운동의 배후에 가치평가, 보다 분명하게 말해서, 특정한 종류의 생명을 유지하기 위한 요구가 도사리고 있다.

　근거들과 그것들의 무근거성. ─ 그대는 그를 혐오하며 이렇게 혐오하게 된 근거들을 풍부하게 제시한다. 그러나 나는 그대의 혐오만을 믿을 뿐 그대가 제시하는 근거들은 믿지 않는다! 본능적으로 생기는 것을 자신과 상대방에 대해서 하나의 이성적인 추론인 것처럼 제시하는 것은 자기 자신을 미화하는 것이다.

　지금까지의 모든 위대한 철학의 정체가 나에게 점차 분명하게 되었다. 즉 그것은 각 철학을 창시한 자들의 일종의 자기고백이자, 의도하지도 않았고 자신도 모르게 쓴 일종의 회고록이다. [⋯] 따라서 나는 '인식에의 충동'이 철학의 아버지라고 믿지 않으며, 다른 경우들과 마찬가지로 철학에서도 인식(더구나 잘못된 인식!)을 단지 하나의 도구로서 이용했을 뿐이라고 믿는다. 그러나 인간의 기본충동 들이 철학에서 그야말로 **영감을 불어넣는** 수호신(또는 악마나 마귀) 으로서 얼마나 크게 작용했는지를 고찰해 볼 경우, 우리는 이러한 기본충동들 모두가 이미 한 번은 철학을 수행해 왔으며, 그 기본충 동들 하나하나가 바로 **자신을** 기꺼이 존재의 궁극목표이자 나머지 모든 충동 위에 군림하는 정당한 **주인**으로 내세우고 싶어 한다는 사 실을 알게 될 것이다. 왜냐하면 모든 충동은 지배욕으로 가득 차 있 고 **지배자**로서 철학적 사고를 하려고 하기 때문이다. 물론 학자들의[12] 경우에는, 즉 참으로 학문을 하는 인간들의 경우에는 사정이 다를 수 있다. 원한다면 그들의 경우에는 '사정이 더 좋다'고 해도 좋을 것이다. 왜냐하면 그들에게는 실제로 인식 충동과 같은 어떤 것이 있을 수 있기 때문이다. 그것은 잘 감아주면 활발하게 잘 돌아가는 조그만 독립적인 시계장치 같은 것이어서, 학자의 다른 모든 충동 은 본질적으로 그것에 영향을 미치지 **않는다.** 따라서 학자의 본래 '관심'은 보통은 전혀 다른 곳에, 즉 가족이나 돈벌이, 정치 같은 것 에 있다. 사실, 학자라는 작은 기계가 어느 학문을 하는지, 그리고 '전도유망한' 젊은 연구자가 훌륭한 문헌학자 또는 곰팡이 연구가 또는 화학자가 되는지는 아무래도 좋은 일이다. 그가 이것이나 저 것이 되는 것은 그의 특성을 **보여주는 것**은 아니다. 이와 반대로 철 학자의 경우에는 비개인적인 것은 전혀 존재하지 않는다.

---

12) 이 경우 학자들은 철학자들이 아니라 물리학자나 생물학자, 문헌학자와 같이 어떤 특정한 경험 영역을 연구하는 사람들을 가리킨다.

이 미래의 철학자들은 '진리'의 새로운 친구들인가? 아마도 그럴 것이다. 왜냐하면 이제까지 모든 철학자는 자신의 진리를 사랑했기 때문이다. 그러나 그들은 단연코 독단주의자는 아니다. 그들의 진리가 모든 사람을 위한 진리가 된다면 — 이것은 모든 독단주의자가 은밀하게 바라고 의도했던 것이었다 — 이러한 사태는 틀림없이 그들의 긍지뿐 아니라 취미에도 반하는 것일 것임에 틀림없다. "나의 판단은 **나 자신의** 판단이다. 다른 사람들이 그러한 판단을 할 권리를 갖기는 쉽지 않다." 아마도 미래의 철학자는 그렇게 말할 것이다. 다수와 의견을 함께하려는 나쁜 취미를 버려야만 한다. '선'은 이웃들의 입에서 회자될 때 더 이상 선이 아니다. '공동선'이란 것이 어떻게 존재할 수 있겠는가! 그 용어는 자기모순적인 것이다. 공동의 것이 될 수 있는 것은 항상 보잘것없는 가치밖에 갖지 못한다. 결국 지금도 있는 그대로 그리고 항상 그래왔던 그대로, 앞으로도 그렇게 있지 않으면 안 된다. 즉 위대한 것은 위대한 인간을 위해, 심연은 깊이 있는 인간을 위해, 미묘함과 전율은 섬세한 인간을 위해 존재한다. 간단히 요약한다면, 모든 귀한 것은 귀한 인간을 위해 존재한다.

비인격성은 지상에서도 하늘에서도 가치가 없다. 큰 문제들은 모두 큰 사랑이 필요한 것이다. 힘차고, 견고하고, 확신에 차 있고, 자신들의 토대 위에 단단하게 자리 잡은 정신의 소유자들만이 이러한 사랑을 할 수 있다. 자신의 문제들을 '개성적으로' 대면하면서 그 문제들 속에서 자신의 운명, 자신의 비탄, 자신의 가장 큰 행복조차 도 발견하는 사상가와, 이 문제들을 '몰개성적으로' 접근하여 호기 심에 찬 차가운 사상의 촉각만으로 다루고 이해할 줄 아는 사상가 사이에는 천양지차가 있다. 후자는 결코 아무것도 발견하지 못할 것이다.

―――

커다란 문제들은 육체와 정신을 통해서 체험하기를 원해야 하는 것이다.

―――

나는 항상 나의 저서에 나의 모든 삶과 나의 모든 인격을 담았다. 나는 순수하게 지적인 문제라는 것이 무엇인지 알지 못한다.

―――

체계를 만드는 사람은 자신의 정신이 힘찬 가지를 뻗는 나무처럼 사는 것을 허용하지 않았고, 발돋움하여 탐스럽게 뻗어나가는 것을 금지했던 철학자이며, 죽어버린 물체, 나무로 된 물체, 잘 다듬어진 하찮은 것에 지나지 않은 체계를 끌어낼 때까지 멈추지 않았던 철학 자인 것이다.

칸트와 플라톤 같은 독단론적 정신의 소유자들은 내가 가장 멀리 떨어져 있다고 느끼는 자들이며, 지식으로 잘 구조화되어 튼튼하게 보이는 저택에 사는 자들이다. 독단적인 세계 대신에 완성되지 않은 체계 내에, 자유롭고 무한한 전망을 지닌 채, 자신을 유지하기 위해서는 전혀 다른 기운과 전혀 다른 기동성이 필요한 것이다.

우리의 사상은 나무가 열매를 필연적으로 맺듯이 우리 자신으로부터 솟아나는 것이다. 우리의 가치, 우리의 긍정과 우리의 부정, 우리의 언제와 우리의 만약은 모두 인척처럼 연결되어 서로 관련을 가지고, 단 하나의 의지, 단 하나의 건강, 단 하나의 토양, 단 하나의 태양 같은 불꽃을 증거하는 것들로서 우리 자신으로부터 태어난다.

우리는 이성에 의해서가 아니라, 우리의 진정한 성격에 의해서 우리의 가장 심층적인 본능들의 표현으로 어떤 철학을 선택하는 것이다.

열광적으로 찬양할 줄 알아야 하며 많은 사물들의 핵심에 사랑을 가지고 침투해야 한다. 그렇지 않으면 철학자가 되는 데 부적합하다.

사심 없음과 '객관성'의 숭배가 철학 분야에까지 밀려와 그릇된 계층체계가 형성되자, 위대한 정열에 대한 권리를 사상가를 위해서 재정복하고자 한 것이다. 쇼펜하우어가 진리에의 유일한 접근은 모든 정열과 모든 의지를 초월하는 데 있으며 의지를 넘어선 지성은 반드시 사물의 참된 본질을 인식한다고 주장할 때, 그 오류는 절정에 달하고 있다.

11. 힘에의 의지의 유형학과 미래의 철학

　니체는 자신의 철학을 일종의 심리학이라고 본다. 이러한 심리학은 힘에의 의지가 나타났던 다양한 유형과 이러한 유형들이 역사 속에서 어떻게 전개되는지를 탐구하는 힘에의 의지의 심리학이다.

　그러나 니체는 자신의 철학은 단순히 힘에의 의지의 형태론과 발달이론에 그치는 것이 아니라 새로운 가치를 창조하는 것을 지향한다고 말하고 있다. 이러한 가치는 힘에의 의지를 진정으로 건강하게 만들고 생명력으로 충일한 것으로 만드는 가치다. 이런 의미에서 진정한 철학은 진리를 얻기 위한 수단이 아니라 힘을 얻기 위한 수단이다. 철학자는 수동적인 앎만을 추구할 것이 아니라 능동적으로 새로운 가치를 창조해야 한다. 그러나 니체가 보기에 현대철학은 건강하고 생명력이 넘치는 힘에의 의지를 상실했으며 옛적의 진리를 문헌학적으로 분석하고 주석을 달고 있을 뿐이다. 사람들에게 새로운 가치와 진리를 제시하는 사람들이 아니라 과거의 문헌들을 역사학적으로 세심하게 탐구하는 사람들만이 활개를 치고 있다. 그렇다고 해서 이들이 이 옛날의 진리를 제대로 파악했느냐 하면 그것도 아니다. 이들은 이 옛날의 진리를 창조한 사람들의 정신의 높이와 깊이에 도달하지 못하기 때문에 옛적의 위대한 사상을 보잘것없는 것으로 만들 뿐이다.

흔히 사람들은 철학을 예술보다는 과학에 더 가깝다고 본다. 그러나 니체는 진정한 철학은 세계를 단순히 이론적으로 파악하는 것이 아니라 인간이 구현해야 할 새로운 가치와 새로운 삶의 모습을 제시하면서 인간을 고양시키고 강화시키는 것이라는 점에서 차라리 예술에 더 가깝다고 본다. 예술은 세계를 단순히 모사하는 것이 아니라 우리에게 세계를 보는 새로운 시각을 선사하고 새로운 삶의 모습을 창조하는 것이다.

니체는 이렇게 말하고 있다.

심리학은 이제까지 도덕적인 편견과 공포에 사로잡혀 있었기 때문에 더 깊은 곳으로까지 파고들어 갈 엄두를 내지 못했다. 아직 그 누구도 내가 했던 것처럼 심리학을 **힘에의 의지**의 형태론과 **발달이론**으로 파악할 생각조차도 하지 않았다.

　인간의 영혼과 그 한계, 이제까지 도달된 인간의 내적 경험의 범위와 높이, 그리고 그러한 경험의 깊이와 먼 거리(die Fernen), 영혼이 겪은 **이제까지의** 역사 전체와 아직 다 고갈되지 않은 영혼의 가능성, 이것이야말로 타고난 심리학자이자 '위대한 사냥'을 즐기는 자를 위해 마련되어 있는 사냥터다. 그러나 그는 자주 절망하면서 이렇게 부르짖지 않을 수 없다. "나는 혼자다! 아, 나 혼자뿐이구나! 그런데 이 숲, 이 원시림은 얼마나 광대한가!"

　진정한 철학자의 과제는 '가치를 창조하는 것'이다. … 그들의 인식은 곧 창조이며, 그들의 창조는 곧 입법이며, 그들의 진리에의 의지는, 곧 힘에의 의지다.

　나는 사람들이 더 이상 철학자를 철학적인 노동자나 일반적인 과학적인 인간들과 혼동해서는 안 된다고 강력하게 주장한다. 바로

이 점에서 우리는 엄격하게 '각자에게 각자에 걸맞은 대우'를 해주어야 한다. 말하자면 철학적인 노동자나 과학적인 인간들을 너무 높이 평가하거나 철학자들을 너무 낮게 평가해서는 안 된다는 것이다. 진정한 철학자의 위치로 올라서려는 사람이라면 일단 그의 하인역인 철학의 과학적인 노동자들이 머물고 있는 모든 단계들 — 그들은 항상 그 자리에 머물러 있을 수밖에 없는 자들이다 — 을 그 역시도 한 번씩은 밟아보는 것이 필요할 것이다. 인간적인 가치들과 가치 감정들의 전 영역을 편력하고 다양한 눈과 양심으로 높은 곳으로부터 모든 먼 곳을, 낮은 곳으로부터 모든 높은 곳을, 구석으로부터 모든 드넓은 곳을 조망할 수 있기 위해서, 그는 아마도 그 스스로 비판자이자 회의주의자이며 독단론자이며 역사가이고, 그 외에 시인이며 수집가이고 여행자이며 수수께끼를 푸는 자이며 도덕가이고 예견하는 자이며 '자유정신'이고 거의 모든 유형의 인간이어야만 했을 것이다. 그러나 이 모든 것은 그가 자신의 과업을 실현하기 위한 전제조건들일 뿐이다. 이러한 과업 자체는 다른 것을 원하는 바, 그것은 그가 가치를 창조할 것을 요구한다. 칸트나 헤겔의 고상한 모범을 따르는 철학적 노동자들은 논리적인 것의 영역이든 정치적인(도덕적인) 것의 영역이든 예술적인 것의 영역이든, 아무튼 어떤 영역을 다루든 간에 가치평가에 관한 막대한 자료들, 즉 한동안 '진리'라고 불리면서 이제까지 큰 영향력을 행사해 온 과거의 가치평가와 가치창조들에 관한 자료들을 확정하고 정식화해야만 한다. 이들 연구자들이 할 일은 이제까지 일어났던 일과 이제까지 평가되어 왔던 모든 것을 개관(概觀)하거나 숙고하기 쉽게 만들고 이해하거나 다루기 쉽게 만들며, 그 방대한 것을 — 심지어 시간마저도—축소시킴으로써 그 모든 과거를 쉽게 처리할 수 있게 만드는 것이다. 이것은 분명히 엄청나고도 경탄할 만한 작업이며, 아무리 의지가 강하고 자부심이 강한 사람이라도 충만히 만족을 느낄 수 있는 작업이다. 그러나 진정한 철학자는 명령하는 자이며 입법자다. 그들은 '이렇게 되어야 한다!'라고 말한다. 그들은 우선 인간이 어디로 가야 하고 어떠한 목적을 가져야 할지를 규정하며, 그러한 작업을 하면서 그들은 과거의 정리해 온 모든 사람들과 모든 철학적 노동자들의 준비작업을 자신의 뜻대로 사용한다. 그들은 창조적인 손으로 미래를 붙잡는다. 그리고 이제까지 존재해 왔던 것과 또 현재 존재하는 모든 것들은 그들을 위한 수단, 도구, 망치가 된다. 그들의 '지식'은 창조이며, 그들의 창조는 하나의 입법이며, 그들의 진리에의 의지는 힘에의 의지다. 오늘날 그러한 철학자들이 존재하는가? 일찍이 이러한 철학자들이 존재했던가? 이러한 철학자들이 존재해야만 하지 않을까?

───

나는 날이 갈수록 더욱더 이렇게 생각하게 된다. 즉 **필연적으로** 내일과 모레의 인간이 될 수밖에 없는 철학자는 항상 자신이 살고 있는 오늘과 모순 속에 존재해 왔고 또한 그렇게 존재할 **수밖에 없다**고. 그의 적은 항상 오늘의 이상이었다. 사람들이 철학자라고 부르는 인간의 육성자, 이 모든 비범한 존재는 이제까지 자신을 지혜의 친구라기보다는 오히려 사람들을 불쾌하게 만드는 바보이자 위험한 물음표로 느껴왔다. 그들은 자신들의 사명을 자기 시대의 불쾌한 양심으로 존재하는 것에서 발견했다. 이러한 사명은 혹독하고 그들이 원하지 않은 것이었고 그렇다고 거부할 수도 없는 사명이었다. 그러면서도 궁극적으로는 위대한 것이었다. 그들은 자기가 속한 **시대의 미덕의** 심장에 해부의 메스를 댐으로써, 그들의 비밀스러운 과업이 무엇인지를 드러내었다. 즉 인간의 **새로운** 위대함을 인식하고 인간을 위대하게 만드는 아무도 걷지 않은 새로운 길을 발견하는 일이 바로 그것이다. 그들은 항상 당대의 가장 존중받는 도덕 유형의 이면에 얼마나 많은 위선과 안일, 자기방임, 자포자기, 허위가 숨겨져 있고 당대의 미덕이 얼마나 많이 **낡은 것인지**를 폭로했다. 그들은 항상 "우리는 오늘날 그대들이 가장 불편하게 느끼는 곳으로 가야만 한다"고 말했다. 모든 사람을 한쪽 구석이나 '전문성' 속에 가두어두려는 '현대적인 이념들'의 세계에 직면하여, 철학자는—만일 오늘날에도 철학자들이 존재할 수 있다면—인간의 위대함과 '위대성'이라는 개념을 바로 그의 광범위함과 다양성 그리고 다면적인 전체성에서 찾지 않을 수 없을 것이다. 그는 어떤 사람이 얼마나 많은 것을 그리고 얼마나 다양한 것을 감당하고 받아들일 수 있는지에 따라서, 그 사람이 얼마나 멀리까지 자신의 책임 범위를 확장할 수 있는지에 따라서 그 사람의 가치와 등급을 정할 것이다. 우리 시대의 취미와 덕목이 의지를 약화시키고 있으며, 의지박약이야말로 우리 시대에 가장 특징적인 것이다. 따라서 철학자의 이상에서는 의지의 강함과 자신에 대한 준엄함 그리고 장기간 지속되는 결심이야말로 '위대함'이란 개념 속에 포함되어야만 한다. 그러나 당연한 일이지만 우리 시대와 상반되는 시대, 즉 16세기처럼 의지의 에너지가 축적되어 자기애의 사나운 분류(奔流)와 홍수로 인해 고통받았던 시대에는 [우리 시대에 요구되는 것과는] 상반된 가르침과 수줍어함과 체념, 겸손함과 사심 없는 인간성이라는 이상이 적절한 것이었다. […] 오늘날 유럽은 무리동물만이 영예를 얻고 영예를 분배해 주는 시대가 되었고, '권리의 평등'이 너무 쉽게 '권리 없는 평등'으로, 다시 말해 희귀하고 이질적이며 특권적인 모든 것, 보다 높은 인간, 보다 높은 영혼, 보다 높은 의무, 보다 높은 책임, 창조력과 지배력으로 넘치는 모든 것에 대한 공통적인 투쟁으로 전환될 수 있는 시대가 되었다. 오늘날에는 고귀하게 존재한다는 것, 독립적으로 존재하려고 한다는 것, 다르게 존재할 수 있다는 것, 홀로 서고 자신의 힘으로 살아야만 한다는 것은 '위대함'이라는 개념에 속한다. 철학자가 다음과 같이 주장할 때 그는 자신의 이성의 일면을 드러내게 된다. "가장 고독하고 가장 은폐되어 있고 [무리로부터] 가장 이탈해 있는 인간, 선악을 넘어서 있는 인간, 자신의 덕들의 주인으로 존재하는 인간, 의지로 넘치는 인간, 이러한 인간이야말로 가장 위대한 인간이라고 할 수 있다. 전체적이면서 다양하고 폭이 넓으면서도 충만할 수 있다는 것이야말로 **위대함**이라 부를 수 있다." 그런데 다시 한 번 물어보자. 오늘날 위대함이라는 것이 **가능한가**?

———

철학자가 어떤 존재인지는 가르칠 수 있는 것이 아니기 때문에 배우기 어렵다. 우리는 그것을 경험으로부터 '알아야' 한다. 또는 그것을 알지 **못하는** 것에 대해서 긍지를 가져야만 한다. 오늘날 세상 사람들 모두가 자신들이 경험**할 수** 없는 것들에 대해서 말하지만, 이러한 경향은 철학자와 철학의 특성이 문제가 될 때 특히 현저하며 최악의 형태로 나타나고 있다. 극소수의 사람만이 철학자와 철학의 특성을 알고 있으며 또한 알 수 있다. 그것들에 대한 통속적인 견해는 모두 다 잘못된 것이다. 예를 들어 진정한 철학에서는 빠른 템포로 달리는 대담하고 분방한 정신성과 한 치의 착오도 범하지 않는 변증법적인 엄밀성과 필연성이 공존하는데, 이러한 사실은 대부분의 사상가들과 학자들이 경험할 수 없는 것이다. 따라서 누군가가 그것에 대해서 말해 주려고 해도 그들은 [그런 것이 있을 수 있다는 사실을] 믿을 수 없을 것이다. 그들은 모든 필연성을 내몰리는 것, 고통스럽게 따라야만 하는 것 그리고 강제되는 것이라고 생각한다. 그리고 사고 자체를 느린 것, 주저하는 것, 고역으로 생각하거나, 자주 '고상한 사람이 **땀을 흘릴** 가치가 있는' 것이라고 생각하지, 경쾌하고 신적인 것, 춤과 고양된 기분과 극히 밀접한 관계에 있는 것으로는 전혀 생각하지 않는다! 그들은 '사고'와 어떤 일을 '진지하게 받아들이고' '심각하게 받아들이는 것'은 긴밀한 연관을 갖는 것으로 생각하는 것이다. 그들은 그런 식으로만 사고를 '체험해 왔다.' 예술가들은 이 점에서 보다 민감한 후각을 가지고 있는 것 같다. 그들은 모든 것을 '의도적으로' 하지 않고 필연에 따라서 행하는 바로 그때 자유와 섬세함, 충만한 힘의 감정과 자신이 창조적으로 정립하고 제어하고 형성하고 있다는 느낌이 정점에 달한다는 사실을 너무나 잘 알고 있다. 요컨대 그러한 순간에 필연과 '의지의 자유'는 예술가들에서 하나가 되는 것이다. 결국 정신에도 위계가 존재하며 그러한 위계에 상응하여 문제들의 위계가 존재한다. 최고의 문제들은 그것들을 해결할 수 있을 정도의 정신의 높이와 힘을 갖추지 못한 채 그것들에 접근하려고 하는 사람들을 무자비하게 밀쳐내 버린다. 오늘날 흔히 볼 수 있는 현상이지만, 약삭빠른 팔방미인이나 융통성 없고 고지식한 기계론자와 경험론자들이 천민적인 야심을 품고 문제의 근처로, 말하자면 '궁정 중의 궁정' 속으로 돌진하려고 하지만 그게 가능하기나 하겠는가! 그런 양탄자를 거친 발이 디뎌서는 안 되는 것이다. 사물의 근본법칙이 그렇게 되어 있다. 이 주제넘는 자들이 아무리 머리를 찧는다고 해도 문은 닫힌 채로 있다! 높은 세계에 들어가려면 천품을 타고나야만 한다. 보다 분명히 말하자면 그러한 높은 세계에 들어갈 수 있도록 **육성되어야만** 한다. 보다 높은 의미의 철학에 대한 권리를 가지려면 오로지 태생에 의하지 않으면 안 된다. 여기에서도 선조와 혈통이 결정하는 것이다. 철학자의 탄생을 위해서는 그에 앞서는 많은 세대의 노고가 있지 않으면 안 된다. 철학자의 모든 미덕, 즉 대담하면서도 경쾌하고 부드러운 발걸음을 내딛는 그의 사상뿐 아니라 무엇보다도 아무리 큰 책임이라도 기꺼이 지려는 자세, 지배하고 내려다보는 당당한 눈길, 대중과 그들의 의무와 덕으로부터 분리되어 있다고 느끼는 것, 신이든 악마든 간에 오해되고 비방받는 것을 상냥하게 보호하고 변호하는 것, 위대한 정의를 즐기고 실행하는 것, 명령의 기술, 폭넓은 의지, 좀처럼 찬양하지도 우러러보지도 않으며 사랑하지 않는 서서히 움직이는 눈, 이 모든 미덕은 하나하나 획득되고 육성되고 유전되고 체화되어야 한다.

12. 서양 형이상학과 기독교의 몰락과 미래 철학의 대두

　니체는 『우상의 황혼』의 「어떻게 '참된 세계'가 마침내 우화가 되었는가? 오류의 역사」라는 절에서 전통 형이상학이 지향하던 초감각적 세계가 그 신빙성을 점차로 상실해 가면서 한갓 우화로 전락하고, 형이상학에 의해서 그동안 무시되어 왔던 차안의 감각적 세계가 본래의 심원한 의미를 회복해 가는 과정에 대해 묘사하고 있다.

　니체는 플라톤에서부터 초감각적인 세계를 실재로 정립하는 형이상학의 역사가 시작되었다고 본다. 니체는 다른 곳에서는 플라톤적인 이원론과 기독교적인 이원론 그리고 칸트식 이원론을 본질적으로 동일한 것으로 보면서 그것들 사이에 존재하는 뉘앙스의 차이를 분명히 드러내고 있지는 않다. 그러나 이 절에서는 그것들 사이의 차이를 상당히 섬세하게 파악하고 있다.

　플라톤이 말하는 이데아의 세계, 즉 진정한 초감각적 세계는 인간에게 도달 불가능한 피안이 아니라 인간이 도달해야 하고 도달할 수 있는 세계다. 참된 세계는 아직은 피안의 세계로 생각되고 있지 않다. 플라톤은 이데아 세계를 인간이 신과 같은 타력(他力)에 의지하지 않고서도 자신의 지혜와 덕을 닦음으로써 충분히 도달할 수 있는 세계로 보고 있다는 것이다.

그러나 기독교에서는 참된 세계 혹은 실재세계는 인간이 도달할 수 없는 피안이 되었다. 이러한 세계는 하나의 약속된 세계로서 사람들을 유혹하는 것으로 나타난다. 니체는 종종 기독교를 민중을 위한 플라톤주의라고 규정하고 있다. 즉 플라톤의 이원론적 철학을 기독교는 민중이 이해할 수 있는 신화적인 이야기로 표현하고 있다는 것이다. 따라서 니체는 언뜻 보기에는 기독교와 플라톤주의가 내용상으로는 동일하고 표현상으로만 다른 것으로 보고 있는 것 같지만, 여기에서는 플라톤주의와 기독교를 사실은 구별하고 있는 것이다. 플라톤의 철학에서 참된 세계는 인간이 '자신의 노력을 통해서' 도달할 수 있는 세계이며 아직은 인간이 도달할 수 없는 피안으로서 상정되고 있지는 않다는 것이다. 이 점에서 니체는 플라톤의 철학을 아직은 남성적인 강함과 자신감이 남아 있는 철학으로서 보고 있다. 이에 반해 기독교는 인간의 구원을 신의 은총에서 구한다는 점에서 의존적인 성격을 갖고 있으며 여성적인 연약함에서 비롯된 것으로 보는 것이다.

기독교에서는 신에 의해서 약속된 세계로 간주되었던 참된 세계는, 칸트 철학에서는 생각할 수는 있지만 우리가 경험할 수는 없는 세계로 간주된다. 그것은 한갓 희망사항, 즉 '이념'이 되는 것이다. 칸트는 감각적으로 경험될 수 있는 세계만 인식될 수 있다고 보면서 신이나 피안이 존재하는지에 대해서는 우리는 알 수 없다고 말하고 있다. 다만 신과 피안세계는 도덕적 행위가 가능하기 위해서 우리가 필연적으로 요청할 수밖에 없는 이념에 지나지 않는다. 현실세계에서는 선한 사람이 필연적으로 행복한 사람은 아니기 때문에 사람들은 덕과 행복의 일치를 가능하게 하는 최고의 존재인 신과 그러한 덕과 행복이 일치하는 세계인 피안세계를 상정하면서 그것이 존재하기를 희구하는 것이다. 또한 칸트에서 참된 세계는 도덕법칙이 제시하는 무조건적인 명령과 그에 대해 복종하는 의무의 세계이기도 하다. 칸트에 와서 피안이 단순히 희망의 영역으로 격하된 것은 하나의 사상적인 진보라고 할 수 있다. 그러나 칸트의 철학이 여전히 생성 소멸하는 현상계를 넘어선 물자체의 영역 내지 예지계가 존재할 수 있다고 보면서 세계를 현상계와 물자체 내지 예지계로 나누고 있다는 것은 현상계를 전적으로 긍정하지 못하고 피안에 대한 기대를 버리지 못하고 있다는 것을 의미한다. 다시 말해서 칸트 철학도 약화된 생명력의 징후에 불과한 것이다.

니체는 19세기에 들어와 실증주의가 대두하면서 초감각적인 세계는 완전히 허구로 간주되게 된다고 보고 있다. 실증주의자들에게는 감각적으로 경험 가능한 세계만이 존재할 뿐이다. 칸트가 무조건적인 차원으로서 입증하려고 했던 도덕의 세계도 이들 실증주의자들에게는 하나의 사회적인 관습에 불과한 것으로 간주된다. 칸트는 무조건적인 도덕법칙에 따른 인간의 복종이 가능하기 위해서 인과의 필연적인 세계로부터의 자유가 요청된다고 했으나, 실증주의에게는 자유의지란 존재하지 않는다. 더 나아가 칸트가 인간의 도덕적 행위가 가능하기 위해서 요청될 수밖에 없다고 생각한 복과 덕을 일치시키는 존재자인 신의 존재도 실증주의에서는 하나의 허구에 지나지 않는다. '순수이성'도 그리고 그것에서 비롯되는 '도덕률'과 의무도 모두 허구일 뿐이다. 이제 인간은 '이성' 앞에서도 '양심' 앞에서도 부끄러워하지도 않으며 그것들에 대한 외경심도 갖지 않는다.

니체의 시대로 들어오면서 실증주의적인 논박이 더 이상 필요하지도 않을 정도로 사람들은 그러한 관념에 대해서 무관심하게 되었다. 그러한 관념은 더 이상 사람들을 끌어들이는 매력을 상실해 버렸다. 따라서 니체는 '결과적으로' 그러한 이념은 불필요하게 되었다고 말하고 있다. 그러한 이념은 이제 실증주의적 논박을 통해서가 아니라 사람들이 실제의 삶에서 그러한 이념에 대해 무관심하게 된 결과 불필요한 것으로 전락하고 말았다는 것이다.

초감각적인 세계라는 이념을 철저하게 극복하면서 사람들은 이제 더 이상 초감각적인 차원을 소망하지 않고 생성 변화하는 생성의 세계에 자족하면서 기쁨을 느낀다. 참된 세계를 제거했을 경우에 남는 것은 초감각적인 차원을 참된 세계라고 주장했던 과거의 형이상학이 현상계 내지 가상계라고 단정했던 생성 변화의 세계뿐이다. 그러나 전통 형이상학의 참된 세계가 오히려 허구적인 세계라고 드러난 이상, 이제 생성 변화의 세계만이 유일한 참된 세계, 즉 실재하는 세계로서 남게 된다. 이렇게 생성 변화의 세계만을 유일하게 참된 세계로서 긍정하는 인간 역사의 정점에서 차라투스트라가 등장한다. 그와 함께 초인의 지배가 도래한다. 전통 형이상학에서 이 현실세계는 어둠으로 묘사되고 초감각적 차원이 태양 내지 빛과 동일시되었다. 그러나 현실세계를 철저히 긍정하는 초인에게는 생성 소멸하는 세계 그 자체가 빛이며 세계에는 어둠이 지배하는 것이 아니라 어떠한 그늘도 없는 정오의 밝음만이 지배한다.

니체는 이렇게 말하고 있다.

(1) 현명한 자, 경건한 자, 덕 있는 자가 도달할 수 있는 참된 세계 ─그는 그 안에서 살며 **그가 바로 그 세계 자체다.**

(비교적 지각 있고, 단순하고, 설득력 있는 가장 오래된 형태의 관념. 그것은 '나, 곧 플라톤이 진리다'라는 명제의 다른 표현이다.)

(2) 참된 세계는 이제 도달 불가능하지만 현명한 자, 경건한 자, 덕 있는 자(그리고 '회개하는 죄인')에게 약속된 세계다.

(관념의 진보. 그것은 더욱 정교하고 더욱 유혹적인 것이 되며 이해할 수 없는 것이 된다. **그것은 여성적인 것이 되며** 기독교적인 것이 된다.)

(3) 참된 세계는 이제 도달이 불가능하고 증명이 불가능하며 기약할 수 없는 세계다. 그러나 [감각적으로 경험할 수는 없으나] 사유 가능한 세계로서 하나의 위안이며 하나의 의무이고 하나의 명령이다.

(그 세계는 근본적으로 동일한 옛날의 태양이지만 안개와 회의를 거치면서 빛나는 태양이다. 그 이념은 숭고하고 창백하며 북구적이며 쾨니히스베르크적이[13] 되었다.)

(4) 참된 세계 ─ 도달될 수 없다? 어떻든 도달되지 못한 세계. 그리고 도달되지 못했기에 **인식될 수도 없는** 세계. 따라서 위안도, 보상도, 의무도 없다. 도대체 인식될 수 없는 것이 우리에게 무슨 의무를 부과할 수 있다는 말인가?

───

13) 쾨니히스베르크는 독일 북부의 도시로 칸트가 일생을 산 곳이다.

(여명의 어스름, 이성의 최초의 기지개, 실증주의의 대두)

(5) 참된 세계 — 더 이상 쓸모없으며 이에 더 이상 우리에게 의무로서 구속하지도 않는 관념 — 불필요하게 남아돌게 된 잉여 관념, **결과적으로** 논박되어 버린 관념. 자, 그 관념을 없애버리자!

(화창한 하루. 아침 식사. 양식(良識)과 명랑함(Heiterkeit)의 회복. 플라톤이 당황하여 얼굴을 붉히고 모든 자유로운 정신들의 대소란)

(6) 우리는 참된 세계를 제거해 버렸다. 무슨 세계가 이제 남아 있는가? 현상의 세계일까? … 아니다! **참된 세계와 더불어서 우리는 소위 현상의 세계도 없애버렸다!**

(정오. 가장 짧게 그늘이 지는 순간, 가장 긴 오류의 끝, 인류의 정점. 차라투스트라의 등장(Incipit Zarathustra))

II
건강한 도덕,
병든 도덕

1. 도덕은 풍습에 지나지 않는다

니체는 칸트가 말하는 선험적인 도덕률이나 양심의 명령과 같은 것은 한갓 허구에 불과하다고 본다. 우리가 따르는 도덕은 부모들과 갖가지 교육기관을 통해서 우리에게 주입되고 강요된 사회적 관습에 불과하다. 대부분의 관습은 원래 공동체에 이익이 되는 행위들은 선이라고 보고 공동체에 해를 끼치는 행위들은 악으로 간주하는데, 이러한 가치평가는 나중에는 그 자체로 신성불가침의 규범으로 격상되었다. 이제 어떤 행위는 그것이 공동체에 이익이 되기 때문에 요구되는 것이 아니라 그 자체로 신성한 행위라는 이유로 사회 구성원들에게 강제된다.

니체는 이렇게 말하고 있다.

윤리와 어리석게 만듦(Verdummung). — 윤리는 이익이 되거나 해를 끼친다고 생각되는 것에 대한 이전 사람들의 경험을 반영한다. 그러나 풍습(윤리)에 대한 감정은 저 경험 자체가 아니라 풍습의 오래됨, 신성함, 자명함에 관계된다. 따라서 이러한 감정은 사람들이 새로운 경험을 갖게 되고 풍습을 수정하는 일에 반발한다. 즉 윤리는 새롭고 보다 나은 풍습의 발생을 저해한다. 그것은 사람들을 어리석게 만드는 것이다.

오랜 경험과 실험을 통해 실험되고 증명된 삶의 방식인 도덕이 마침내 인간의 의식 속으로 들어가 지배적인 법이 되었다. 이와 더불어 관련된 일련의 가치와 상황들이 의식에 파고들게 되었다. 그리하여 도덕은 불가침의 성스러운 진리가 되었다. 도덕의 발전 단계에서 그 기원의 망각은 필수적인 단계였다. 그 기원의 망각은 곧 그것이 주인이 되었다는 신호였다.

문명의 최초의 명제. — 야만적인 민족들에게는 풍습 그 자체를 위한 유형의 풍습이 있다. 지나치게 세밀하고 근본적으로 불필요한 규정들이 있다(예를 들어 캄차카인들 사이에는 신발에 묻은 눈을 절대로 칼로 긁어내서는 안 되고, 석탄을 절대로 칼로 찔러서는 안 되고, 쇠를 절대로 불 속에 넣어서는 안 된다는 규정이 있다. 이러한

규정들을 위반하는 자는 죽게 된다!). 이러한 규정들은 풍습이 항상 가까이 있고 풍습에 항상 따르지 않으면 안 된다는 사실을 끊임없이 의식시키고, 어떤 풍습이라도 풍습이 없는 것보다는 낫다는 위대한 명제를 주입시키는 것을 목표한다. 이러한 명제와 함께 문명이 시작된다.

————

우리의 양심은 어렸을 때 우리가 존경했거나 무서워했던 사람들이 아무 이유도 알려주지 않은 채 규칙적으로 우리에게 요구했던 것들로 이루어져 있다.

————

부모는 자신도 모르게 아이들을 자신들과 유사한 존재로 만들고 그것을 '교육'이라고 부른다. 모든 어머니는 자식이 자신의 소유물이라고 마음 깊은 곳에서 확신한다. 모든 아버지는 자식을 자신의 견해와 가치평가에 따르도록 만들 권리가 있다고 생각한다. 사실 옛날에는 아버지가 갓난아기의 생사를 마음대로 처리하는 것이(고대 독일인들이 그랬던 것처럼) 당연한 일로 여겨졌다. 오늘날에도 교사, 상류계급, 성직자, 군주는 과거에 아버지들이 그랬던 것처럼 새로운 인간을 보면 새로운 소유의 기회가 왔다고 믿어 의심하지 않는다. 그 결과로서 오는 것은….

2. 창조적인 악인들이 필요하다

　기존 사회의 일반적인 가치관에 대항하면서 새로운 가치관을 제시하는 사람들은 기존 사회에 의해서 악인으로 치부되었다. 소크라테스나 예수 그리고 니체 자신도 악한 인간으로 간주되었다. 그러나 니체는 새로운 가치관은 바로 이러한 악인들에 의해서 형성되었다고 본다. 그 점에서 이러한 악인들이야말로 가장 창조적인 인간이다.

　니체는 근대에 전통적인 형이상학과 기독교가 붕괴되면서 인간이 어떻게 살아야 하는지와 관련해서 다양한 실험들이 행해지고 있다고 본다. 물론 이러한 실험들을 수행하는 사람들은 '범죄자, 자유사상가, 비도덕적인 인간들, 악한들'로서 여전히 비난받고 있다. 그러나 이들의 실험은 그것이 설령 실현되지 않을지라도, 유일한 도덕은 존재하지 않으며 이른바 유일한 도덕은 사람들에게 존재하는 너무 많은 훌륭한 잠재력들을 파괴하고 인류에게 너무 많은 대가를 치르게 한다는 사실을 상기시킨다는 점에서 지대한 의미를 갖는다고 본다. 니체는 인습적인 도덕에 반하는 사람들은 보통 독창적이고 생산적인 사람들이며 이제 이들은 더 이상 희생되어서는 안 된 다고 말하고 있다. 행동과 사상에 있어서 기존의 도덕에서 벗어나는 것은 이제는 더 이상 해로운 것으로 간주되어서는 안 된다는 것이다.

니체는 이렇게 말하고 있다.

다른 사람들보다 비범하고 선발되고 독창적인 정신의 소유자들은 역사의 전 과정에서 항상 악하고 위험한 자들로 여겨졌고 더 나아가 그들도 자신들을 그렇게 여겼다. 이로 인해 그들은 헤아릴 수 없을 정도로 고통을 겪었을 것임에 틀림없다. 풍습의 윤리가 지배하는 상황에서는 어떠한 독창적인 정신도 양심의 가책을 느꼈다. 이 때문에 지금 이 순간까지 가장 뛰어난 자들의 하늘은 필요 이상으로 음울한 것이다.

―――

행위를 통해서 풍습의 질곡을 부순 저 모든 사람들은 일반적으로 범죄자로 불리지만, 이러한 비방의 대부분은 철회되지 않으면 안 된다. 기존의 윤리법칙을 전복시킨 자는 누구나 이제까지는 항상 악한 인간으로 간주되어 왔다. 그러나 그 윤리법칙을 더 이상 고집할 수 없게 되고 사람들이 이러한 사태에 만족하게 되었을 경우에, 그 술어[악하다]는 점차 바뀌게 된다. 역사는 나중에는 선한 인간이라고 불리게 되는 이러한 악한 인간들만을 다룬다.

―――

개인은 자신을 희생해야만 한다고 풍습의 윤리는 명령한다. 이에 반해서 소크라테스의 발자취를 좇는 사람들처럼 극기와 절제의 도덕을 자신의 가장 고유한 이익으로서, 행복을 위한 가장 개인적인 열쇠로서 개인에게 간절히 권하는 저 모랄리스트들은 예외다. 그들이 예외적인 인간들로 생각되지 않을 경우 이는 우리가 그들의 영향 아래서 교육을 받았기 때문이다. 그들 모두는 풍습의 윤리를 대표하는 모든 사람들을 강하게 부정하면서 새로운 길을 간다. 그들은 비윤리적인 사람들로서 공동체로부터 자신을 분리하며 가장 심원한 의미에서 악한 자들이다. 그리고 고대의 유덕한 로마인들에게는 '무엇보다도 자기 자신의 지복(至福)을 추구한' 모든 기독교인은 악한 자들로 보였다.

────

우려된다. — 어떤 신앙을 그것이 관습이라는 단순한 이유 때문에 받아들인다는 것은 부정직하고 비겁하며 부패해 있다는 것을 의미한다! 그렇다면 부정직, 비겁 그리고 부패가 윤리의 전제라는 것인가?

────

아마 시기상조다. — 오늘날 모든 종류의 그릇되고 사람들을 잘못 인도하는 이름 하에서 그리고 대체로 아주 불명확하지만, 기존의 풍습과 법에 구속되지 않는 사람들에 의해서 자신을 조직하고 이를 통해서 자신에게 하나의 권리를 창조하려는 최초의 실험이 행해지고 있는 것처럼 보인다. 이에 반해 이제까지 그들은 범죄자, 자유사상가, 비도덕적인 인간들, 악한들로서 비난받고 추방과 양심의 가책의 지배 하에서 자신과 다른 사람들을 파멸시키면서 살아왔다. 이것이 비록 다가올 세기를 위험한 것으로 만들고 각 사람의 어깨에 총을 짊어지게 하더라도 대체로 우리들은 그것을 정당하고 좋은 것으로 인정해야 할 것이다. 이미 이것만으로도, [사람들을] 도덕적으로 만드는 유일한 도덕은 존재하지 않으며 배타적으로 자기 자신만을 긍정하는 모든 도덕은 너무 많은 좋은 힘을 파괴하고 인류에게 너무 많은 대가를 치르게 한다는 사실을 상기시키는 대립적인 세력이 존재하는 것이 된다. [인습적인 도덕에] 반하는 사람들은 흔히 독창적이고 생산적인 사람들인 경우가 많은데, 이들은 더 이상 희생되어서는 안 된다. 행동과 사상에 있어서 도덕에서 벗어나는 것은 이제는 더 이상 해로운 것으로 간주되어서는 절대로 안 된다. 삶과 사회에 대해서 무수한 새로운 시험들이 행해져야만 한다. 양심의 가책이라는 거대한 짐은 세계에서 사라져야 한다. 이러한 가장 보편적인 목표들이 정직하고 진리를 구하는 모든 사람들에 의해서 인정되고 추구되어야 한다!

3. 무수한 도덕적 실험이 필요하다

니체는 전통적인 도덕가치들을 파괴하고 새로운 도덕가치들을 실험해 볼 것을 주장한다. 니체는 유일한 도덕은 존재하지 않으며 이러한 유일한 도덕에 사람들을 얽어매는 양심의 가책이라는 것도 사라져야 한다고 본다. 사람들은 양심의 가책을 느끼지 말고 '삶과 사회에 대해서 무수한 새로운 실험들을' 행할 수 있어야 한다. 다양한 삶의 방식을 실험해 볼 수 있어야 한다는 것이다.

니체는 전통 형이상학과 기독교가 붕괴하고 모든 이론을 사태 자체에 입각해서 입증하고자 하는 경험과학이 발전하고 있는 현시대야말로 이러한 도덕적 실험이 행해질 수 있는 좋은 기회를 제공하고 있다고 본다. 우리는 생리학과 심리학, 의학, 사회학 등의 학문적 탐구를 통해서 인간들이 건강하게 살아갈 수 있는 조건들을 탐구해야 한다.

아울러 니체는 이러한 도덕적 실험이 활발하게 수행될 수 있기 위해서는 개인들에게 보다 많은 권리와 자유를 인정해야 한다고 말하고 있다. 공동체가 특정한 가치관을 구성원들에게 어릴 적부터 강요하고 세뇌하지 않는 사회에서만 개인들이 자유롭게 도덕적인 실험을 할 수 있기 때문이다.

니체는 이렇게 말하고 있다.

껍질을 벗는다. — 껍질을 벗을 수 없는 뱀은 파멸한다. 의견을 바꾸는 것이 방해받는 정신들도 이와 마찬가지다. 그들은 정신이기를 그친다.

도덕적인 공위시대(空位時代). — 언젠가 도덕적인 감정과 판단을 대체할 것을 누가 지금 벌써 기술할 수 있겠는가! 그것들이 기초부터 완전히 잘못되어 있고 그 건축물이 수리 불가능하다는 사실을 우리가 아무리 확신하더라도, 이성의 구속력이 감소하지 않는 한 그것의 구속력은 날이 갈수록 점차 감소할 것임에 틀림없다! 삶과 행위의 법칙을 새롭게 건설한다는 이러한 과제를 수행하기에는, 생리학, 의학, 사회학 그리고 고독학(Einsamkeitlehre)이라는 우리의 학문들은 자신들에 대해서 아직 충분한 확신을 갖고 있지 않다. 오직 이러한 학문들로부터만 우리는 새로운 이상을 위한 초석들을(새로운 이상 자체는 아닐지라도) 얻을 수 있다. 이렇게 우리는 각자의 취미와 재능에 따라서 선구적인 존재로 살든지 아니면 뒤쫓아가는 존재로 살고 있다. 이러한 [도덕의] 공위시대에 우리가 할 수 있는 최선의 것은 우리 자신이 주인이 되어서 작은 실험국가들을 건설하는 것이다. 우리는 다양한 실험으로 존재한다. 그렇게 존재하도록 하자!

인간과 국민들은 무엇을 통해서 광휘(光輝)를 획득하는가? — 우리가 어떤 행위를 하기 전에 그것들이 오해될 것을 간파하거나 의심하기 때문에 얼마나 많은 순수한 개인적인 행위들이 포기되는지! 그리고 이러한 행위들은 선과 악에 있어서 가치 있는 바로 그러한 행위들이다. 따라서 어떤 시대, 어떤 국민이 개인들을 보다 높이 평가할수록 그리고 개인들에게 권리와 우위를 더 많이 인정할수록 그만큼 더 저런 종류의 행위들은 전면에 나오려고 할 것이다. 이리하여 마침내는 선과 악에 있어서 정직성과 진정성의 빛이 모든 시대들과 국민들 위에 펼쳐지고, 이것들은 예를 들면 그리스인들처럼 그들의 몰락 후에도 수천 년 동안 계속해서 많은 별들처럼 빛난다.

4. 도덕과 종교의 오류 중 하나: 원인을 결과로 잘못 보는 오류

니체는 인류가 원인을 결과로 혼동하는 오류를 역사적으로 아주 오래전부터 최근에 이르기까지 습관적으로 범하고 있다고 본다. 니체는 특히 종교와 도덕의 영역에서 이러한 오류가 가장 전형적으로 나타나고 있다고 본다.

예를 들어 니체에게서 행복이란 인간이 신체적으로나 정신적으로 건강한 상태, 즉 힘에의 의지가 충일한 상태를 말한다. 다시 말해서 행복은 우리가 종교적, 도덕적 행위를 통해 구현해야 할 어떤 것이 아니라 '생리적' 상태에 불과하다. 따라서 어떤 도덕적 행위가 행복의 원인이 되는 것이 아니라, 반대로 인간의 행복이 원인이 되어 도덕적 행위를 결과로서 행하는 것이다. 즉 위의 명제를 니체 식으로 바꾸면, "행복하면 너는 ○○을 할 것이다"라고 할 수 있다. 종교와 도덕에서는 어떤 사람이 악덕한 행동을 하면 결과적으로 그 사람은 타락할 것이며 불행할 것이라고 말하지만, 니체에게는 그 사람이 악덕한 것은 그가 타락하고 불행에 빠진 결과다. 니체는 이를 사람들이 병이 들게 되는 것과 유사한 것으로 본다. 사람들은 어떤 사람이 병이 들어서 몸이 약해졌다고 말하지만, 니체가 보기에는 그 사람이 병이 들었다는 사실은 몸이 약해져서 생긴 결과다.

일반적으로 종교와 도덕의 명제들은 "너는 신을 숭배하면 행복할 것이다"라든가 "도덕적으로 선한 행위를 하면 행복할 것이다"라는 식으로 "이러저러한 것을 하라, 이러저러한 것을 하지 마라—그러면 너는 행복할 것이다"라고 말하고 있다. 그러나 니체는 이러한 명제의 정확한 반대가 옳다고 본다. 건강한 인간, '행복한 인간'은 어떤 종류의 행동은 하지 않을 수 없으며 어떤 종류의 행동은 본능적으로 피한다.

니체는 이렇게 말하고 있다.

모든 종교와 도덕의 근저에 있는 가장 일반적인 정식은 "이것은 하고 저것은 하지 마라. 그렇게만 하면 너는 행복하게 될 것이다! 만일 네가 그렇게 하지 않는다면…"라는 것이다. 도덕과 종교는 모두 이런 식의 명령의 형태를 띤다. 나는 이런 명령을 이성의 커다란 원죄, **불멸의 비이성**이라고 부른다. 내 입에서 저 정식은 정반대의 것으로 전도된다. 이것이 내가 시도하는 '모든 가치의 재평가'의 **첫 번째** 예이다. 즉 건강한 인간, '행복한 인간'은 어떤 종류의 행동을 **할 수밖에 없으며** 다른 종류의 행동은 본능적으로 피한다. 그는 자신이 생리적으로 체현하고 있는 질서를 자신이 인간과 사물에 대해서 맺는 관계 속으로 끌어들인다. 정식화해서 말하자면, 그의 덕은 그의 행복의 **결과**라는 것이다. … 장수와 많은 후손을 둔다는 것은 덕의 대가가 **아니다.** […] 교회와 도덕은 이렇게 말한다. "종족이나 민족은 악습과 사치 때문에 망한다." **회복된** 나의 이성은 이렇게 말한다. 어떤 민족이 몰락해 가고 생리적으로 퇴락해 갈 때 **그것으로부터 결과적으로** 발생하는 것이 악습과 사치(즉 기력을 소진해 버린 모든 본성이 잘 알고 있는 것처럼, 갈수록 더 강렬하면서도 더 잦은 자극을 구하는 욕구)라고. 어떤 젊은이가 나이에 비해서 더 빨리 창백해지고 기력을 잃어버리게 되면 그의 친구들은 이러저러한 병 때문이라고 말한다. 나라면 이렇게 말한다. 이 사람이 병이 들었다는 **사실**, 병에 저항하지 못했다는 **사실**은 이미 빈약하게 된 생의 결과이며 유전적인 기력 쇠진의 결과라고. 신문을 읽으면서 독자들은 이러한 정당은 이러저러한 과오 때문에 몰락해 간다고 말한다. **보다 고차적**

인 나의 정치적 견해는 그러한 과오를 저지르는 정당은 이미 끝장이 났다는 것이다. 그러한 정당은 본능의 확실성을 더 이상 가지고 있지 않다. 어떠한 의미에서도 과오는 모두 본능의 퇴화, 의지가 분산된 결과다. 이렇게 말하면서 우리는 **나쁜 것**이 무엇인가에 대해서 정의를 내린 셈이다. **모든 좋은 것**은 본능이다. 따라서 좋은 것은 경쾌하고 가볍고 필연적이고 자유롭다. 힘이 든다는 것은 결함이 있다는 증거다. 신은 유형상 영웅과 다르다(내 언어로 표현하자면, **가벼운** 발이 신성의 첫 번째 속성이다).[14]

---

14) 이 경우 신은 기독교의 신이 아니라 춤추는 신인 디오니소스를 가리킨다. 기독교의 신이 인간의 모든 고통과 죄를 짊어지는 신인 반면에 디오니소스는 가벼운 발로 경쾌하게 춤추는 신이다. 여기서 신이 영웅과 구별된다는 것은 영웅은 어떤 것을 힘겹게 성취하는 반면에, 디오니소스는 어떠한 곤경도 흔쾌히 긍정하면서 가뿐하게 극복한다는 것을 의미한다.

5. 열정과 본능을 근절할 것이 아니라 정신화해야 한다

니체는 흔히 이성을 무시하고 열정을 중시하는 철학자라고 알려져 있다. 그러나 니체도 우리가 열정에 눈이 멀어서 돌이킬 수 없는 화를 초래할 수 있다는 사실을 인정한다. 따라서 니체는 우리 자신을 열정에 내맡겨야 한다고 주장하는 것이 아니라 열정의 승화와 정신화를 주장한다. 그러나 사람들은 열정이 갖는 어리석음에만 주목하면서 열정 자체와 싸우고 열정을 죽이려고 했다. 니체는 전통 도덕은 이렇게 열정 자체를 제거하려고 했다는 점에서 도덕적 괴물(Moral-Unthiere)이라고 보고 있다.

특히 니체는 이렇게 열정을 적대시하고 그것을 뿌리 뽑으려고 가장 적극적으로 나선 것이 기독교라고 보고 있다. 기독교는 열정을 절멸하려고 한다. 특히 기독교는 성욕과 관련하여 우리가 이웃집 여인을 보고 마음이 동할 경우, 즉 "만약 네 눈이 죄를 짓거든 그것을 빼버려라"(마태복음, 5장 29절)라고 주장한다. 교회는 어느 시대에나 관능, 긍지, 지배욕, 소유욕, 복수심과 같은 것을 근절하는 것에 계율의 중점을 두었다. 그러나 니체는 이러한 정열들이야말로 삶의 지반을 형성하고 있다고 본다. 따라서 그러한 정열들을 그 뿌리부터 공격한다는 것은 삶을 그 뿌리부터 공격한다는 것을 의미한다. 이런 의미에서 기독교가 제시하는 처방과 '치료법'은 거세다. 성욕을 불결한 것으로 파악하는 기독교적인 도덕은 성관계에 의해 시작되고 이어지는 우리의 삶에, 그 발단에 오물을 퍼붓고 있는 격이다. 이런 기독교적인 도덕은 '삶에 대한 원한'에 사로잡혀 있다.

니체는 단순히 정열과 욕망이 갖는 어리석음과 그러한 어리석음이 초래하는 달갑잖은 결과를 예방하기 위해서 정열과 욕망을 근절한다는 것은 치통을 막기 위해서 이빨을 뽑아버리는 것처럼 어리석은 짓이라고 본다. 니체는 기독교는 맹목적인 신앙을 내세우고 지성을 폄하하기 때문에 기독교적인 지반에서는 열정의 정신화, 즉 열정과의 지능적인 싸움은 일어날 수 없다고 본다.

니체는 정념을 없애버리려는 사람들은 이미 너무나 의지가 박약하고 너무나도 퇴락하여 병들어 있는 자들이라고 본다. 즉 힘에의 의지가 퇴락해 있어서 유연하게 정념을 제어할 수 없는 사람들만이 정념이 가져오는 어떤 부정적인 결과를 이유로 정념 자체를 근절하려고 한다. 이러한 점에서 열정을 제거할 것을 주창하는 도덕은 그런 퇴락한 삶이 내보이는 징후 중의 하나다.

노쇠한 인간은 어차피 삶의 지반인 열정이 사그라졌기 때문에 굳이 금욕할 이유도 없다. 또한 관능을 비롯한 열정을 자유롭게 통제할 수 있는 자는 굳이 열정과 싸우고 그것을 제거할 이유도 없다. 다만 감성으로부터 완전히 자유롭지 못해 감각적인 욕구를 완전히 떨쳐버리지 못하면서도, 감각적인 욕구를 자유롭게 지배할 수 없는 자들이 감성을 제거하려는 전략을 구사한다. 이들에게 감성은 자신들이 자유롭게 통제하고 이용할 수 없는 것이 아니라 자신을 항상 위협하는 두려운 것이기 때문이다.

이들은 열정의 움직임에 대해서 반응하지 않을 수도 있는 능력을 갖지 못한다. 한마디로 이들은 의지가 박약한 자들이다. 우리는 우리가 압도하지 못하고 두려움을 느끼는 것은 제거하고 싶어 한다. 우리는 힘없는 어린애가 겁도 없이 우리에게 달려들 때 그 어린애를 제거하려고 하지 않고 달래고 안으려고 한다. 이에 반해서 우리가 마음대로 제어하지 못하는 사람에 대해서는 우리는 겁을 내고 제거하고 싶어 한다.

니체는 인간의 자연스러운 열정을 근절하려는 도덕을 반자연적인 도덕이라고 부르면서, 반자연적인 도덕의 기원 역시 생리학적으로 설명한다. 반자연적 도덕은 퇴락한 삶의 징후에 불과하다. 반자연적인 도덕은 삶과 삶의 뿌리인 열정에 대한 증오에 입각해 있는바, 그것은 삶에 지친 피로한 생리적 상태의 표현에 불과하다.

반자연적인 도덕이 인간을 어떤 보편적인 인간상으로 주조하려고 하는 반면에, 니체는 개개인의 특수성을 강조한다. 개인이란 자신의 미래와 과거에 있어서의 한 가닥 운명이며 현재 존재하고 있고 앞으로 존재할 모든 것에 대한 또 하나의 법칙, 또 하나의 필연성이다. 따라서 그에게 이른바 보편적인 도덕을 내세우면서 달라지라고 말하는 것은 모든 것에 대해, 심지어는 과거의 모든 것에 대해 달라지라고 하는 것이나 마찬가지다. 인간은 그의 과거의 전체이며 이러한 과거의 전체는 또한 세계 전체와 연결되어 있기 때문에 인간이 그 자신을 이른바 반자연적인 보편적인 도덕에 따라서 송두리째 바꾼다는 것은 불가능하다. 이와 반대로 니체는 개개인의 특수성을 부정하지 않고 긍정하며 이해하고 관용해야 한다고 본다.

니체는 반자연적인 도덕에 대해서 자연적인 도덕을 내세운다. 니체는 본능의 억제나 절멸이 아니라 본능을 정신화할 것을 요구하면서 관능의 정신화를 사랑이라고 부르고 있다. 니체는 또한 적의의 정신화를 예로 들고 있다. 이것은 적을 제거하려고 하지 않고 오히려 적의 존재를 자기 발전의 계기로 삼는 것이다. 오늘날 정치의 세계에서도 적의는 훨씬 정신적인 것이 되었고, 훨씬 신중하고 훨씬 사려 깊은 것이 되었다. 어느 당파든 반대당의 세력을 쇠퇴시키지 않는 것이 자신의 보존과 강화에도 유리하다는 사실을 깨닫게 되었다. 니체는 국가의 경우에도 적국을 갖는 것이 그 국가의 성장을 위해서 유리하다고 본다. 우리 자신의 내부에서도 많은 비판세력들을 허용해야 우리의 영혼은 성장할 수 있다. 이 점에서 니체는 영혼의 평안과 같은 기독교적인 소망은 우리를 오히려 쇠퇴시킨다고 말하고 있다.

물론 니체는 영혼의 평안 자체를 부정적으로 보지는 않는다. 그러나 니체가 긍정하는 영혼의 평안은 기독교가 희구하는 식의 영혼의 평안이 아니라, 불확실성으로 오랫동안 긴장과 고통을 겪은 뒤 확실성이 들어선 상태, 이와 함께 행동, 창조, 노력, 의욕에서 나타나는 원숙함과 능란함, 조용한 숨결의 호흡, 획득된 의지의 자유에서의 영혼의 평안이다.

니체는 이렇게 말하고 있다.

열정을 극복하려는 의지는 결국은 다른 열정의 의지이거나 다른 여러 열정의 의지일 뿐이다.[15]

───

인간이 스스로를 신이라고 생각하기 쉽지 않은 이유는 하복부가 있기 때문이다.[16]

───

기독교는 에로스에 독을 먹였다. 그로 인해 에로스는 죽지는 않았지만 타락해서 악덕이 되고 말았다.

───

어떤 열정이든 그것이 돌이킬 수 없는 화를 초래하고 그것이 갖는 심한 어리석음 때문에 그 희생자들이 몰락하게 되는 때가 있다. 그리고 열정이 정신과 결혼하면서 '정신화되는' 나중의, 훨씬 나중의 때가 있다. 예전에 사람들은 열정이 갖는 어리석음 때문에 열정 자체와 싸웠다. 사람들은 열정을 근절하기 위해 서로 손을 잡았으

───

15) 이원론적인 형이상학에서는 열정을 지배할 수 있는 것은 순수한 이성이라고 보았지만, 니체는 어떤 열정은 그것보다 더 강한 열정에 의해서만 극복될 수 있다고 본다. 우리가 어떤 나쁜 열정을 극복해야 한다는 것을 머리로는 알고 있지만 실질적으로 극복하지 못하는 것은, 그것을 극복하려는 열정이 약하기 때문이다.

16) 하복부는 위장과 생식기가 속해 있는 곳으로서 식욕과 성욕이 비롯되는 곳이다. 식욕과 성욕은 인간이 통제하기 어려운 본능적인 것이다.

며, '**열정을 죽여야 한다**(il faut tuer les passions)'는 점에서 모든 옛 도덕적 괴물들(Moral-Unthiere)의 의견은 서로 일치하고 있다. 이에 대한 가장 유명한 정식(定式)은 신약성서의 산상수훈에서 표현되고 있다. 나온 김에 말하자면, 산상수훈에서 세상일은 전혀 **높은 곳[고상한 관점]**으로부터 고찰되고 있지 않다. 거기에서는 예를 들면 성욕에 대해서 "만약 네 눈이 죄를 짓거든 그것을 빼버려라"라고 말하고 있지만 다행히도 이러한 지시에 따라서 행동하는 기독교인은 한 사람도 없다. 단순히 열정과 욕망이 갖는 어리석음과 그러한 어리석음이 초래하는 달갑잖은 결과를 예방하기 위해서 열정과 욕망을 **근절한다**는 것은 오늘날의 우리에게는 그것 자체가 심한 어리석음으로 나타난다. 치통을 막기 위해서 이를 **뽑아버리는** 치과의사를 우리는 더 이상 존경하지 않는다. … 다른 한편으로 기독교가 자라나온 지반 위에서는 '열정의 **정신화**(Vergeistigung der Passion)'라는 개념은 전혀 배태(胚胎)될 수 없었다는 사실을 인정하는 것이 마땅하다. 잘 알려져 있듯이 초대 교회는 '마음이 가난한 자들'을 위해 '**지성적인 자들**'에 대항하여 투쟁했다. 이런 교회에 열정에 대한 지성적인 전쟁을 어떻게 기대할 수 있겠는가? 교회는 어떻게든 절단(切斷)이라는 방식으로 열정과 싸운다. 교회가 제시하는 처방과 '치료법'은 거세다. 교회는 "어떻게 하면 어떤 욕망을 정신화하고 아름답고 신성한 것으로 만들 수 있는가?"라고 결코 묻지 않는다. 교회는 어느 시대에나 (관능, 긍지, 지배욕, 소유욕, 복수심을) 근절하는 것에 계율의 중점을 두었다. 그러나 이러한 열정들을 그 뿌리부터 공격한다는 것은 삶을 그 뿌리부터 공격한다는 것을 의미한다. 따라서 교회가 행하고 있는 것은 **삶에 적대적인 것이다**.

거세라든가 근절과 같은 것은 의지가 너무나도 약하고 너무나도 퇴락하여 스스로 절도를 지킬 수 없는 사람들이 욕망과 싸울 때 본능적으로 택하는 방법이다. […] 극단적인 수단이 불가결한 사람들은 퇴락한 사람들뿐이다. 의지의 약함, 보다 분명히 말해서, 하나의 자극에 반응하지 **않을** 수도 있는 능력의 결여도 다른 형태의 퇴락일 뿐이다. 관능에 대한 철저한 적개심, 불구대천의 적개심은 하나의 생각해 볼 만한 징후다. 이와 함께 우리는 그렇게 극단적인 자의 전체적인 상태에 대해서 추측해 볼 수 있다. 저 적개심, 저 증오는 그러한 본성을 가진 자들이 자신들을 근본적으로 치유하거나 자신들의 '악마'를 물리칠 수 있을 정도로 강하지 못할 때 절정에 달한다. 성직자와 철학자의 역사 전체를, 그것에 덧붙여 예술가의 역사 전체를 살펴보라. 관능에 대한 가장 심한 독설은 성적으로 무능력한 자들(die Impotenten)이나 금욕주의자들로부터 나오지 **않고**, 금욕주의자가 될 필요가 있었지만 금욕주의자가 될 수 없었던 자들로부터 나왔다.

관능의 정신화는 **사랑**이라고 불린다. 이것은 기독교에 대한 하나의 큰 승리다. 또 다른 승리는 우리처럼 **적의**를 정신화하는 것이다. 이러한 정신화는 사람들이 적을 갖는다는 것의 가치를 깊이 파악함으로써, 요컨대 사람들이 과거에 행하고 생각했던 것과는 정반대로 행동하고 생각함으로써 가능하게 된다. 교회는 시대를 막론하고 자신의 적을 절멸시키려고 했다. 비도덕주의자이자 반(反)기독교인인 우리는 교회의 존립을 우리에게 이로운 것으로 본다. … 정치에서도 적의는 이제 보다 정신적이 되었고, 훨씬 더 현명하고 훨씬 더 사려 깊고 훨씬 더 **관대하게** 되었다. 거의 모든 정당이 반대당이 힘을 상실하지 않는 것이 자신을 보존하는 데 유리하다는 사실을 파악하고 있다. 동일한 사실이 위대한 정치에 대해서도 타당하다. 이를테면 새로 건립되는 국가는 친구보다도 적을 더 필요로 한다. [다른 국가들과] 대립하는 가운데서만 그것은 자신을 필연적인 것으로 느끼게 되며 또한 대립하는 가운데서만 비로소 필연적인 것이 **된다.**

———

나는 하나의 원리를 정식화해 보이겠다. 도덕에서의 모든 자연주의, 즉 모든 **건강한** 도덕은 삶의 본능에 의해서 지배된다고. […] 이에 반해 **반자연적** 도덕, 즉 지금까지 가르쳐오고 숭배되어 오고 설교되어 온 거의 모든 도덕은 삶의 본능들에 **적대적**이다. 그것은 삶의 본능들을 때로는 은밀하게 때로는 공공연하면서도 뻔뻔스럽게 **단죄**한다. '신은 마음속을 꿰뚫어 보신다'라고 말하면서 반자연적 도덕은 삶의 가장 낮고 가장 높은 욕구들을 부정해 버리며 신을 **삶의 적**으로 만들어버린다. … 신이 좋아하는 성자는 이상적인 환관(宦官)이다. … 삶은 '신의 왕국'이 **시작되는** 곳에서 끝난다.

———

가치에 대해 말할 때 우리는 영감 아래서, 즉 삶의 광학(光學) 아래서 말한다. 즉 우리에게 가치를 설정하라고 강요하는 것은 삶 자체이며, 우리가 가치를 설정할 때 우리를 통해서 삶 자체가 가치평가를 하는 것이다. … 이러한 사실로부터 신을 삶에 대한 대립 개념이자 삶에 대한 단죄로 파악하는 **도덕의** 저 **반자연성**은 단지 삶이 내리는 하나의 가치판단일 뿐이라는 결론이 나온다. ― **어떠한** 삶이 그러한 가치판단을 내리는가? **어떤** 종류의 삶이? ― 이러한 질문에 대해 나는 이미 답을 제시했다. 쇠퇴하고, 쇠약해지고, 지쳐빠지고, 단죄받은 삶이라고. 이제까지 이해되어 온 도덕 ― 궁극적으로 쇼펜하우어가 '삶의 의지에 대한 부정'이라고 정식화했던 도덕 ― 은 스스로를 하나의 명령으로 만들어버리는 **데카당스 본능** 그 자체다. 그 도덕은 '**몰락하라!**'라고 명령한다. 그 도덕은 단죄받은 자들의 판단인 것이다.

6. 진리와 이성은 욕정과 대립하지 않는다

　　니체는 플라톤의 철학도 정욕의 산물이라고 본다. 플라톤이 자신
의 철학을 형성하는 데에는 아름다운 청년들의 관심을 끌고 매료시
키려고 하는 성적인 관심이 작용하고 있었다는 것이다. 또한 니체
는 프랑스의 고상한 문화를 높게 평가했는데, 이 프랑스 문화에도
성적인 관심이 크게 작용하고 있다고 본다. 니체는 고상하게 여겨
지는 문화들이 사실은 그 문화처럼 고상한 것으로 평가받지 않는 성
욕과 같은 생리적 충동과 긴밀하게 결부되어 있다고 주장하는 것이
다.
　　니체는 이렇게 말하고 있다.

어떤 것이 **어떻게 해서** 자신과 반대되는 것에서 생겨날 수 **있는가?** 예를 들어 오류에서 진리가, 기만에의 의지에서 진리에의 의지가, 이기심에서 사심 없는 행위가, 욕정에서 현인(賢人)의 순수하고 태양처럼 밝은 관조가 생겨날 수 있는가? 그것은 불가능하다. 그런 것을 꿈꾸는 자는 바보이거나 바보보다 못한 자일 것이다. 최고의 가치를 지닌 것이라면 무언가 다른 **독자적인** 기원을 가지고 있음에 틀림없다. 그것은 이렇듯 덧없고 현혹하고 기만적인 하찮은 세계, 망상과 욕정이 이렇게 뒤얽혀 있는 혼란한 세계에서는 생겨날 수 없다! 오히려 그것의 근거는 존재의[17] 품속이나 불변적인 것 속에, 혹은 숨어 있는 신과 '물자체(物自體)' 속에 존재하며 그 외의 다른 곳에 존재할 수 없다! 이러한 판단 방식이 모든 시대의 형이상학자들이 사로잡혀 있는 전형적인 편견을 형성한다. 이런 식의 가치판단이 그들의 모든 논리적 추론의 배후에 존재한다. 이러한 '믿음'에 입각하여 그들은 '지식', 즉 결국은 엄숙하게 '진리'라고 명명되는 것을 얻으려고 노력한다. 형이상학자들의 근본적인 믿음은 **가치들의 대립에 대한 믿음**이다. [⋯] 참된 것, 진실된 것, 사심 없는 것이 가질 수 있는 모든 가치에도 불구하고,[18] 기만하려는 의지와 이기심과 욕

---

17) 이 경우 존재는 생성 변화하는 현상들의 근거로서 영원히 존재하는 것을 가리킨다고 할 수 있다.

18) 니체는 흔히 진실과 성실, 사심 없는 행위와 같은 덕들을 부정한 사람으로 오해되곤 하지만, 이 문장을 고려할 때 우리는 니체가 그러한 덕들을 전적으로 부정하는 것은 아니라고 할 수 있다. 니체는 모든 살아 있는 것의 관계는 투쟁관계라고 보았다. 그런데 이러한 투쟁은 많은 경우 집단들 사이에서 행해지는데, 이 경우 하나의 집단에 속하는 구성원들 사이에서는 사심 없는 협력과 희생 그리고 진실과 믿음과 같은 덕이 필요하다고 보았다.

정이 인생에서 보다 높고 근본적인 가치를 가질 수도 있다. 더 나아가 저 훌륭하고 존중할 만한 것들을 가치 있게 만드는 것은, 바로 그것들이 저 겉보기에는 그것들과 대립되는 이른바 사악한 사물들과 위험할 정도로 유사하면서 이것들과 긴밀하게 결부되어 있고 단단히 얽혀 있다는 것일 수 있다. 심지어 그 둘은 서로 본질적으로 동일할지도 모른다.

―――――

플라톤은 보다 멀리 나아간다. 그는 그리스인만이 가질 수 있고 '기독교인'은 도저히 가질 수 없는 무구함과 함께 이렇게 말하고 있다. 아테네에 그토록 아름다운 청년들이 없었더라면 플라톤 철학은 있을 수 없었을 것이라고.

―――――

고전적 프랑스의 모든 고급문화와 문학도 성적 관심을 토대로 하여 성장했다는 사실을 상기시켜 두고 싶다. 그것에서 우리는 여성에 대한 친절과 정중한 예의, 관능, 성적 경쟁, '여자'를 어디에서든 발견할 수 있다. 찾아보면 헛수고는 아닐 것이다.

―――――

진리가 가상보다도 더 가치가 있다는 것은 도덕적 편견에 지나지 않는다. 그것은 심지어 세상에서 가장 큰 오류로 증명된 가정이다. 관점적인 평가와 가상에 근거하지 않는 한 삶은 결코 존립할 수 없다는 것, 그리고 도덕적인 열광에 사로잡혀 있는 어리석은 많은 철학자들처럼 '가상의 세계'를 완전히 제거해 버리려고 할 때 설령 이러한 것이 가능하다고 하더라도 **그대들**의 '진리'에서 남는 것은 아무것도 없을 것이라는 것, 적어도 이 두 가지 사실만은 인정하자! 정녕 도대체 무엇 때문에 우리는 '참'과 '거짓'이라는 본질적인 대립이 존재한다고 가정하는가? 가상성의 단계가 있다고 가정하는 것으로, 그리고 가상의 좀 더 밝고 어두운 음영과 전체적인 색조 ─ 화가들의 용어를 빌리자면 '명암'의 차이 ─ 를 가정하는 것으로 충분하지 않은가? 어째서 우리가 관계하는 세계가 허구여서는 안 되는가?

───

　우리 인생의 위대한 시기는 우리가 자신의 악을 자신의 최선이라고 고쳐 부를 용기를 갖게 될 때다.[19]

───

　누군가 인간성에 대해 말할 때, 그 배후에는 인간적인 것은 인류를 동물과 분리키시고 구별짓는 어떤 것이라는 생각이 깔려 있다. 그렇지만 실제로는 어떠한 분리도 존재하지 않는다. 즉 '자연적' 성질들과 특별히 '인간적'이라고 불리는 성질들은 서로 복잡하게 뒤엉켜 있다. 인간은 자신의 가장 고차적이고 고귀한 힘들에 있어서 완전히 자연적이며, 자신 안에 자연의 섬뜩한 이중적 성격을 간직하고 있다. 실제로, 무시무시하며 비인간적이라고 생각되는 능력들은 충동, 행위, 행동 속에 들어 있는 모든 인간적인 것이 자랄 수 있

───

19) 여기서 악은 이원론적인 전통 도덕에서 악이라 불리는 것을 가리킨다.

는 단 하나의 비옥한 토양일 것이다. 따라서 고대 민족 가운데 가장 인간적인 민족인 그리스인들은 자신 안에 잔혹한 기질과 파괴에서 원초적인 기쁨을 느끼는 기질을 간직하고 있다.

———

도덕적 편견의 폭력은 가장 정신적인 세계, 즉 겉보기에는 가장 냉정하고 무전제적인 세계에 깊숙이 침입했다. 그리고 자명한 이치이지만, 그 세계를 손상시키고 방해하고 현혹하고 왜곡하고 있다. 진정한 생리 심리학(Physio-Psychologie)은 탐구자의 심정(Herz) 속에 존재하는 무의식적인 저항과 싸워야만 한다. 즉 그것은 '심정'을 자신의 적으로 갖는다. '선한' 충동과 '악한' 충동이 서로를 조건 짓는다는 설(設)조차도 세련된 비도덕성으로 간주되면서, 강력하고 진실된 양심에게조차 당혹감과 혐오감을 불러일으키고 있다. 모든 선한 충동이 악한 충동에서 비롯된다는 설에 대해서는 더 말할 나위도 없다. 만일 누군가가 증오, 시기, 소유욕, 지배욕과 같은 정념을 생명에 필수적인 정념으로 볼 뿐 아니라 생명의 전체 경제에서 근본적이고 본질적으로 존재해야만 하는 어떤 것으로 보면서, 생명이 상승하려면 그러한 정념도 상승해야 한다고 설한다면, 그는 자신의 판단이 그런 방향을 취하는 것으로 인해 뱃멀미를 하듯 괴로움을 겪게 될 것이다. 그러나 이러한 가설조차도 위험스러운 인식들로 이루어진 이 거대하고 아직은 새로운 대륙에서는 별로 고통스러운 것도 낯선 것도 되지 못한다. 그 대륙에 접근할 수 있는 사람들도 모두 수백 개의 그럴듯한 이유를 내세우면서 그 대륙으로부터 등을 돌린다! 그러나 다른 한편으로 일단 배가 떠밀려 그 대륙에 가게 되면,

좋다! 잘됐다! 이제 이를 악물자! 눈을 크게 뜨자! 손으로 키를 단단히 잡자! 우리는 곧장 도덕을 넘어서 나아간다. 우리는 그 대륙을 향해 항해를 감행함으로써 우리에게 존재하는 도덕의 잔재를 짓누르고 분쇄할 것이다. [그 도덕이 분쇄되더라도] **우리에게** 무슨 상관이 있겠는가! 아무리 대담한 여행가, 모험가에게도 **이보다 깊은** 통찰의 **세계**가 열린 적은 이제까지 한 번도 없었다.

7. 이원론적 도덕은 본능이 퇴락한 데서 비롯된다

니체는 건강한 인간은 자연스러운 본능과 충동 그리고 열정을 억압하고 근절하려고 하지 않고 생산적으로 승화하려 한다고 본다. 이런 의미에서 니체가 말하는 자기극복은 본능과 충동의 근절이 아니라 그것들의 생산적 승화를 가리킨다.

니체는 플라톤의 이원론적이고 금욕주의적인 도덕이 생겨난 배경을 소크라테스 당시 그리스인들의 본능이 퇴락한 데서 찾고 있다. 소크라테스 당시의 아테네 사회는 병들어 있었고 데카당스의 상태에 빠져 있었다. 도처에서 본능들은 혼란에 빠져 있었고 서로 적대하고 있었다. 사람들은 본능에 대한 통제력을 상실한 채 도처에서 지나친 방종에 빠져 있었다. 즉 정신의 괴물 상태가 보편적인 위험으로 존재했다. 이러한 본능의 혼란 상태를 소크라테스는 이른바 이성을 통해서 본능을 억압하고 제거함으로써 극복하려고 했다. "본능들이 폭군으로 군림하려고 한다. 우리는 그것에 대항하는 더 강한 폭군을 고안해 내야 한다"라고 소크라테스는 생각했던 것이다. 소크라테스는 이성을 폭군으로 만드는 방식으로 본능의 혼란을 해결하려고 했다. 그러나 이것은 본능의 혼란의 극단적인 징후에 지나지 않았다.

본능들이 혼란에 처해 있는 상태에서는 본능들을 적대시하는 폭력적인 이성이 구세주로 여겨졌다. 소크라테스에게도 그의 '환자들'에게도 이러한 폭력적인 이성을 출구로 택하게 된 것은 자기들 마음대로 할 수 있는 것이 아니었다. 그것은 어쩔 수 없는 것이었으며 최후의 수단이었다. 그리스인들이 폭력적인 이성에 자신을 광적으로 내맡겼다는 것은 그들이 위급한 상황에 처해 있었다는 사실을 드러내고 있다. 그들은 위험에 처해 있었고, 그들에게는 한 가지 선택밖에는 존재하지 않았다. 몰락하든가 터무니없이 이성적으로 존재하든가.

따라서 소크라테스 이후 그리스 철학자들의 금욕주의적인 도덕은 병적인 생리학적 상태에 의해서 발생한 것이다. 소크라테스는 이성과 미덕 그리고 행복을 동일한 것으로 보았지만 이것이 의미하는 것은 어두운 욕망들에 대항하여 햇빛을, 즉 이성의 햇빛에 자신을 내맡긴다는 것을 의미한다. 어떤 대가를 치르더라도 이성적으로 존재한다는 것, 밝고, 냉철하고, 신중하고, 의식적이며, 본능에 저항하는 삶은 그 자체가 일종의 병, 또 하나의 병에 지나지 않았다. 그리고 그것은 결코 '미덕'과 '건강'과 행복으로 다시 되돌아가는 길이 아니었다. 본능과 싸워서 이겨야만 한다는 것, 그것은 데카당스, 즉 쇠퇴한 생명력의 공식이다. 삶이 상승하고 있는 한, 행복은 본능과 동일한 것이다. 행복이란 본능들이 서로 잘 조화되어, 그것을 통제하고자 억누르려고 노력할 필요가 전혀 없는 상태를 가리킨다.

니체는 이렇게 말하고 있다.

그러나 소크라테스는 훨씬 더 많은 것을 간파하고 있었다. 그는 아테네의 귀족들의 **이면**을 꿰뚫어 보고 있었고, 자신의 경우가, 곧 자기와 같은 특이체질이 이미 예외가 아니라는 사실을 파악하고 있었다. 도처에서 그와 동일한 종류의 퇴락이 은밀히 준비되고 있었다. 다시 말해서 옛 아테네는 이제 종말을 고하고 있었던 것이다. 게다가 소크라테스는 전 세계가 자신을 필요로 하고 있다는 사실을, 자신의 수법, 자신의 치료법, 자신의 개인적 자기보존술을 필요로 하고 있다는 사실을 알고 있었다. … 도처에서 본능들은 무정부상태에 빠져 있었다. 사람들은 도처에서 지나친 방종에 빠져 있었다. 즉 **정신의 괴물 상태**가 보편적인 위험으로 존재했다. "본능들이 폭군으로 군림하려고 한다. 우리는 그것에 **대항하는** 더 강한 **폭군**을 고안해 내야 한다." […] 소크라테스는 **어떠한 방식으로 자기 자신의 주인**이 되었을까? 그의 경우는 결국 극단적인 경우에 지나지 않았다. 다시 말해, 그 당시 일반적인 곤경이 되어가고 있던 현상의 가장 현저한 예에 불과했을 따름이었다. 즉 그러한 현상이란 어느 누구도 더 이상 자기 자신의 주인이 되지 못하고 있었으며 본능들이 서로 **적대적**이 되어가고 있었다는 것이다.

―――

소크라테스가 했던 것처럼 만약 **이성**을 폭군으로 삼을 필요가 있을 경우에는 이성이 아닌 어떤 다른 것이 폭군이 될 위험이 작지 않을 것이 틀림없다. 합리성이 그 당시에는 **구세주**로 여겨졌다. 소크라테스에게도 그의 '환자들'에게도 합리적으로 되는 것은 자기들 마음대로 할 수 있는 것이 아니었다. 그것은 어쩔 수 없는 것이었으며 **최후**의 수단이었다. 사려 깊은 그리스인들 전체가 합리성에 자신을 광적으로 내던졌다는 것은 그들이 위급한 상황에 처해 있었다는 사실을 드러내고 있다. 그들은 위험에 처해 있었고, 그들에게는 한 가지 선택밖에는 존재하지 않았다. 몰락하든가 — **터무니없이 합리적으로** 존재하든가…. 플라톤 이후의 그리스 철학자들의 도덕주의는 병리학적인 원인에 의해서 발생한 것이다. 변증법에 대한 그들의 존중도 마찬가지였다. 이성 = 미덕 = 행복의 동일시가 의미하는 것은, 모름지기 소크라테스를 모방하여 어두운 욕망들에 대항하여 영원한 **햇빛**을, 즉 이성의 햇빛을 산출해야만 한다는 것을 의미한다. 어떠한 대가를 치르더라도 영리하고 명석하고 총명해야 한다는 것이다. 즉 본능과 무의식적인 것에 양보하는 것은 **타락으로** 이끈다는 것이다.

철학자들과 도덕주의자들이 **데카당스**와 싸움을 벌임으로써 데카당스에서 벗어날 수 있다고 생각하는 것은 자신을 기만하는 것이다. 데카당스에서 벗어나는 것은 그들의 능력을 초월한다. 그들이 수단으로서, 구원으로서 선택하는 그것 자체가 이미 **데카당스**의 한 표현에 지나지 않는 것이다. 그들은 데카당스의 표현을 **바꿀** 뿐이며 데카당스 자체를 없애지는 못한다. […] 본능과 싸워서 이겨야**만 한다**는 것, 그것이 데카당스의 공식이다. 삶이 **상승하고** 있는 한, 행복은 본능과 동일한 것이다.

8. 가치전환

니체는 힘에의 의지의 철학에 입각하여 모든 가치의 전환을 시도한다. 그는 이제 선이란 신의 계율이나 도덕적 양심이 명하는 것이 아니라 힘에의 의지를 고양시키는 모든 것이라고 보며, 행복이란 모든 저항을 극복하고 자신의 힘이 고양되고 강화되었음을 느끼는 상태라고 본다. 힘에의 의지가 이렇게 고양되고 강화되는 상태는 르네상스인들이 말하는 비르투(virtù)라는 탁월한 남성적인 미덕이 구현된 상태를 가리킨다. 이러한 남성적인 미덕이란 기독교가 내세우는 덕인 겸손과 동정과 달리 르네상스인들이 추구한 명예와 긍지 그리고 강인한 생명력과 같은 덕이다.

니체는 이렇게 말하고 있다.

선(Gut)이란 무엇인가? — 그것은 힘의 감정을, 힘에의 의지를, 힘 자체를 고양시키는 모든 것이다.

악(Schlecht)이란 무엇인가? — 약함에서 비롯되는 모든 것을 말한다.

행복이란 무엇인가? — 힘이 증가되고 있다는 느낌, 저항을 초극했다는 느낌을 말한다.

만족이 **아니라** 보다 많은 힘, 평화가 **아니라** 전쟁, 덕이 **아니라** 유능함(르네상스 스타일의 덕, 비르투(virtù), 도덕(Moral)으로부터 자유로운 덕)

약한 자들과 실패한 자들은 몰락해야 한다. 이것이 **우리의** 인간애가 내세우는 제일의 명제다. 또한 우리는 그들이 몰락하도록 도와주어야 한다.

그 어떠한 악덕보다도 더 해로운 것은 무엇인가? — 불구자들과 실패한 자들에 대한 동정적인 행위 — 기독교.

─────

어떤 가치가 기독교적 이상에 의해 부정되고, 이것과 반대되는 이상은 무엇을 내포하는가? 긍지, 거리를 두는 파토스, 큰 책임, 원기 발랄함, 멋진 야수성, 호전적이고 정복적인 본능, 열정과 복수와 책략과 분노와 관능적 쾌락과 모험과 인식의 신격화 ….

9. 길들임의 도덕과 길러냄의 도덕

니체는 도덕적 사실 자체란 없으며 특정한 현상들에 대한 도덕적 해석들만이 존재할 뿐이라고 말하고 있다. 이 경우 니체는 도덕이 라는 말로 우리가 위에서 살펴본 '반자연적인 도덕'을 가리키고 있다. 사람들은 이러한 반자연적 도덕이 자명한 진리로서 존재한다고 생각하지만, 이러한 도덕 역시 인간의 행동에 대한 하나의 해석에 지나지 않는다는 것이다. 그리고 니체는 이러한 해석은 해석자의 생리적 상태를 보여주는 징후에 지나지 않는다고 본다. 즉 도덕은 단지 기호언어에 불과하다는 것이다. 반자연적 도덕은 자신의 본능과 열망을 자유롭게 통제할 수 없는 허약한 자가 자신의 본능과 열망에 대해서 내리는 극단적 조치다. 허약한 자는 자신이 통제하지 못하는 본능과 열망에 대해서 두려움을 느끼면서 그것들을 악으로 단죄하면서 근절하려고 한다는 것이다.

지금까지의 도덕은 인간을 이른바 '개선시키기'를 원했다. 그러나 개선이라는 말은 다양한 의미를 가질 수 있다. 즉 인간을 길들이는 것(Zähmung)이나 어떤 특정한 종류의 인간을 길러내는 것

(Zuchtung)이나 모두 개선이라고 불리지만, 니체는 양자 간에는 넘어설 수 없는 차이가 있다고 본다. 니체는 지금까지의 반자연적 도덕은 인간을 길들여왔지만 그것은 인간을 개선한 것이 아니라 오히려 인간을 병들게 하고 왜곡시켰다고 보고 있다. 동물원의 동물들이 길들여지는 것이 개선되는 것이 아니라 공포감과 고통과 상처 그리고 굶주림을 통해서 병약하게 되는 것처럼, 금욕주의적인 성격의 반자연적 도덕에 의해서 사람들은 병약하게 되었다.

니체는 이러한 길들임의 도덕에 반하여 길러내는 도움을 주창한다. 니체가 반자연적인 도덕을 비판하면서 이른바 자연적인 도덕을 내세운다고 해서 인간이 자신의 본능이나 열정을 마음대로 분출해도 된다고 주장하는 것은 아니다. 니체는 오히려 본능과 열정의 승화를 주장한다. 다시 말해 니체는 인간을 길들이는 것은 반대하지만 인간을 길러내는 것, 훈육하는 것은 지지하고 있는 것이다.

니체는 기독교 도덕을 인간을 병든 동물로 만드는 도덕의 전형으로 보는 반면에, 인도의 마누법전에 표현되어 있는 도덕은 인간을 길러낸다고 말하고 있다. 즉 그것은 인간을 보다 건강하게 만든다. 마누법전은 성직자계급, 전사계급, 상인 및 농민 계급, 노예계급의 네 계급을 각 계급의 순수혈통을 철저하게 유지하는 방식으로 동시에 길러내려고 한다. 이에 따라서 그것은 각 계급들 간의 철저한 분리와 각 계급에 맞는 도덕적 요구를 제시한다.

그러나 마누법전은 이러한 공식 계급에 속하지 않는 천민계급인 찬달라 계층은 철저하게 병약하게 길들여서 이들이 사회체제에 저항할 수 있는 소지를 애초부터 없애버리려고 한다. 기독교는 인간 일반을 병약한 존재로 만들려고 하는 반면에, 마누법전은 찬달라

계층만을 병약한 인간으로 만들어 그들을 노예적인 처지에 묶어두려고 한다.

니체는 마누법전에서 순수하고 근원적인 아리안적인 인간성, 즉 귀족적인 인간성이 나타나 있다고 말하고 있다. 그리고 이러한 인간성에 대한 증오를 전형적으로 체현한 종족을 유대인이라고 본다. 유대적 뿌리에서 나오고, 단지 이 토대에서 자란 것으로만 이해될 수 있는 기독교는 길러냄의 도덕과 계급과 특권의 도덕 각각에 대한 반대운동을 표현하고 있다. 그것은 전형적인 반(反)아리안적 종교다. 기독교는 모든 아리안적 가치의 전도이자, 찬달라적 가치의 승리이며, 짓밟힌 자, 불우한 자, 실패자, 처우를 잘 받지 못하는 자들이 모두 '계급'에 맞서 벌이는 총체적 봉기다. 그것은 사랑의 종교를 자처하지만 사실은 고귀한 계급에 대한 원한에 사로잡혀 있는 종교다.

니체는 마누법전의 예에서 보듯이 길러냄의 도덕과 길들임의 도덕은 서로 보완적인 관계에 있다고 본다. 즉 탁월한 계급에게는 길러냄의 도덕이 적용되어야 하지만 열등한 대다수에게는 길들임의 도덕이 유용하다고 보는 것이다. 이런 맥락에서 니체는 고귀한 인간들이 지배하는 위대한 정치가 구현된 사회에서도 대다수의 범용한 인간들에게는 기독교가 필요하다고 말한다.

니체는 이렇게 말하고 있다.

독자들이 잘 알고 있다시피, 철학자들에게 내가 요구하는 것은 선악의 **너머에** 서라― 도덕적 판단이라는 환상을 자기 **발아래에** 내려다보라는 것이다. 이러한 요구는 나에 의해서 처음으로 정식화된 하나의 통찰, 즉 **도덕적 사실이란 도대체가 존재하지 않는다**는 통찰에서 따라나온다. 도덕적 판단은 종교적 판단과 마찬가지로 존재하지도 않는 실재를 믿는다. 도덕이란 어떤 특정한 현상들에 대한 하나의 해석에 지나지 않으며, 보다 정확하게 말하자면 하나의 오해에 지나지 않는다. [⋯] 즉 도덕적 판단은 적어도 인식하는 자들에게는, 자기 자신을 '이해'할 정도로 충분히 **알고 있지** 못했던 문화와 내면 세계의 가장 귀중한 실상을 드러낸다. 도덕은 한낱 기호언어에 지나지 않으며 징후에 불과하다.

첫 번째 예를 임시적으로만 들어보자. 어느 시대에나 사람들은 인간을 '개선'하려고 했다. 무엇보다도 바로 이것이 도덕이라고 불렸던 것이다. 그러나 동일한 단어 아래 천차만별의 경향들이 숨어 있다. 야수 같은 인간을 **길들이는 것**(Zähmung)도 어떤 특정한 종류의 인간을 **길러내는 것**(Züchtung)도 '개선'이라고 불려왔다. 이러한 동물학적인 용어들이 비로소 실상을 표현해 준다. 물론 이러한 실상에 대해서 전형적인 '개선가'인 사제들은 아무것도 모르고 또한 알려고도 **하지** 않는다. … 어떤 짐승을 길들이는 것을 '개선'이라고 부르는 것은 우리 귀에는 거의 우스갯소리로 들린다. 동물원에

서 무슨 일이 일어나는지를 아는 사람이라면 그런 곳에서 야수들이 과연 '개선'되는지를 의심할 것이다. 야수들은 그곳에서 약화되고 무해하게 만들어지며 공포감에 짓눌리고 고통, 상처와 기아(飢餓)에 의해 시달리면서 **병약한** 야수가 되는 것이다. 사제에 의해서 '개선되어' 길들여진 인간의 경우에도 사정은 다르지 않다. 중세 초기에는 교회가 사실상 동물원이었으며, 사람들은 어디서나 '금발의 야수'의 가장 아름다운 예에 해당되는 자들을 사로잡기 위해서 사냥을 했다. 예를 들어 고귀한 게르만인을 '개선시켰다.' 그러나 그렇게 '개선되고', 수도원으로 유혹되어 들어간 게르만인은 나중에 어떤 모습을 보였던가? 흡사 인간의 희화(戱畵)이자 기형아처럼 보였다. 그는 '죄인'이 되어버렸으며, 우리 안에 처박히고, 그지없이 끔찍한 개념들 사이에 갇혀버렸다. … 그곳에서 게르만인은 병들고 위축되어 자신에 대해서 악의를 가득 품은 채 누워 있었다. 삶을 향한 충동에 대한 증오심으로 가득 차고, 여전히 강하고 행복한 모든 것에 대한 의심으로 가득 찬 채로 누워 있었다. 요컨대 그는 '기독교인'이 된 것이다. … 생리학적으로 말해 보자면, 야수와의 싸움에서는 야수를 병들게 하는 것이 그것을 약하게 만드는 유일한 수단일 수 있다. 바로 이러한 사실을 교회는 알고 있었다. 교회는 인간을 **망쳐버렸고** 약화시켰다. 그런데도 교회는 인간을 '개선'시켰다고 주장했다.

이른바 도덕이라는 것의 다른 경우, 즉 특정한 종족과 인종을 길러내는 경우를 살펴보자. 이것의 가장 훌륭한 예를 제공하고 있는 것은 인도의 도덕이며 이것은 마누법전이라는 형태로 종교로까지 인정받고 있다.[20] 여기서 과제가 되고 있는 것은 사제, 전사, 상인 및 농민, 마지막으로 수드라라고 불리는 노예라는 네 종족을 동시에 **길러내는** 것이다. 마누법전에는 야수를 길들이는 자들이 존재하지 않는다는 것은 분명하다. 마누법전 식으로 길러내는 계획을 구상한 인간은 백배나 더 부드럽고 이성적인 인간이다. 기독교라는 병원과 지하감옥의 공기로부터 빠져나와서 이렇게 더 건강하고 더 드높고 **더 넓은** 세계에 들어서게 되면 안도의 숨을 쉬게 된다. 마누법전에 비하면 신약성서라는 것은 얼마나 빈약하며 얼마나 악취를 내뿜는 것인가! 그러나 이러한 조직 역시 **무서운** 것이 될 필요가 있었다. 그 조직에게는 **야수와** 싸우는 것이 아니라, 야수와 정반대되는, 엄한 자기규율을 갖지 못한 인간, 잡종 인간, 찬달라와[21] 싸움하는 것이 문제가 되기 때문이다.

---

20) 마누법전은 2세기경에 만들어진 인도의 법전으로서 각 신분의 권리와 의무 그리고 삶의 방식을 규정하고 있다.
21) 인도의 불가촉천민으로, 노예계급인 수드라에도 끼지 못하고 카스트제도 자체에서 배제되어 있는 계급이다.

10. 군주도덕과 노예도덕

니체는 선과 악이라는 관념의 기원을 기독교처럼 신에서 찾거나 칸트처럼 인간에게 선천적으로 존재하는 양심에서 찾지 않았다. 오히려 그는 그러한 관념의 이면에는 특정한 세력이 그러한 관념을 이용하여 권력을 장악하려는 음험한 동기가 작용하고 있지 않나 의심했고, 그러한 동기야말로 사실은 선악 관념의 기원이라고 보았다.

니체는 도덕을 군주도덕과 노예도덕으로 나누고 있다. 군주도덕은 힘에의 의지가 강한 인간들이 따르는 도덕이며, 위대함과 저열함을 기준으로 하여 인간을 평가한다. 이에 반해서 노예도덕은 힘에의 의지가 약한 인간들이 따르는 도덕이며, 선악을 기준으로 하여 인간을 평가한다. 니체는 군주도덕은 강하고 독립적이고 능동적인 인간들이었던 고대 신분사회의 지배계급인 군주나 귀족들의 생각을 반영하고 있는 반면에, 노예도덕은 고대 신분사회에서 노예들에게서 비롯되었고 노예들의 계급적 이익을 반영하는 가치관이라고 보고 있다.

그런데 니체는 이때 노예라는 말의 의미를 신분상의 노예를 가리키는 말로도 사용하고 있지만, '비겁하고 연약한 사람들'을 가리키는 말로도 사용하고 있다. 물론 니체는 노예계급은 비겁하고 연약한 사람들이었다고 보고 있다. 사실상 고대 노예제 사회에서 대부분의 노예들은 전쟁 포로 출신이었기 때문에 전쟁을 하다가 죽음이 두려워 항복을 한 사람들이라고 볼 수 있다. 이 때문에 니체는 노예계급은 비겁하고 연약한 사람들이라고 보는 것이다. 그러나 니체는 신분제도가 철폐된 현대에는 신분상의 노예는 없지만 여전히 비겁하고 연약한 인간들이 있으며 이들은 노예도덕을 추종하고 있다고 보았다. 이와 함께 군주와 귀족이라는 용어 역시 신분상의 의미로만 이해되어서는 안 되고 위대하고 강한 인간들을 가리키는 의미로도 사용되고 있음을 주의해야 한다.

노예도덕은 인간은 인간으로 태어난 이상 누구나 동등한 존엄성을 갖고 있다고 주장한다. 이와 함께 니체는 노예도덕이 기독교에서 처음으로 가장 강력하게 주창되었다고 본다. 기독교에서 모든 인간은 신 앞에서 평등한 것으로 간주된다. 귀족으로 태어난 사람이든 노예로 태어난 사람이든 신과 동일한 형상으로 지음을 받았으니 모두 다 존귀하다는 것이다. 아울러 노예도덕에 따르면 모든 사람은 이렇게 존엄한 존재이니, 연약하고 고통 받는 자가 있으면 힘써 도와줘야 한다고 본다. 노예도덕에서는 남에 대한 친절한 배려, 따뜻한 동정, 남에게 상처나 해를 주지 않으려는 선량함 등이 중요한 덕목으로 권장된다. 언뜻 보기에는 고상하게만 보이는 이러한 가치관이 사실은 연약하고 열등한 존재인 노예들이 자신들의 계급적인 이익을 위해서 만들어낸 것이라고 니체는 주장하고 있다.

니체의 이러한 주장은 지나치게 극단적인 것으로 보이지만 그렇게 터무니없는 주장은 아니다. 니체가 노예도덕의 대표적인 전형으로 보는 기독교만 해도 처음에는 사도 베드로처럼 배우지 못하고 사회적으로 멸시받았던 어부들을 비롯하여 노예들이나 여성과 같은 사회적인 약자들이 믿었고 이런 사람들을 중심으로 전파되었기 때문이다. 또한 노예도덕이 사회 전체를 지배할 경우에는 힘도 능력도 없는 사람이 유리한 것은 사실이다. 자신이 설령 힘도 능력도 없어서 비참한 상태에 빠져도 다른 사람들이 따뜻한 동정심으로 도와줄 것이기 때문이다. 이런 것을 고려하면 노예도덕은 힘도 능력도 없는 노예 같은 인간들이 자신들의 이익을 위해서 만들어낸 것이라는 니체의 주장을 마냥 근거 없는 주장으로만 볼 수는 없다.

노예도덕에 반해서 군주도덕은 사람들이 원래부터 평등하고 존엄한 존재라고 보지 않는다. 군주도덕은 사람들 중에는 고귀하고 위대한 자가 있는가 하면 저속하며 비열한 자가 있다고 본다. 고귀하고 위대한 자는 죽음 앞에서도 자신의 명예와 자존심을 소중히 하는 인간인 반면에, 저속하고 비열한 자는 비겁하고 눈앞의 이익과 안락에 급급해하면서 죽음 앞에서 목숨을 구걸하는 인간이다. 군주도덕은 고귀하고 위대한 자가 비열하고 천박한 자들을 지배해야 한다고 본다. 그리고 고귀하고 위대한 자들은 드물기 때문에 이 드문 소수가 다수를 지배하는 귀족정치가 올바른 정치형태라고 본다. 민주주의에서처럼 모든 사람이 평등하다는 이유로 모두가 한 표씩 똑같이 투표권을 행사한다는 것은 군주도덕에서는 어불성설이다.

니체는 선을 의미하는 독일어 gut은 두 가지 의미를 가지고 있다고 본다. 그 하나는 노예도덕에서 말하는 선이고, 다른 하나는 군주도덕에서 말하는 선이다. 노예와 같은 민중이 사용하는 경우 gut이라는 말은 '남에게 해를 끼치지 않는', '겸손한', '친절한'이라는 의미를 가졌다. 이와 반대로 군주와 귀족들이 사용하는 경우 gut이라는 말은 '강한', '용감한', '호전적인', '신과 같은'(gut은 신을 의미하는 말인 Gott에서 생긴 말이다)이라는 의미를 가졌다.

그리고 선을 의미하는 독일어 gut에 대립되는 단어도 두 개가 있다. 그 하나는 노예도덕에서 말하는 악을 의미하는 böse이며, 다른 하나는 군주도덕에서 말하는 저열함과 열등함을 의미하는 schlecht다. schlecht라는 말은 귀족계급이 민중을 가리킬 때 사용했던 말인데, 원래는 '평범한', '보통의'라는 의미를 갖고 있었으나 나중에 '저속한'이라는 의미를 갖게 되었다. 이와 반대로 악을 의미하는 böse라는 말은 민중이 귀족계급을 가리킬 때 사용했던 말이고, 원래는 '위험한', '유해한', '이상한'이란 뜻을 갖고 있었다.

니체는 노예도덕은 연약한 자들의 자기기만과 강한 자들에 대한 원한에서 비롯된다고 본다. 연약한 자들이 강한 자들에 의해서 지배를 당할 때, 이때 연약한 자들은 강한 자들에게 목숨을 걸고 저항하지 못하는 자신들의 비겁함과 연약함 때문에 자신들이 지배당한다고 생각하지 않는다. 오히려 연약한 자들은 자신들은 평화를 사랑하는 선한 사람들인 데 반해서 강한 자들은 전쟁을 좋아하고 악하기 때문에 자신들을 지배한다고 생각한다. 즉 이들은 자신들의 무력함과 비겁함을 솔직하게 시인하지 않고, 자신들이 선한 인간들이라고 기만하는 것이다.

노예는 자신이 당하는 모든 고통의 원인을 자신의 무능력에서 찾지 않고, 이른바 악한 인간들이 자신을 괴롭히고 억압한다는 데서 찾는다. 강하고 탁월한 자는 자신이 겪는 고통과 불행의 모든 책임을 자신에게 돌리는 반면에, 약하고 열등한 자는 자신의 고통과 불행의 모든 책임을 타인에게 돌린다. 약하고 열등한 자는 자신의 약함과 열등함을 탓하는 것이 아니라 남이 자신에게 부당하게 해를 끼친다고 생각하는 것이다. 약한 자는 자신의 힘을 키워서 스스로의 힘으로 자신의 불행을 타개하기보다는 강자가 자비와 동정을 베풀기를 바란다. 그리고 그 강자가 자비와 동정을 베풀지 않을 경우에는 그 강자를 무자비한 악한으로서 비난한다. 이 경우 자비와 동정이라는 미덕은 약한 자들이 자신들의 연약함을 호도하면서 강한 자들을 비난할 수 있는 근거로 작용한다.

우리는 니체의 이러한 주장이 우리의 일상적인 도덕관념을 악의적으로 비꼬는 궤변이 아닌가라고 생각할 수 있다. 그러나 우리가 종종 통상적인 도덕관념으로 자신의 비겁함을 호도하곤 한다는 사실을 고려할 때, 니체의 주장을 통상적인 도덕관념에 대한 악의적인 왜곡으로만 볼 수는 없다.

니체는 이렇게 말하고 있다.

이제까지 지상에서 지배해 왔고 아직도 여전히 지배하고 있는 많은 세련된 도덕들과 조야한 도덕들을 두루 섭렵한 후, 나는 그것들에서 일정한 특성들이 규칙적으로 함께 반복해서 나타나면서 서로 결부되어 있다는 사실을 깨달았다. 마침내 나는 근본적으로 상이한 두 가지 도덕 유형을 발견하게 되었으며, 그것들 사이의 근본적인 차이를 분명하게 인식하게 되었다. 즉 도덕에는 주인의 도덕과 노예의 도덕이 있는 것이다. […] 이 두 가지 유형의 도덕 개념 중 하나는 자신이 피지배종족과 다르다는 데서 기쁨을 느꼈던 지배종족에서 발생했으며, 다른 하나는 피지배종족, 모든 종류의 노예들과 예속된 자들 사이에서 발생했다. 전자의 경우, 즉 '선'이 무엇인지를 규정하는 자들이 지배자들일 경우, [지배자들의] 우월함과 [지배자들과 피지배자들 사이의] 위계질서를 규정하는 것은 [지배자들의] 영혼이 자신에 대해서 긍지를 느끼는 고양된 상태다. 고귀한 인간들은 이렇게 자신에 대해서 긍지를 느끼는 고양된 상태와는 정반대의 것을 나타내는 인간들에 대해서 자신들을 구별하면서 그들을 경멸한다. 이 첫 번째 유형의 도덕에서는 '훌륭함(gut)'과 '저열함(schlecht)'이 서로 대립하는 것으로 간주되며, 이러한 대립은 대체로 '고귀함'과 '비천함'의 대립을 의미한다. 이에 반해 선(gut)과 악(böse)의 대립은 다른 기원을 갖는다. 고귀한 인간들은 겁 많은 인간, 불안해하는 인간, 소심한 인간, 눈앞의 이익에만 급급하는 인간, 편협하고 의심 많은 인간, 비굴한 인간, 학대를 감수하는 개 같은 인간, 거지 같은 아첨꾼, 그리고 무엇보다도 거짓말쟁이를 경멸한다. 평민들은 거짓말쟁이라는 것이 모든 귀족들의 근본신조다. 고대 그리스에서 귀족들은 자신들을 '우리 진실된 자들'이라고 불렀다. […] 고귀한 종류의 인간은 자신을 가치를 규정하는 자라고 느끼기 때문에 타인에게 인정받는 것을 필요로 하지 않는다. 그는 '나에게 해로운 것은 그 자체로 해롭다'고 판단하면서 자신을 사물들에게 처음으로 가치를 부여하는 자로서 인식한다. 그는 **가치를 창조하는 자**인 것이다. 그는 자신에게 속하는 것을 존중한다. 그러한 도덕은 자기에 대한 찬미다. 충만한 느낌, 넘쳐흐르려고 하는 힘의 느낌, 고도의 긴장에서 오는 행복감, 베풀어주고 싶어 하는 풍요로움의 느낌이 그런 도덕의 전경(前景)에 드러나 있다. 고귀한 인간도 불행한 자를 돕지만, 동정에서가 아니라 ― 또는 거의 아니라 ― 넘쳐나는 힘에서 비롯된 충동에서 돕는다. 고귀한 인간은 자신 안에 존재하는 강력한 자를 존중하는바, 이 강력한 자란 자신을 제어할 힘을 가지고 있으며, 말하고 침묵하는 법을 알고 있고, 자기 자신을 엄격하고 혹독하게 다루는 데서 기쁨을 느끼며, 엄격하고 혹독한 모든 것을 존경하는 자다. […] 두 번째 유형의 도덕인 노예도덕은 다른 성격을 가지고 있다. […] 노예의 눈은 강자의 덕을 호의적으로 보지 않는다. 그는 회의하고 불신하며, 강자가 존중하는 모든 '선'을 **교활한 방식**으로 불신한다. 그는 강자들의 행복은 진정한 행복이 아니라고 자신을 설득하고 싶어 한다. 반면에 고통 받는 자들의 생존을 조금이라도 편하게 해주는 특성들이 부각되고 각광을 받게 된다. 따라서 여기서 존중되는 것은 동정, 호의적이고 도움을 주는 손길, 온정, 인내심, 근면성, 겸손, 친절함이다. 왜냐하면 이런 것들은 생존의 압박을 견뎌나가는 데 유용한 특성이자 거의 유일한 수단이기 때문이다. 노예도덕은 본질적으로 유용성의[공리주의적인] 도덕이다. 바로 여기에 저 유명한 '선'과 '악'이라는 대립 개념의 기원이 있다. 노예에게는 권력, 위협적인 것, 공포를 느끼게 하는 것, 세련된 것, 무시할 수 없는 강력한 힘 등은 모두 악한 것으로 느껴진다. 따라서 노예도덕에 따르면 '악한' 인간이란 공포를 불러일으키는 인간이다. 이에 반해 주인도덕에서는 공포를 불러일으키거나 불러일으키려는 사람이 바로 '훌륭한' 인간인 반면에 '저열한' 인간은 경멸을 불러일으키는 인간이다.

———

　선과 악의 이중의 전사(前史). ─ 선과 악이라는 개념은 이중의 전사를 갖고 있다. 첫째, 지배하는 종족과 계급의 영혼에서 진행되는 전사가 있다. 여기에서 선은 선으로, 악은 악으로 되갚아줄 수 있는 힘을 가지고 있는 자, 그리고 실제로 되갚아주는 자, 그래서 감사할 줄 알고 복수할 줄 아는 자가 선하다고 불린다. 힘이 없고, 되갚아주지 못하는 자는 나쁘다고 간주된다. 선한 자는 '선한 자들'에 속한다. 이들은 공통의 감정을 갖고 있는 집단인데, 왜냐하면 거기에 속한 모든 개인들은 되갚아준다는 개념으로 서로 결합되어 있기 때문이다. 나쁜 자는 '나쁜 자들'에 속한다. 그들은 정복당한 떼거지들, 힘없는 자들이며, 공통의 감정 따위는 가지고 있지 않다. 선한 자들은 하나의 계급이고, 나쁜 자들은 그저 무리들일 뿐이다. 한편, 사람들은 적을 나쁘다고 보지 않는다. 왜냐하면 그들에게는 되갚아줄 능력이 있기 때문이다. 호메로스에게, 트로이 사람과 그리스 사람은 양쪽 모두 선하다. 나쁜 자로 간주되는 것은 우리에게 해를 입히는 자가 아니라 경멸을 받을 만한 자다.

도덕에서 일어난 노예반란은 **원한** 자체가 창조적인 것이 되고 가치를 낳게 되는 것과 함께 시작된다. 여기서 원한이라고 하는 것은 본래적인 반작용, 즉 행위상의 반작용은 금해지고 있기 때문에 상상적 복수에 의해서만 자신들이 입은 손해를 보상하려는 자들의 원한이다. 모든 고귀한 도덕이 자신에 대한 의기양양한 긍정에서 자라나오는 반면에, 노예도덕은 애초부터 '외부적인' 것, '다른' 것, '자기 자신이 아닌' 것을 부정한다. 그리고 이러한 부정이야말로 노예도덕의 창조적 행위다. 가치를 정립하는 시선을 이렇게 전도하는 것 ― 이렇게 시선을 자신에게 향하는 대신에 밖으로 향할 **수밖에 없는** 것 ― 이 바로 원한의 속성 중의 하나다. 즉 노예도덕이 발생하기 위해서는 우선 항상 어떤 적대적인 외부세계가 필요하다. 생리학적으로 말하자면 그것은 행동하기 위해서 외부로부터의 자극을 필요로 하는 것이다. 따라서 그것의 행동은 근본적으로 반작용이다. 고귀한 가치평가에서는 사정은 정반대다. 그것은 자발적으로 행동하고 성장한다. 그것은 자기 자신을 보다 감사하는 마음으로 기뻐하면서 긍정하기 위해서 자신의 대립물을 찾을 뿐이다. 그것의 부정적인 개념인 '저급함', '범속함', '저열함'은 철저히 생명과 정열로 가득 차 있는 그것의 긍정적인 근본 개념인 '우리 고귀한 자', '우리 선한 자', '우리 아름다운 자', '우리 행복한 자'에 비하면 나중에 태어난 창백한 대조 이미지일 뿐이다.

[기독교에서는] 보복하지 못하는 무력함이 '선량함'으로 바뀌고, 겁에 가득 찬 비굴함은 '겸손'으로 바뀐다. 자신이 증오하는 자들에 대한 복종은 '순종'(다시 말해서 그들이 이러한 복종을 명령한다고 말하는 사에 대한 복종, 이자를 그들은 신이라고 부른다)으로 바뀐다.

약한 자의 비공격성, 그가 풍부하게 지니고 있는 비겁함 자체, 문 앞에서 서서 기다릴 수밖에 없는 것은 여기에서 '인내'라는 미명(美名)으로 불리게 되고 덕이라고도 불린다. 복수할 수 없음이 복수하고 싶어 하지 않음이라고 불리고 심지어는 용서라고까지 불린다.

11. 성직자적 평가방식과 귀족적 평가방식

니체는 노예들에게 자신들의 이해를 정당화하는 이데올로기를 제공한 사람들은 성직자들이라고 본다. 특히 니체는 유대인이야말로 성직자적인 민족이라고 주장하면서 노예도덕은 유대인에 의해서 창안되었다고 본다. 니체는 이 지상에서 '고귀한 자', '강력한 자', '지배자', '권력자'에 대항해서 행해진 어떤 일이라고 할지라도 유대인들이 이들에 저항했던 방법에 비하면 극히 어리석은 것이라고 말하고 있다. 성직자적인 민족인 유대인은 가치전도를 통해서, 즉 가장 정신적인 복수 행위를 통해서 귀족계급에 대항했다.

유대적, 성직자적 평가방식은 기사적, 귀족적 평가방식과 서로 대립된다. 귀족적 평가방식은 강한 체력, 젊고 왕성하고 넘치는 건강, 건강을 보전하는 데 필요한 전쟁, 모험, 사냥, 춤, 투기, 즉 활기차고 자유롭고 쾌활한 행동에 속하는 모든 것을 높이 평가한다. 이에 반해 성직자적 평가방식은 전혀 다른 것들을 높이 평가한다. 이들은 전쟁이나 싸움에는 무력한 자들이기 때문이다. 이들에게서 증오가 자라나서 가장 정신적이고 가장 유독한 것이 되는 것도 결국은 바로 그들이 무력했기 때문이다. 세계 역사상 가장 거대한 증오자들은 성직자들이었으며, 이들은 또한 가장 교활한 증오자들이었다. 이들은 귀족적 가치등식, 즉 '좋은 = 고귀한 = 강력한 = 아름다운 = 행복한 = 신에게 사랑받는'이라는 가치등식을 무력함에서 비롯되는 증오와 함께 전도시켰다.

그들은 이렇게 말한다. "비참한 자들만이 선한 자이고, 가난한 자, 무력한 자, 비천한 자만이 선한 자이며, 괴로워하는 자, 빼앗긴 자, 병든 자, 추한 자만이 경건한 자이며, 신에 의해서 사랑받는 자이며, 축복은 오직 그들에게만 있다. 이에 반해 너희, 강력하고 고귀한 자는 영원히 사악한 자, 잔인한 자, 탐욕스러운 자, 음험한 자, 신에 거슬리는 자다."

니체는 성직자적인 종족인 유대인들에 의한 가치전도를 도덕에 있어서 노예반란이라고 말하고 있다. 이 반란은 계속해서 힘을 증대시켜 왔으며 이와 함께 근대의 민주주의와 사회주의가 대두되었다.

니체는 이렇게 말하고 있다.

유대인, 타키투스나 고대 세계의 모든 사람이 말한 대로 '노예로 태어난' 민족, 그리고 그들 자신이 말하고 믿는 바로는 '모든 민족 중에서 선택된 민족'인 이 유대인들은 가치전도라는 저 기적적인 일을 해냈다. 이 덕분에 지상에서의 삶은 2, 3천 년에 걸쳐서 하나의 새롭고 위험한 매력을 갖게 되었다. 그들의 예언자들은 '부', '신에 대한 부정', '악', '폭력', '관능'과 같은 것들을 하나로 융합했으며, 맨 처음으로 '[우리가 살고 있는] 세상(Welt)'이라는 단어를 더럽고 욕된 것을 가리키는 용어로 만들어버렸다. 그러한 가치전도 — '가난'이라는 말을 '성스러움'과 '친구'라는[22] 말과 동의어로 쓴 것은 그 한 예에 속한다 — 에 유대 민족의 의의가 존재한다. 이 민족과 더불어 **도덕에서의 노예반란**이 시작되었던 것이다.

　성직자적 평가방식이 얼마나 쉽게 기사적, 귀족적인 평가방식으로부터 분리되어 그것과는 정반대의 것으로 발전해 나갈 수 있는지를 이미 잘 알았을 것이다. 특히 성직자 계급과 전사 계급이 서로 질투하면서 대립하고 승자가 누구인지에 대해서 서로 합의를 보려 하지 않을 때마다, 성직자적 평가방식이 기사적, 귀족적인 평가방식과 정반대의 것으로 전개되었다. 기사적, 귀족적 가치판단은 강한 육체, 젊고 왕성하며 넘쳐흐르기까지 하는 건강, 그러한 건강을 유

---

22) 여기서는 '친구'라는 말은 '신의 친구'를 의미하는 것 같다.

지하는 데 필요한 조건들, 즉 전쟁, 모험, 사냥, 춤, 투기(鬪技)와 강하고 자유로우며 쾌활한 행동을 포함하고 있는 모든 것을 자신의 전제로 갖는다. 이에 반해 우리가 앞에서 보았듯이 성직자적 평가방식은 다른 전제를 갖는다. 전쟁은 그들에게는 가장 불리한 상황이다! 성직자들은 잘 알려져 있듯이 **가장 사악한 적**이다. 왜 그런가? 그들은 가장 무력한 자들이기 때문이다. 그들에게서 증오는 무력함으로부터 생겨나서 기이하고 섬뜩한 것, 가장 정신적이고 가장 유독한 것이 된다. 세계사에서 가장 증오로 가득 찼던 자들은 항상 성직자들이었으며 또한 이들은 증오하는 자들 가운데 가장 영리한 자들이었다. 성직자의 복수 정신에 비하면 다른 모든 정신은 거의 문제도 되지 않는다. 무력한 자들로부터 인류의 역사 속으로 들어오게 된 정신이 없었다면 인류의 역사는 극히 어리석은 것이 되었을 것이다. 가장 현저한 예를 하나 들어보자. 이 지상에서 '고귀한 자', '강력한 자', '지배자', '권력자'에 대항하여 행해진 그 어떤 것도 유대인들이 이들에 대항하여 행했던 것과 비교하면 언급할 만한 가치가 없다. 성직자적인 민족인 유대인들은 궁극적으로 자신의 적과 정복자들의 가치를 철저하게 전도시킴으로써, 즉 가장 정신적인 복수 행위에 의해서 보복할 줄 알았다. 오직 이것만이 성직자적 민족, 즉 가장 뿌리 깊은 성직자적 복수욕을 지닌 민족에게 어울리는 것이었다. 유대인이야말로 두려울 정도의 논리정연함으로 귀족적인 가치등식(좋은 = 고귀한 = 강력한 = 아름다운 = 행복한 = 신의 사랑을 받는)의 전도를 감행했으며 가장 깊은 증오(무력함에서 비롯되는 증오)의 이빨로 귀족적인 가치등식을 물고 늘어졌던 것이다. 유대인들은 이렇게 말한다. "비참한 자만이 선한 자이며, 가난하고 무력하며 비천한 자만이 선한 자다. 고통 받고 가난하며 추한 자만이 경건한 자이며 신의 축복을 받는 자이고, 오직 그들에게만 지복이 있다. 이에 반해 그대들, 그대 고귀하고 강력한 자들, 그대들은 영원히 사악한 자, 잔인한 자, 음탕한 자, 탐욕스러운 자, 신을 부정하는 자이며, 그대들이야말로 또한 영원히 축복받지 못하는 자, 저주받은 자, 유죄판결을 받은 자가 될 것이다!" 유대인이 모든 선전포고 가운데 가장 근본적인 선전포고를 통해 행사한 거대하면서 헤아릴 수 없이 치명적인 주도권과 관련하여 내가 다른 기회(『선악을 넘어서』, 195절)에 말했던 문구를 상기시키고 싶다. 즉 유대인과 더불어 도덕에서의 노예반란이 시작된다. 이 반란은 2천 년의 역사를 가지고 있다. 우리가 오늘날 그러한 반란을 의식하지 못하게 된 것은[23] 그 반란이 계속해서 승리해 왔기 때문이다.

ⅰ─────ⅰ

이제 결론을 내려보자. '탁월함과 저열함', '선과 악'이라는 두 쌍의 대립되는 가치는 수천 년에 걸쳐서 이 지상에서 가공할 투쟁을 벌여왔다. 그리고 두 번째 가치가 오랫동안 우세를 점한 것은 분명해도, 아직도 승패가 결정되지 못한 채 투쟁이 계속되고 있는 곳도 있다. 심지어 우리는 그동안 투쟁은 더욱더 고조되었고 이와 함께 더욱더 깊어지고 정신적인 것이 되었다고 말할 수 있다. 따라서 이

─────

23) 오늘날 지배하는 노예노덕이 원래부터 지배적인 지위를 가지고 있었던 것이 아니라 반란에 의한 것이라는 사실을 의식하지 못하는 이유는 그 반란이 2천 년 전부터 승리해 왔기 때문이라는 것이다.

러한 의미에서 분열되어 있다는 것, 그리고 서로 대립하는 가치들의 투쟁장이 되고 있다는 것보다도 **'더 높은 본성'**과 더 큰 정신적인 본성을 보여주는 결정적인 표지는 오늘날 존재하지 않을 것이다. 인간의 역사 전체를 통해서 오늘날까지 읽을 수 있는 것으로 남아 있는 기록에 의하면 이러한 투쟁의 상징은 '로마 대 유대, 유대 대 로마'라고 불린다. 오늘날까지 **이러한 투쟁, 이러한** 문제제기, 서로를 불구대천의 원수로 여기는 대립보다 더 큰 사건은 없었다. 로마는 유대인을 자연에 반(反)하는 것 자체와 같은 것으로, 즉 자신과 반대되는 괴물로 느꼈다. 로마에서 유대인은 '인류 전체에 대한 증오의 죄를 지은 자들'로 간주되었다. 인류의 구원과 미래를 귀족적 가치, 즉 로마적 가치의 무조건적인 지배에 달려 있는 것으로 보는 것이 정당하다면 그것은 정당한 것이었다. 이에 반해 유대인은 로마에 대해서 어떻게 느끼고 있었는가? 이것을 우리는 무수한 징표에서 알아낼 수 있지만, 가슴속 깊은 곳에 자리하고 있는 복수심의 폭발을 기록한 모든 문서 가운데서도 가장 끔찍한 것인 저 요한묵시록을 다시 한 번 상기하는 것으로 충분하다. […]

　로마인들은 정녕 강하고 고귀한 자들이었다. 그들보다 더 강하고 고귀한 자들은 존재하지 않았으며 그런 자들이 존재할 수 있으리라고 상상된 적도 전혀 없었다. 그들이 남겨놓은 모든 것, 모든 비문 (碑文)은 그것에 **쓰인** 것이 무엇인지를 알 수 있는 사람을 매혹시킨다. 로마인들과는 반대로 유대인들은 원한으로 가득 차 있는 탁월한 성직자적 민족이며 민중적인 도덕의 건립에서 유례없는 천재성을 발휘한 민족이었다. 유사한 재능을 지닌 민족들, 예를 들어 독일인들과 중국인들을 유대인들과 비교해 보면 어떤 민족이 제1급이고 어떤 민족이 제5급인지를 알 수 있을 것이다. 로마와 유대 중 결국 어느 쪽이 승리했는가? 유대가 승리했다는 사실에 대해서는 의심할 여지가 없다. 오늘날 로마에서마저도 — 로마에서뿐 아니라 지구의 거의 절반에서, 다시 말해 인간이 길들여져 있거나 길들여지기를 바라는 모든 곳에서 — 사람들이 모든 최고의 가치의 표본으로 여기면서 머리를 숙이는 자가 누구인지를 생각해 보라. 누구나 다 알다시피 세 명의 유대인 남자와 한 명의 유대인 여자(나자렛 예수와 어부 베드로, 양탄자 짜는 자였던 바울, 그리고 예수의 어머니 마리아)다. 대단히 주목할 만한 것은 의심할 여지없이 로마가 패배했다는 사실이다. 물론 르네상스 시대에 고전적 이상의, 모든 사물에 대한 고귀한 가치평가 방식의 화려하면서도 무서운 부활이 일어났다. 자신 위에 세워진 저 새로운 유대화된 로마, 즉 유대 교회당의 모습을 하고 '교회'라 불렸던 로마의[24] 압박 아래서 로마 자체가 마치 가사 상태에서 깨어난 사람처럼 꿈틀거렸다. 그러나 유대는 종교개혁이라는 불리는 저 근본적으로 원한에 가득 찬 천민들의 (독일과 영국의) 운동 덕분에 즉시 다시 승리를 거두었다. 종교개혁의 필연적 결과로서 교회가 다시 부흥하게 되었고 이와 함께 고전 로마라는 묘지에 감돌던 정적조차도 다시 지배하게 되었다. 프랑스 혁명과 함께 종교개혁 당시보다도 훨씬 더 결정적이고 깊은 의미에서 유대는 고전적 이상에 대해서 다시 한 번 승리를 거두었다. 유럽에 존재했던 마지막 정치적 고귀함, 17세기와 18세기 프랑스의 고귀함은 민중의 원한 본능 아래 붕괴되고 말았다. 일찍이 지상에서 이보다 더 큰 환

---

24) 바티칸, 다시 말해서 로마 가톨릭을 말한다.

호, 이보다 더 시끄러운 열광의 함성은 들린 적이 없었다! 이런 소란의 와중에서 실로 너무나도 엄청나고 너무나도 뜻밖의 사건이 일어났다. 즉 고전적 이상 자체가 **살아 있는 모습으로** 그리고 전대미문의 화려함으로 인류의 눈과 양심 앞에 나타났던 것이다. 그리고 다시 한 번 '다수의 권리'라는 원한에 찬 낡아빠진 허위적인 슬로건에 대항하여, 인간을 저하시키고 비천하게 만들고 평균화하며 몰락하게 만들고 쇠퇴하게 만들려는 의지에 대해서 소수의 **특권**이라는 가공할 만한 매혹적인 반대 슬로건이 예전보다 훨씬 더 강력하면서도 더 단순하게 그리고 더 집요하게 울려 퍼졌다! 일찍이 존재했던 인간들 가운데 가장 단독적이면서도 가장 뒤늦게 태어난 자인 나폴레옹이 다른 길로 이끄는 마지막 안내자처럼 출현했던 것이다. 그리고 그에게서 고귀한 이상 자체가 육화된 문제로서 살아났던 것이다. 그것이 어떤 종류의 문제인지를 잘 생각해 보라. 비인간과 초인의 종합인 나폴레옹을.

12. 근대 무신론적 철학의 한계

　니체는 '자유주의적 성향을 가진' 무신론자들에게 경멸감을 토로하고 있다. 왜냐하면 그들은 기독교를 부정하고 신의 존재를 부인했지만 기독교가 정립한 가치와 도덕은 여전히 신봉하고 있기 때문이다. 예를 들어서 슈트라우스는 기독교를 더 이상 믿지 않고 다윈의 진화설을 신봉하지만 기독교가 주장하는 동정과 자기희생과 같은 덕을 자명한 초월적인 가치인 것처럼 받아들이고 있다. 이에 반해 니체는 슈트라우스와 같은 자유주의자들이 해야 할 일은 기독교가 주장하는 덕이 다윈적인 전제에서 어떻게 비롯되었는가를 설명하는 것이라고 보고 있다.

　니체는 다윈의 진화론을 독자적인 사상인 힘에의 의지 사상에 입각하여 받아들이며, 이러한 힘에의 의지 사상에 입각하여 기독교적인 덕의 기원을 자연주의적으로 설명한다. 『도덕의 계보』에서 그는 그러한 도덕이 인간에게 선천적으로 이미 주어진 자명한 덕이 아니라 노예계급의 계급적인 이해에서 비롯된 것이라고 입증하는 것이다.

　니체가 이른바 무조건적으로 타당한 초월적인 도덕규범을 비판하는 것은 그러한 초월적인 것은 존재하지 않기 때문만이 아니라 그러한 초월적인 도덕규범이 사람들의 나약함과 비겁함에서 비롯된다고 보기 때문이다. 근대에 들어와 많은 사람들이 신을 믿지 않게 되었지만 초월적인 도덕규범의 존재를 여전히 믿고 있는 것은, 사람들이 초월적인 신의 존재에 대한 신앙에서 작용하고 있는 심리에 의해서 여전히 지배되고 있기 때문이다. 사람들은 변화무쌍하고 결국은 죽음으로 끝나는 이 덧없는 현실을 자신의 힘으로 견뎌나갈 힘을 갖지 못하기 때문에 가공의 신에 의존한다. 이와 마찬가지로 사람들은 변화무쌍한 현실에서 유연하게 대처할 수 있는 건강하고 강인한 힘을 갖지 못하기 때문에 이른바 무조건적인 도덕법칙에 의지하고 집착하는 것을 통해서 정신적인 안정감을 가지려 한다.

초월적인 신과 초월적인 도덕에 대한 믿음의 원천이 되는 이러한 나약함과 비겁함을 니체는 데카당스라고 부르고 있다. 이런 의미에서 니체의 도덕 비판은 궁극적으로 볼 때 플라톤과 기독교 이래의 서양문명을 지배하고 있는 나약함과 비겁함, 즉 데카당스에 대한 비판이다.

니체는 이렇게 말하고 있다.

그들[영국인들]은 기독교의 신을 더 이상 믿지 않지만, 그럴수록 기독교적인 도덕에 더욱 확고하게 매달려야만 한다고 느낀다. 이것이 **영국식** 일관성이다. […] 우리 같은 별종에게는 사정이 다르다. 우리의 경우는 기독교 신앙을 포기한다면, 그와 함께 기독교 도덕을 신봉할 권리도 포기한 것으로 본다. 기독교 도덕은 절대로 자명한 것이 아니다. 바보 같은 영국인들이 무어라 하든 우리는 그 점을 거듭해서 분명히 해야 한다. 기독교는 하나의 체계이며 종합적으로 사유된 **전체적** 견해다. 따라서 기독교에서 신에 대한 믿음이라는 주요 개념을 빼내버린다면 그로 인해 전체가 붕괴되고 만다. 그렇게 되면 필연적인 것은 아무것도 손가락 사이에 남아 있지 않게 된다. 기독교는 인간이 무엇이 자신에게 좋고 무엇이 나쁜지를 알지 못하며 알 **수 없다**고 전제한다. 그것을 알고 있는 존재는 오직 신뿐이며 인간은 이 신을 믿어야 한다. 기독교 도덕은 하나의 명령이다. 그것의 기원은 초월적이다. 기독교 도덕은 모든 비판과 비판할 수 있는 권리를 넘어서 있다. 기독교 도덕은 신이 진리일 때만 진리다. 기독교 도덕은 신에 대한 믿음과 함께 일어서기도 하고 쓰러지기도 한다. 실제로 영국인들이 무엇이 선이고 악인지를 자기 자신으로부터 '직관적으로' 알고 있다고 믿더라도, 그 결과 도덕을 보증하는 것으로서의 기독교를 더 이상 필요로 하지 않는다고 믿더라도, 그들의 도덕은 단지 기독교적인 가치평가의 지배에서 비롯된 **결과**일 뿐이며 기독교적 지배가 강력하면서도 깊숙이까지 이루어지고 있다는 사실의 표현에 불과하다. [기독교적 지배가 워낙 **강력하면서도 깊숙**

이까지 이루어져서] 영국적 도덕의 기원은 망각되어 버렸으며 그것이 존립할 수 있는 정당성이 극히 제약되어 있다는 사실도 이제는 더 이상 느껴지지 않고 있을 정도다. 영국인들에게는 도덕이 아직도 문제시되고 있지 않는 것이다.

그[슈트라우스]는 감탄할 정도로 솔직하게 자기는 더는 기독교인이 아니라고 공언한다. 그렇지만 그는 누구의 마음의 평화도 깨뜨리길 원하지 않는다. […] 그는 노골적으로 흡족해하면서 스스로 원숭이 계통학자들의 털이 무성한 외투를 걸친다. 그러고는 다윈을 인류의 가장 위대한 은인 중 한 명으로 칭송한다. 그러나 그의 윤리가 '우리는 세계를 어떻게 파악하고 있는가?'라는 물음과는 전혀 무관하게 구성되어 있다는 점을 알면 우리는 당황하게 된다. 그는 여기에서 자신의 타고난 용기를 보여줄 기회를 잡았어야 했다. […] 그는 만인의 만인에 대한 투쟁과 강한 자의 특권이라는 개념으로부터 삶을 위한 도덕적 지침을 대담하게 도출해 냈어야 했다.

슈트라우스는 어떤 개념도 인간을 더 훌륭하게, 더 도덕적으로 만들 수 없다는 사실, 도덕을 설교하는 일은 쉽지만 도덕의 근거를 찾는 일은 어렵다는 사실을 아직 배우지 못했다. 그의 과제는 현실에 존재하고 있는 인간의 선함, 동정심, 사랑과 자기희생이라는 현상을 다윈적인 전제들로부터 도출하고, 설명하는 것이어야 했다.

13. 도덕의 자기부정

　니체는 기독교가 육성한 정직과 진실이라는 덕이 오히려 기독교를 전복하는 발판으로 작용하게 되었다고 본다. 기독교는 신 앞에서 인간이 정직하고 진실할 것을 요구하지만 정직과 진실을 중시하는 인간은 결국은 기독교가 숭배하는 인격신을 허구로 볼 수밖에 없다는 것이다. 이와 동일한 맥락에서 니체는 자신이 신이나 선천적인 양심에 의해서 주어졌다고 믿는 이원론적인 전통 도덕은 정직하고 진실할 것을 사람들에게 요구하고 사람들은 이러한 도덕규범에 입각하여 자신들의 부도덕함에 대해서 부끄러워한다고 말하고 있다. 그러나 이원론적인 전통 도덕을 철저하게 신봉했던 사람들은 결국은 정직과 진실이라는 도덕규범에 입각하여 전통 도덕이 하나의 허구에 불과한 것이라는 사실을 깨닫게 되면서 자신이 그러한 허구적인 도덕규범에 충실했다는 사실을 부끄러워하게 된다.

　니체는 이렇게 말하고 있다.

사람들은 자신의 부도덕성을 부끄러워하는 것에서 시작하지만, 마침내는 자신의 도덕성을 부끄러워하게 된다.

———

아주 엄밀하게 말해서 기독교의 신에 대해서 진정으로 승리를 거둔 것은 무엇이었는가? 이러한 물음에 대한 답은 나의 책 『즐거운 지식』, 357절에 있다. "기독교적 도덕성 자체, 갈수록 더 엄격하게 해석된 진실성의 개념, 기독교적 양심의 고해신부적인 예민함이 그것이다. 그것들이 과학적 양심으로 번역되고 승화되었으며 어떤 대가를 치르더라도 지적인 결백성으로 번역되고 승화된 것이다. 자연을 마치 신의 선의(善意)와 보호를 증거하는 것으로 보는 것, 역사를 신적 이성에 경의를 표하기 위해 인륜적 세계질서와 인륜적 궁극목적의 영원한 증인으로 해석하는 것, 경건한 사람들이 오랫동안 해석해 왔듯이, 자신의 체험들을 마치 모든 것이 섭리이고 암시이며 영혼의 구원을 위해 고안되고 주어진 것처럼 해석하는 것, 이것들은 이제 과거의 것이 되었으며 양심에 반하는 것이다. 그것들은 모든 섬세한 양심에게는 점잖지 못한 것, 정직하지 못한 것, 기만적인 것, 여성적인 것, 나약함, 비겁함으로 간주된다. 우리를 훌륭한 유럽인이자 유럽의 가장 오래되고 가장 용기 있는 자기극복의 계승자로 만드는 것이 있다면 그것은 이러한 엄격함이다." 모든 위대한 것은 자기 자신에 의해서, 자기지양의 행위에 의해 몰락한다. 생명의 법칙이, 생명의 본질 속에 있는 필연적인 '자기극복'의 법칙이 이러한 것을 원한다. '그대 스스로 제정한 법에 복종하라'는 외침은 언제나 결국은 입법자 자신을 향하게 된다. 이와 같은 방식으로 교의로서의 기독교는 자기 자신의 도덕에 의해 몰락했다. 똑같은 방식으로 도덕으로서의 기독교도 몰락할 수밖에 없다. 우리는 이런 사건의 문턱에 서 있다. 기독교적 진실성은 하나씩 결론을 이끌어낸 후, 최후에는 자신의 가장 강력한 결론을, 즉 자기 자신에 반하는 결론을 끌어내게 된다. 그러나 이런 사건이 일어날 때는 이 진실성이 '진리를 향한 모든 의지는 무엇을 의미하는가?'라는 물음을 던질 때다. 우리 안에서 저 진리에의 의지 자체가 문제로 의식되는 것이 의미가 없다면, 우리의 존재 전체는 어떤 의미를 갖게 되는 것일까?

14. 이타주의는 인간의 건강한 본능을 병들게 한다

이원론적 전통 형이상학은 인간을 순수정신으로 파악하면서 그 것이 따르는 엄격한 도덕률을 이상으로 설정한 후 실제의 인간이 그 것을 실현하지 못하는 것에 대해서 비난한다. 이러한 순수정신은 비개인적인 보편적인 성격을 띠기 때문에 인간에게 이타적으로 생 각하고 행동할 것을 요구한다. 그러나 니체에 의하면 인간은 각자 의 힘에의 의지를 구현하고자 하는 개인적 존재다. 이러한 인간에 게 이타적이 될 것을 요구하는 것은 애초부터 잘못된 목표를 설정하 는 셈이다. 인간이 이러한 도덕률을 실현하지 못하는 것은 인간이 유한한 존재이기 때문이 아니라 그러한 목표 설정 자체가 잘못되었 기 때문이다. 이른바 이타주의적 도덕은 인간에게 실현 불가능한 목표를 제시한 후 인간이 그것을 실현하지 못한다고 비난하면서 죄 의식에 사로잡히게 하는 단죄의 도덕이다.

칸트만 해도 도덕적 행위는 모든 사적인 이해관심으로부터 벗어 나 순수한 도덕적 이성으로부터 발원해야만 한다고 본다. 니체는 이러한 행위는 불가능하다고 본다. 우리는 우리에게 개인적인 만족을 주지 않는 어떠한 행위도 할 수 없다. 심지어 우리는 우리가 아무런 대가 없이 남을 도와주었다고 생각하는 순간에도 자신이 고양되고 자신이 좋은 일을 했다는 만족감을 느낀다. 따라서 칸트가 말하는 것과 같은 사적인 이해관심에서 벗어나 있는 도덕적인 행위란 존재할 수 없다. 그럼에도 불구하고 칸트처럼 순수하게 타인을 위하는 도덕적 행위를 인간이 실현해야 할 당위로 간주할 때는 우리는 끊임없이 죄책감에 사로잡히게 된다.

인간은 순수정신이 아니기 때문에 인간을 이렇게 순수정신으로 상정하면서 순수정신이 따르는 도덕률을 인간이 구현해야 하는 도덕률로 설정하는 것은 문제가 있다. 사람들은 이타적으로 살 것을 사회로부터 요구받지만, 니체는 우리는 무엇보다도 먼저 건강하게 '자신을 돌보는 것'이 필요하다고 말한다. 인간은 우선적으로 자신의 고양과 강화에 집중해야 하며 타인을 돕는 것도 이러한 자신의 강화와 고양에서 저절로 우러나야 한다. 자신을 강화시킬 줄 모르는 자가 남을 강화시킬 수는 없는 것이다. 따라서 인간이 실현해야 하는 도덕적 행위란 자신을 강화시키는 동시에 자신의 넘치는 생명력을 타인에게도 자연스럽게 흘러가게 하는 행위여야 한다. 이러한 도덕적 행위는 그것이 실현되지 않을 경우에도 우리에게 죄책감을 가질 것을 요구하는 것이 아니라 그러한 실책을 잊고 다음에는 보다 잘할 것을 요구할 뿐이다.

이와 관련하여 니체는 도덕과 관련해서 중요한 것은 그 행위가 이타적이냐 이기적이냐가 아니라 행위자가 어떠한 생리적 상태를 갖느냐라고 보았다. 이기심이나 이타심의 가치는 그러한 이기심이나 이타심의 소유자가 생리적으로 어떤 성격을 갖고 있는지에 따라

결정된다. 이기심이라 하더라도 그 자체로 나쁜 것이 아니라 그것을 갖는 자의 생리적인 상태가 어떤 것인가에 따라서 가치가 매우 클 수도 있고 무가치할 수도 있으며 경멸받을 수도 있다.

건강한 생명력을 가지고 있는 자라면 그는 자신도 모르게 자신의 생명력을 표현하면서 다른 사람들에게 자신의 생명력을 증여한다. 그러나 이 경우 그는 다른 사람들을 위한다는 이타주의적인 마음으로 자신의 생명력을 증여하는 것이 아니며 그는 자기 자신을 위해서 자신의 생명력을 분출한다. 그는 생명력이 넘치다 보니 그렇게 생명력을 분출하지 않을 수 없는 것이다. 그리고 이러한 생명력의 분출은 사람들을 자신의 자장으로 끌어들이면서 함께 충만한 생명력을 나누어 주는 것이다. 예를 들어 미켈란젤로와 같은 천재는 자신의 건강한 생명력을 작품으로 표현하면서 그 작품을 보는 사람들의 생명력을 동시에 고양시킨다. 이 경우 미켈란젤로는 모든 인간에게 자신의 생명력을 증여하는 자이기에 사람들은 그가 자신을 표현하는 데 최적의 조건을 마련해 주어야 한다. 그와 함께 인류의 고양과 상승이 일어나기 때문이다.

그러나 어떤 인간의 생명력이 하강하고 쇠퇴하고 있을 경우 턱없이 이타적이 되거나 턱없이 이기적으로 된다. 그 경우 인간은 명예나 부를 축적하고 남들로부터 약탈하는 것을 통해서 자신의 허약한 생명력을 충족시키려고 할 수 있다. 그러나 이렇게 병적인 탐욕의 형태로 나타나는 이기심은 그 소유자를 명예나 부와 같은 외적인 것에 종속시킬 뿐이다. 또한 인간의 생명력이 하강하고 쇠퇴하고 있을 경우 인간은 자신은 타인을 위해서 희생하는 자라고 자처하면서 자신의 가치를 회복하려고 할 수 있다. 이 경우 이타주의는 자신의 가치를 느끼지 못할 정도로 퇴락한 자가 자신의 가치를 회복하려는 몸부림일 수 있다. 그는 타인을 위해서 자신을 희생하는 자기 자신과 달리 타인을 이기적이라고 비난하면서 자신의 자존심을 회복하려고 한다.

더 나아가 니체는 인간들 사이에 위계가 있으며 각 위계에 적합한 도덕이 있다고 본다. 생명력이 넘치는 천재적인 인간들에게 이타주의적인 도덕을 실현할 것을 요구하는 것은 그의 생명력을 손상시키는 것이다. 오히려 우리는 그가 자신의 생명력을 충분히 실현할 것을 촉구해야 한다. 이에 반해 이타주의적 도덕은 생명력도 재능도 갖지 못한 자들에게 적합한 도덕일 수 있다.

니체는 이렇게 말하고 있다.

천재란 업적이나 행위에서 필연적으로 낭비하는 자다. **자신을 다 내준다는 것**이 그의 위대성이다. … 자기보존의 본능은 이를테면 그 활동이 중지되어 있다. … 내부로부터 솟아나는 힘들의 압도적인 압력이 그에게 자신을 신중하게 보호하는 것을 금하는 것이다. 사람들은 그것을 '희생적 행위'라고 부른다. 사람들은 이 점에서 그의 '영웅성'과 자신의 안위에 대한 무관심, 어떤 이념이나 어떤 대의 혹은 조국을 위한 그의 헌신을 찬양한다. 그러나 그 모든 것은 다 오해다. 그는 다만 내부로부터 솟아나고 넘쳐흐르며 자신을 탕진하고 자신을 아끼지 않는다. 그는 필연적으로, 숙명적으로 그렇게 할 수밖에 없으며, 강물이 강둑을 넘어서 흐르듯이 아무런 생각 없이 그렇게 하는 것이다. 그런데 사람들은 그렇게 폭발적인 인간들에게 많은 덕을 입고 있기 때문에, 그 보답으로 많은 것을 선사했다. 이를테면 일종의 **보다 높은 도덕**과 같은 것을. 이것이야말로 바로 감사를 표하는 인간적인 방식이다. 즉 그것은 은인을 **오해하는** 것이다.

이기주의의 자연적 가치. ─이기심이 갖는 가치는 이기심을 갖는 자가 생리적으로 갖는 가치에 따라 달라진다. 즉 이기심은 매우 큰 가치를 가질 수 있고 무가치하고 경멸받을 만할 수도 있다. 모든 인간은 삶의 상승선을 나타내는지 아니면 하강선을 나타내는지에 따라 평가될 수 있다. 이 점이 결정되면 각 개인의 이기심이 어떤 가치를 갖는지를 가늠할 수 있는 규준도 주어지는 셈이다. 어떤 사람이

상승선을 나타낸다면, 그의 가치는 실제로 비범하다. 그리고 그와 함께 **한 발짝** 더 나아가게 되는 총체적 생을 위해서 그를 위한 최선의 환경 조건을 유지하고 조성하는 데 최대한의 배려를 해도 좋다. 지금까지 민중이나 철학자가 이해했던 것과 같은 개인, '개체'는 하나의 오류다. 개인은 그 단독으로는 아무것도 아니다. 개인은 하나의 원자도 아니고 '사슬의 한 고리'도 아니며, 이전의 것을 단순히 상속한 자도 아니다. 개인이란 그에게까지 이르는 인간이라는 하나의 전체적인 연속선이다. … 만약 그가 나타내는 것이 하강, 쇠퇴, 만성적 퇴락, 질병(병이라는 것은 크게 보면 쇠퇴의 원인이 **아니라** 쇠퇴의 결과적인 현상이다)이라면, 그는 거의 가치를 갖지 못한다. 따라서 그가 건강한 자들로부터 가능한 한 적게 **탈취하게** 하는 것이 공정성의 제일원리다. 그는 건강한 자들의 기생충에 불과하다.

─────

　도덕주의적인 현학자이자 사소한 것에 집착하는 사람은 이렇게 말할 것이다. 자신이 사심 없는 인간을 존경하고 찬양하는 것은 이 사람이 사심이 없기 때문이 아니라 자신을 희생하면서 다른 사람에게 유익한 일을 할 수 있는 능력을 갖는 사람으로 보이기 때문이라고. 요컨대, 문제가 되는 것은 [이렇게 자신을 희생하는] **그가** 어떤 사람이며 [그가 돕는] 그 **다른 사람**이 어떤 사람이냐는 것이다. 예를 들어 명령하도록 정해져 있고 만들어져 있는 사람에게는 자기부정이나 겸양은 덕이 아니라 덕의 낭비가 될 것이다. 나에게는 그렇게 보인다. 자신을 무조건적인 것으로 간주하면서 모든 사람에게 호소하는 모든 비이기적인 도덕은 훌륭한 취향에 대해서 죄를 짓는 것일 뿐 아니라 **오히려** 태만의 죄를[25] 범하도록 사주하고 박애의 가면을 쓰고 오도(誤導)하는 것이며, 보다 높고 희귀하고 특권을 가진 자를 유혹하고 해치는 것이다. 우리는 도덕이 무엇보다도 **위계질서** 앞에 머리를 숙이도록 강요해야 하며, 그 주제넘은 도덕으로 하여금 양심을 되찾게 해야만 한다. '한 사람에게 타당한 것은 다른 사람에게도 역시 타당하다'라고 말하는 것은 **부도덕한** 일이라는 사실을 도덕이 마침내 분명하게 깨닫게 될 때까지 말이다.

―――――――

먼 곳을 향해 바라보는 것. ― 만약 현재 정의되고 있는 것처럼 타인을 위해서 더구나 오직 타인만을 위해서 행해지는 행위들만이 도덕적이라고 한다면 어떠한 도덕적 행위도 존재하지 않는다! 만약 다른 정의에 따라서 자유로운 의지에 따라서 행해지는 행위들만이 도덕적이라고 한다면 마찬가지로 도덕적 행위는 존재하지 않는다! 그렇다면 사람들이 도덕적이라고 부르는 것과 어떻게 해서든 존재하고 설명되기를 원하는 것은 무엇인가? 그것은 약간의 지적인 오류의 결과물이다. 사람들이 이러한 오류에서 벗어나게 된다면 '도덕적인 행위'라고 불리는 것은 어떻게 될까? 이러한 오류 때문에 우리는 지금까지 약간의 행위들에 그것이 소유하고 있는 것보다도 더 높은 가치를 부여했다. 우리는 그것들을 '이기적이고' '부자유한' 행위들로부터 분리시켰다. 우리가 이제 우리가 마땅히 그래야 하는 것처럼 그것들을 다시 이것들[이기적이고 부자유한 행위들]에 속하

―――――――

25) 명령하는 일을 태만히 하게 한다는 것을 의미한다.

는 것으로 간주한다면 우리는 분명히 그것들의 가치(그것들이 소유하고 있다고 우리가 느끼는 가치)를 끌어내리게 될 것이다. 더구나 우리는 그것들을 정당한 수준 아래로 끌어내릴 것이다. 왜냐하면 '이기적이고' '부자유한' 행위들은 저 이른바 가장 깊고 가장 근본적인 차이를 근거로 하여 이제까지 너무나 낮게 평가되었기 때문이다. 따라서 바로 그러한 행위들은 현재 크게 평가받지 못하기 때문에 앞으로도 드물게 행해질 것인가? 그것은 불가피하다! 가치감정의 저울이 이전의 오류들의 반동(反動)에 의해서 영향을 받고 있는 한에서는 적어도 상당히 오랜 기간 동안에는 그럴 것이다! 그러나 우리는 이러한 사태에 대항해서, 그동안 이기적인 것으로서 비난받아 온 행위들을 행할 수 있는 큰 용기를 인간들에게 되돌려주고 그것들의 가치를 회복한다. 우리는 이러한 행위들을 할 때 사람들이 가졌던 양심의 가책을 제거한다! 그러나 이 행위들은 이제까지 가장 자주 행해진 행위들이었고 또한 미래에서도 항상 그럴 것이기 때문에 우리는 행위들과 인생의 전체적인 상에서 악한 겉모습을 제거한다. 이것은 극히 의미심장한 성과다! 인간이 자신을 더 이상 악한 존재로 여기지 않을 경우 인간은 악한 존재이기를 그치는 것이다.

데카당스 도덕에 대한 비판. — '이타주의적' 도덕, 즉 이기심을 **위축시키는** 도덕은 어떠한 경우에도 좋지 않은 징조다. 이것은 개인에게도 그렇고 민족에게는 특히 그렇다. 이기심이 결여되기 시작하면, 최선의 것이 결여되는 것이다. **자기 자신**에게 해로운 것을 본능적으로 선택한다는 것, '이해관계가 없는' 동기에 의해서 **이끌린다**

는 것이 대체로 **데카당스**의 공식이다. '자신의 이익을 구하지 않는 다는 것' ─ 그것은 전혀 다른, 다시 말해 다음과 같은 생리학적 사실, '나는 내 이익을 **찾을** 줄 모른다'는 사실을 은폐하는 도덕적 무화과 잎에 불과하다. … 그것은 본능의 분산이다! 인간이 이타적으로 되면 종말을 맞게 된다. "나는 이제 아무런 가치도 없다"고 소박하게 말하는 대신에 도덕의 거짓말은 데카당의 입을 빌려 이렇게 말한다. "가치 있는 것은 아무것도 없다. **삶**은 무가치하다." … 그러한 판단은 결국 엄청난 위험이 되며 전염성을 갖고 있다. 그것은 사회의 병적인 토양 도처에서 어떤 때는 종교(기독교)의 형태로, 어떤 때는 (쇼펜하우어류의) 철학의 형태로 무성하게 자라나 곧 개념의 열대우림을 형성한다. 삶의 부패로부터 자라난 이러한 유독한 나무숲이 내뿜는 독기는, 경우에 따라서는 멀리 수천 년 후의 **삶**에까지도 해독을 끼친다.

───

도덕가로서의 칸트에 대해서 한마디 더 반박하려고 한다. 덕이란 **우리 각자가** 만들어낸 것이어야 한다.[26] 그리고 **우리 자신의** 가장 사적인 방어 수단이며 필수품이어야 한다. 그 이외의 어떤 의미에서도 덕은 단지 위험물에 불과하다. 우리 삶의 조건이 되지 않는 것은 우리의 삶에 **해롭다**. 칸트가 원했던 것처럼 단지 '덕'이란 개념에 대한 존경심에서 비롯되는 덕은 해로운 것이다. '덕', '의무', '선 자체', 보편타당하고 사심 없는 성격을 갖는 선은 환영에 불과하며, 그

---

26) 칸트는 우리의 내면에는 보편적인 도덕률이 선험적으로 존재한다고 보았다.

것에서 표현되고 있는 것은 삶의 쇠퇴와 삶의 완전한 소진 그리고 쾨니히스베르크적인 중국주의다.[27] 생을 보존하고 성장시키는 가장 심층적인 법칙들은 그 반대의 것을 요구한다. 즉 그것들은 우리 각자가 **자기 나름**의 덕과 자기 나름의 정언적 명령을 만들어낼 것을 요구하는 것이다. 한 민족이 자기 나름의 의무를 의무 개념 일반과 혼동하게 되면 멸망하고 만다. 모든 '비개인적인' 의무, 추상이라는 몰로흐(Moloch) 신에[28] 자신을 바치는 희생만큼 더 철저하고 더 내적으로 파멸시키는 것은 없다. 칸트의 정언명령은[29] **삶에 위험한 것**으로 인식되어야 했다! … 신학자-본능만이 그것을 감싸고 들었다! 삶의 본능에 의해 자극되어 행동할 경우 우리는 즐거움을 느낀다. 그리고 그러한 즐거움이야말로 그러한 행동이 **올바른** 행동이라는 사실을 입증하는 것이다. 그런데 내장 속에까지 기독교가 스며들어가 있는 모든 허무주의자는 즐거움을 **타기해야 될 대상**으로 생각하고 있다. … 내적인 필연성도 없이, 개인의 절실한 선택에 의한 것도 아닌 채, **즐거움**도 없이 일하고 생각하고 느끼는 것보다, 곧 '의무'

---

27) 쾨니히스베르크는 칸트가 죽을 때까지 머물렀던 도시이며, 중국주의란 무조건적인 순종을 미덕으로 삼는 태도를 가리킨다고 볼 수 있다. 권위에 순종적인 태도를 하필 중국주의라고 부르고 있는 데서 알 수 있는 것처럼 니체도 중국을 비롯한 아시아인들이 권위에 순종적이라고 보는 당시 유럽인들의 편견을 공유하고 있다고 할 수 있다. 칸트는 도덕률에 대한 무조건적인 복종을 요구한다는 의미에서 니체는 칸트의 철학적 태도를 쾨니히스베르크적인 중국주의라고 부르고 있다.

28) 몰로흐(Moloch)는 끔찍한 희생을 요구하는 관습을 일컫는다. 본래는 산 아이를 제물로 요구했던 페니키아인들의 신이다.

29) "네가 따르는 행위의 원칙이 보편적인 자연법칙이 되게 하라"는 것이 칸트의 정언명령이다. 예를 들어 자신의 이익을 위해서 거짓말을 하는 사람은 자신에게 이익이 될 경우에는 거짓말을 해도 된다는 것을 자신의 행위의 원칙으로 삼고 있는 셈이다. 그러나 이러한 원칙이 보편화될 경우에는 정상적인 사회가 성립할 수 없기 때문에 그것은 우리가 따라야 할 도덕법칙이 될 수 없다.

의 자동기계가 되는 것보다 더 빨리 [생을] 파괴하는 것이 있을까? 그것은 바로 데카당스에 빠지게 하고, 더 나아가 백치로 만드는 **처방**이다.

───────

　도덕적으로 심판하거나 단죄하는 것은 정신적으로 뒤떨어진 자들이 덜 뒤떨어진 정신을 가진 사람들에게 즐겨 행하는 복수다. 또한 그것은 그들이 재능을 제대로 타고나지 못한 것에 대해서 일종의 보상을 받으려는 행위이며 궁극적으로는 정신을 획득하여 세련되어지기 위한 기회다. 이렇게 말하는 것은 악의는 사람들을 지적으로 만들기 때문이다. 다음과 같은 척도, 즉 그것 앞에서는 정신적인 자질과 특권이 넘칠 정도로 주어진 사람들이 그들[범용한 자들]과 동등한 것으로 간주되는 척도가[30] 존재한다는 것은 그들의 마음 깊은 곳에서 만족을 준다. 그들은 '신 앞에서 만인의 평등'이란 이념을 위해서 싸우며 바로 이러한 이유 때문에 신에 대한 믿음을 **필요로 할 정도다.** 무신론에 대한 가장 강력한 적대자들은 이들 가운데에 있다. 만일 누군가가 그들에게 "드높은 정신성이란 단순히 도덕적이기만 할 뿐인 인간의 착함과 존경할 만함과는 비교될 수 있는 차원을 넘어서 있다"라고 말한다면 그들은 격노할 것이다. 나도 그런 말을 하지 않도록 조심할 것이다. 차라리 나는 다음과 같은 말로 그들의 환심을 살 것이다. 즉 "드높은 정신성이라는 것은 그 자체가 도덕적 성질의 최후의 산물로서만 성립된다." 그리고 이 드높은 정

───────

30) 이 척도는 기독교의 신을 가리킨다. 기독교의 신은 모든 인간을 자신의 동등한 자녀로 간주한다.

신성은 '도덕적이기만 한' 인간에게 귀속되는 저 모든 상태의 종합이며, 이에 앞서서 이들 상태의 하나하나가 아마도 그 이전의 모든 세대에 걸친 오랜 훈육과 단련을 통해서 개별적으로 획득된 것이다. 또한 드높은 정신성은 지상에서 **위계질서를** ─ 인간들에서 뿐 아니라 사물들에서도 ─ 유지하는 것이 자신의 사명임을 알고 있는 저 자애로운 엄격성과 정의의 정신화인 것이다.

───────

'이타주의'의 원인. ─ 사람들은 일반적으로 **사랑을 조금밖에 갖지 못했고** 이 음식을 배가 부르게 먹을 수 없었기 때문에 사랑에 대해서 그렇게 열정적으로 말해 왔고 그것을 우상화했다. 따라서 사랑은 사람들에게 '신들의 음식'이 되었다. 만약 어떤 시인이 보편적인 인간애가 지배하는 하나의 유토피아를 묘사한다면 그는 분명히 지상에 아직 존재한 적이 없는 고통스럽고 우스운 상태를 그려내야만 할 것이다. 누구나 지금처럼 한 사람의 애인에 의해서 숭배되고 성가심을 당하고 열망되는 것이 아니라 몇 천 명에 의해서, 아니 모든 사람에 의해서 억제될 수 없는 충동 때문에 그런 일을 당한다. 이 경우 사람들은 이전의 인류가 이기심에 대해서 했던 것과 마찬가지로 그 충동을 욕하고 저주할 것이다. 그리고 이러한 상태에서 시인들은 사람들이 만약 그가 시를 지을 수 있도록 홀로 조용히 있는 것을 허용한다면 사랑이 없었던 행복한 과거, 신성한 이기심, 일찍이 지상에서 가능했던 고독, 한적함, 인기 없는 것, 증오받는 것, 경멸당하는 것, 우리들이 살고 있는 아름다운 동물세계의 비열함 전체 ─ 그것이 어떻게 불리든 ─ 만을 꿈꿀 것이다.

15. 엄격한 도덕주의의 순환논리

　사람들은 일반적으로 자신들이 신봉하는 가치관을 가장 참된 진리라고 생각하면서 그러한 진리에 따라서 살고 있다는 것에 대해 커다란 자부심을 느낀다. 따라서 어떤 사람이 그러한 가치관을 이론적으로 공격할 때 사람들은 커다란 위협을 느낀다. 엄격한 도덕설을 신봉하는 사람은 어떤 사람이 자신과 동일한 입장을 표방하면서도 비도덕적인 행위를 할 경우에는 그를 너그럽게 용서한다. 그는 적어도 자신의 엄격한 도덕설을 부정하지는 않기 때문이다. 그러나 자유로운 정신의 소유자가 그러한 엄격한 도덕설을 비판하면서 부도덕한 행위를 할 경우 그는 엄격한 도덕주의의 잣대를 들이댄다. 그들은 자유로운 정신의 소유자가 자유로운 정신을 가지고 있기 때문에 그러한 행위를 한다고 보지 않고 그가 부도덕한 인간이기 때문에 자신의 행위를 정당화하기 위해서 엄격한 도덕설을 비판한다는 증거를 갖고 싶어 하는 것이다.

　니체는 이렇게 말하고 있다.

가장 엄격한 이론들이 갖는 효용성. ─ 사람들은 어떤 사람이 자신은 가장 엄격한 도덕설을 항상 신봉한다고 공언할 경우에는 구멍이 성긴 여과기를 사용하면서 그가 갖는 많은 도덕적 약점들을 너그럽게 봐준다! 이에 반해 사람들은 자유로운 정신을 가진 도덕학자의 삶은 항상 현미경으로 조사해 왔다. 이 경우 사람들은 그가 삶에서 범하는 과실(過失)은 자신들이 환영하지 않는 그의 이론을 가장 확실하게 반박하는 것이라고 암암리에 생각하고 있는 것이다.

16. 동정은 인간을 약하게 만든다

근대인들을 지배하는 철학은 쾌락주의와 공리주의다. 근대인들은 쾌락을 삶의 목표라고 본다. 따라서 쾌락주의와 공리주의를 기반으로 갖는 근대의 자유주의 사회나 사회주의 사회는 인간에게 고통의 원인이 될 수 있는 것들을 모두 제거하려고 한다. 자연재해는 물론이고 궁극적으로는 노화와 죽음마저도 제거하려고 하는 것이다. 쾌락주의와 공리주의에서는 죽음이란 인간이 쾌락을 누릴 수 있는 모든 가능성을 다 앗아가는 것으로서 부정적인 의미만을 가질 뿐이다.

그러나 니체에게는 역경이야말로 개인을 단련시켜 위대한 존재로 만드는 것이다. 그리고 강력하고 건강한 의지는 자신의 성장을 위해서 오히려 그러한 역경을 요청한다. 진정한 행복이란 공리주의에서 생각하는 것처럼 고통의 제거나 회피를 통해서 획득되는 것이 아니고 오히려 고통을 자신의 내적인 성장을 위한 계기로 승화시키는 자기고양을 통해서 획득된다. 그러한 행복은 고통을 자신이 회피하지 않고 견뎌냈으며 이를 통해서 자신의 힘을 고양시켰다는 자긍심을 수반하는 행복감이다.

동정을 뜻하는 독일어 Mitleiden은 함께 괴로워하는 것을 의미한다. 니체는 이렇게 함께 괴로워하는 것이 쓸데없이 고통을 배가(倍加)할 뿐 아니라 사람들을 스스로 역경을 이겨낼 수 있는 힘을 갖지 못한 존재로 봄으로써 무력하게 만든다고 보고 있다. 이와 관련하여 니체는 동정은 본질적으로 자기연민이라고 말하고 있다. 우리가 거지를 보면서 불쌍하게 생각하는 것은 자신도 거지가 될 수 있다고 생각하면서 그런 처지가 될 경우의 자신을 불쌍하게 보기 때문이다. 이에 반해서 자신은 전혀 거지가 될 가능성이 없고 어떤 어려운 상황도 의연하게 극복할 수 있다고 자신하는 사람은 다른 사람들에 대해서도 그다지 동정을 품지 않게 된다. 이 경우 자신에 미루어 다른 사람들도 충분히 자신의 상황을 스스로 개척해 나갈 힘이 있다고 보기 때문이다. 이 점에서 니체는 동정이란 본질적으로는 인간이 자신을 무력한 존재로 비하시키기 때문에 생기는 현상이라고 보고 있다. 이런 의미에서 니체는 동정을 비판하면서 서로를 채찍질하면서 서로를 고양시키는 우정을 내세운다.

쇼펜하우어는 인간 행위의 근본동기로서 자신의 행복만을 바라는 이기주의와 다른 사람들의 고통을 원하는 악의 그리고 다른 사람들의 행복을 원하는 동정을 들고 있다. 쇼펜하우어는 그중에서 동정이야말로 도덕의 기초가 된다고 본다. 쇼펜하우어는 살아 있는 모든 것은 생의 본질인 맹목적인 자기보존과 종족보존에의 의지에 의해서 내몰리면서 다른 것들과 투쟁 상태 속에 존재한다고 보았다. 따라서 살아 있는 모든 것은 근본적으로 이기주의적인 성격을 가지며 더 나아가 악의에 차 있다. 이에 반해 어떤 것들에 대해서 동정을 느낄 때 우리는 그것들의 고통을 함께 느끼면서 이기주의적인 자기보존과 종족보존에의 의지를 넘어서게 된다. 니체는 이러한 사실을 염두에 두면서, 쇼펜하우어가 동정을 통해서 생의 본질인 자기보존과 종족보존에의 의지를 부정하고 있기 때문에 결국은 동정을 통해서 생을 부정하고 있다고 말하고 있다. 그러나 쇼펜하우어는 동정을 의지 자체를 포기하는 것으로 보지는 않는다. 오히려 동정을 통해서 우리는 각 개인들의 의지로 개별화되어 있는 의지를 포기하면서 그러한 개별화된 의지들의 근저에 존재하는 우주적인 통일의지와 하나가 되는 것으로 본다. 쇼펜하우어의 이러한 입장에 대해서 다시 니체는 그러한 우주적인 통일의지를 형이상학적인 허구로 보면서 그러한 우주적인 통일의지와 합일하려는 의지를 무를 향한 의지로 보고 있다. 그러한 의지는 모든 것이 서로 갈등하고 투쟁하는 현실세계에서 도피하여 모든 것과 하나가 되었다는 환상에로 도피하려는 의지라는 것이다.

니체는 이렇게 말하고 있다.

상처에 의해 정신이 성장하고 힘이 솟게 된다.

━━━━

쾌락주의든 염세주의든 공리주의든 행복주의든 간에 이 모든 사고방식은 부수적이고 부차적인 것에 지나지 않는 **쾌감과 고통**을 기준으로 하여 사물의 가치를 측정한다. 그러한 사고방식은 모두 피상적이고 순진한 사고방식이며, **창조력**과 예술가적 양심을 자각하는 사람이라면 그러한 사고방식에 조소와 동정을 느끼면서 그것을 경멸하지 않을 수 없다. 그대들에 대한 동정! 그렇지만 이러한 동정은 물론 그대들이 생각하는 것과 같은 동정은 아니다. 그것은 사회적 '곤궁'이나 '사회'와 사회의 병든 자들과 실패한 자들에 대한 동정도 아니며 또한 우리 주변에 너부러져 있는 타고난 패덕자(悖德者)들과 불구자들에 대한 동정도 아니다. 또한 그것은 억압을 받으면서 불평불만에 사로잡혀 지배하기를 갈망하면서도 그러한 지배를 '자유'라고 부르는 반란적인 노예계급에 대한 동정은 더욱더 아니다. **우리의** 동정은 보다 드높고 멀리까지 내다보는 동정이다. 우리는 인간이 자신을 어떤 식으로 왜소화하고 있으며 **그대들이** 인간을 어떤 식으로 왜소화하고 있는지를 보고 있다! 그리고 우리는 **그대들의** 동정을 보면서 말할 수 없는 불안을 느낄 때가 있으며, 그대들의 이러한 동정과 맞서 싸우면서 그대들의 진지함을 그 어떠한 경박성보다도 더 위험하게 느낄 때가 있다. 그대들은 가능하다면 ─ 이보다 더 어리석은 '가능하다면'도 없을 것이다 ─ **고통을 없애려고**

한다. 그렇다면 우리는? 우리는 오히려 일찍이 없었던 정도로 고통을 증대시키고 더 악화시키려고 하는 것 같다! 그대들이 생각하는 안락과 같은 것은 우리의 목표가 아니다. 그것은 우리에게는 **종말**로 보인다! 그것은 인간을 우습고 경멸받아야 할 것으로 만드는 상태이며, 자신의 몰락을 **원하게** 만드는 것이다! 고통을 견디는 훈련, 거대한 고통을 견디는 훈련, 그대들은 **이러한** 훈련만이 지금까지 인류의 모든 고양을 가능하게 했다는 사실을 아는가? 영혼의 힘을 강화시켜 주는 불행 속에서 영혼이 느끼는 긴장, 위대한 파멸을 눈앞에 볼 때 영혼이 느끼는 전율, 불행을 짊어지고 견뎌내고 해석하고 이용하는 영혼의 독창성과 용기, 그리고 또한 일찍이 비밀, 가면, 정신, 간지(奸智), 위대함에 의해 영혼에게 선사된 것, 이것들은 고통을 겪으면서 그리고 거대한 고통의 훈련을 겪으면서 영혼에게 선사된 것이 아닌가? 인간 안에는 **피조물과 창조자**가 통일되어 있다. 인간 속에는 재료, 파편, 잉여[불필요한 것], 점토, 오물(汚物), 무의미함과 혼돈이 존재한다. 그러나 또한 인간 속에는 창조자, 형성자, 해머의 냉혹함, 관조자인 신을 닮은 신성, 제7일이[31] 존재한다. 그대들은 이러한 대립을 이해하는가? **그대들의** 동정은 '인간 속의 피조물'에게만, 즉 형성되고 부서지고 단련되고 찢기고 불태워지고 달구어져서 정화되어야 할 것에게만 그리고 필연적으로 괴로워하지 않을 수 없고 마땅히 괴로워**해야 하는** 것에게만 향해졌다는 사실을 그대들은

---

31) 세계를 창조하고 7일째 되는 날 여호와는 세계를 관조하면서 '아름답다'고 말한다. 여기서 '제7일'이라는 말은 인간이 고통을 통해 창조한 자기 자신의 모습을 보며 아름답다고 관조하는 상태를 가리킨다고 할 수 있다.

아는가? 그리고 **우리의** 동정, 즉 모든 유약화와 약함 가운데서도 최악의 것이라고 할 수 있는 그대들의 동정과 싸울 때의 우리의 동정 —그대들의 동정과 **상반되는** 동정— 이 어떤 자에 향해 있는지를 그대들은 알고 있는가? 따라서 우리의 동정은 [그대들의 동정에] **대항하는** 동정이다! 그러나 다시 한 번 말하지만, 일체의 쾌락과 고통과 동정의 문제보다 더 높은 문제가 있다. 그렇지만 이러한 문제에만 골몰하는 모든 철학은 순진한 것이다.

고대 스칸디나비아 전설에는 "보탄(Wotan) 신은 내 가슴속에 냉혹한 마음을 심어놓았다"는 말이 있지만, 이 말이야말로 자긍심에 가득 찬 바이킹의 영혼에서 우러난 것으로서 적절한 시적인 표현이다. 그러한 종류의 인간은 자신이 동정하는 인간이 아니라는 점에서 긍지를 느낀다. 따라서 이 전설의 영웅은 "젊어서 이미 굳센 마음을 갖지 못한 자는 평생 동안 굳세지 못할 것이다"라는 경고의 말을 덧붙인다. 이렇게 생각하는 고귀하고 용감한 자들은 동정이나 타인을 위한 행위 또는 무사무욕(無私無慾, Selbstlosigkeit)을 도덕적인 것의 특성으로 보는 저 도덕[노예도덕]을 가장 낯선 것으로 느낀다. 자기 자신에 대한 믿음과 긍지, '무사무욕'에 대한 근본적인 적개심과 경멸은 공감과 '온정'에 대한 가벼운 멸시와 경계와 마찬가지로 고귀한 도덕에 속한다. 강한 자들은 존경할 줄 **아는** 사람이며, 이것이 그들의 재능이고 그들만이 할 수 있는 독창적인 것이다. 나이 든 사람과 전통에 대한 깊은 존경 —모든 법은 이 이중의 외경에 기반을 두고 있다— 그리고 조상에게는 잘해야 하지만 후손에게

는 잘못해도 좋다는 신념과 견해는 강자의 도덕이 갖는 전형적인 특성이다. 반대로 '현대적 이념'의 인간들은 거의 본능적으로 '진보'와 '미래'를 믿으면서 나이 든 사람에 대한 존경심을 갈수록 잃어가고 있는바, 이러한 사실만으로도 이미 이러한 '이념'의 비천한 기원이 충분히 드러난다. 그러나 지배자의 도덕은 그 원칙의 엄격함으로 인해 현대적인 취향에게는 가장 낯설고 고통스럽게 받아들여진다. 그 원칙이란 오직 자신과 동등한 사람들에 대해서만 의무를 지니며, 하층민이나 낯선 자들에 대해서는 자신이 좋다고 생각하는 대로 혹은 '마음 내키는 대로' 행동해도 되고, 어떤 경우에서든 '선악에 구애받지 않고' 행동해도 된다는 것이다. 여기에 동정이나 그것과 유사한 것들이 속할 수 있다.[32] 쉽게 은혜를 잊지 않고 쉽게 복수를 단념하지 않는―이 두 가지는 동등한 자들 서로에 대해서만 해당된다―능력과 또한 반드시 그래야 한다는 의무감, 정교한 보복, 고상한 우정 개념, 적을[33] 갖지 않을 수 없는 필연성(말하자면 시기심, 호전성, 오만함과 같은 정념들의 배출구로서, 또한 [적과] 근본적으로 좋은 친구가 될 수 있기 위해서), 이 모든 것이 고귀한 도덕의 전형적인 특징이다. 이 도덕은 앞에서 암시한 것처럼 '현대적 이념들'의 도덕이 아니기 때문에 오늘날에는 그것을 실제 그대로 느끼기 어려우며 발굴하고 규명하기도 어렵다.

---

32) 니체는 『안티크리스트』, 57절에서 이렇게 말하고 있다.
　"예외적인 인간이 범용한 자들을 자기 혹은 자기와 동등한 자들보다 더 부드럽게 다룬다면 그것은 단순히 마음에서 우러나온 예의만이 아니다. ― 그것은 바로 그의 의무인 것이다."
33) 여기서 적은 자신이 뛰어넘고 싶어 하는, 자신보다 우월한 인간을 의미한다.

도덕적 가치판단의 기준이 되는 유용성이 오로지 무리를 위한 유용성인 한, 즉 사람들의 관심이 오로지 집단의 보존에만 향해 있고 부도덕이란 것이 오직 집단의 존속에 위험한 것과 동일시되는 한, 아직 '이웃사랑의 도덕'은 존재할 수 없다. 설령 그 경우 배려, 동정, 적당함, 온화함, 상호부조 등이 미약하나마 지속적으로 행해지고 있더라도, 그리고 나중에 '미덕'이라는 명예로운 이름으로 불리게 되고 마침내는 '도덕성'이라는 개념과 거의 일치하게 될 저 모든 충동이 이러한 사회 상태에서도 이미 작용하고 있더라도, 그러한 시기에는 그 충동들은 아직 전혀 도덕적인 가치평가의 영역에 속하지 않는다. 그것들은 아직은 **도덕 외적인** 것이다. 예를 들어 로마의 전성기에 동정적인 행위는 선도 악도 아니었으며 도덕적인 것도 비도덕적인 것도 아니었다. 설령 그것 자체가 찬양을 받더라도 일단 그것이 공화국 전체의 복지에 기여하는 다른 행위와 비교되자마자, 그러한 찬양에는 그것이 최고의 찬양의 형태를 띨지라도 일종의 불만스러운 경멸이 깃들게 된다. 결국 '이웃에 대한 사랑'은 **이웃에 대한 공포**에 비하면 항상 부차적이고 부분적으로는 인습적인 것이며 자의적이고 외관에 그치는 것이다. 사회 전체의 구조가 확립되고 외부로부터의 위험에 대해서 안전하게 된 후에, 도덕적 가치판단에 새로운 전망을 제공해 주는 것은 다시 이웃에 대한 공포심이다. 모험심, 대담함, 복수심, 교활함, 약탈욕, 지배욕과 같이 강력하고 위험한 충동들은 이제까지 집단에 유용하다는 의미에서 존중되었을 뿐 아니라―물론 방금 사용한 명칭과는 다른 명칭으로 불렸지만

— 크게 육성되고 단련되어야 했지만(왜냐하면 사회 전체가 위험에 처한 상태에서는 전체의 적에 대항하기 위해서 그러한 충동들이 필요했기 때문에), 이제 그것들은 배(倍)로 위험한 것으로 느껴지게 된다. 왜냐하면 사회가 안정된 지금에 와서는 그러한 충동들의 돌파구가 없어졌기 때문이다. 따라서 그러한 충동들은 점차 부도덕한 것으로 낙인이 찍히고 비난을 받게 된다. 이제는 그것들과 정반대되는 충동과 성향이 도덕적인 영예를 얻게 된다. 무리본능이 점차로 자신의 결론을 끌어낸다. 이제 어떤 의견이나 상태, 정념, 의지, 재능 속에 집단을 위협하고 평등을 위협하는 요소가 얼마나 많거나 적은지가 도덕적 평가의 기준이 된다. 이 경우에도 도덕의 모체가 되는 것은 공포인 것이다. 만일 가장 강력한 최고의 충동들이 열정적으로 폭발하여 개인으로 하여금 무리의 평균적이고 낮은 양심을 훨씬 뛰어넘어 드높이 나아가도록 몰아댄다면, 집단의 자부심은 땅에 떨어지고 이른바 집단의 척추라고 할 수 있는 집단의 자기신뢰는 붕괴되고 만다. 바로 이런 이유 때문에 이러한 충동들은 기껏해야 낙인이 찍히고 비난을 받는 신세가 된다. 드높은 독립적인 정신, 홀로 서려는 의지, 위대한 이성까지도 위험한 것으로 여겨지는 것이다. 따라서 개인을 무리보다도 높이 고양시키고 이웃에게 두려움을 주는 모든 것은 이제는 악이라고 불리게 된다. 이에 반해 정중하고 겸손하며 순응하고 자신을 다른 사람들과 동등한 지위에 놓는 정신이, 즉 **평범한** 욕구가 도덕이라는 명칭과 영예를 얻게 된다. 결국 매우 평화로운 상황에서는 인간의 감정을 준엄하고 가혹한 것으로 단련시키는 기회와 필요성은 점차로 사라지게 된다. 모든 준엄함은 설령 그것이 정당한 것이라고 하더라도 양심에 거슬리는 것이 되기

시작하고, 드높고 강건한 성격이나 자신에게 책임을 지려는 정신은 사람들을 거의 모욕하는 것으로 여겨지면서 불신을 받게 된다. 이에 반해 '어린 양처럼 유순한 사람', 아니 그보다는 차라리 '우둔한 사람'이 존경을 받게 된다. 사회가 변천해 온 역사를 살펴보면 병적으로 연약하게 되고 유약하게 되는 시대가 있으며, 이러한 시대에는 사회 자체가 그것에 해를 끼치는 자나 **범죄자**의 편을 들며 그것도 진심으로 그리고 노골적으로 그렇게 한다. 형벌이라는 것이 그러한 사회에서는 어쩐지 부당한 것처럼 여겨지며, 그런 사회의 인간들은 '형벌'이라든지 '처벌해야만 한다'는 생각만으로도 고통을 느끼면서 두려움을 품게 될 것이 확실하다. "그를 **위험하지 않게** 만드는 것으로 충분하지 않은가? 그런데도 굳이 처벌할 필요가 있는가? 처벌한다는 것은 끔찍한 일이 아닌가!" 이러한 물음과 함께 무리도덕, 겁쟁이의 도덕은 자신의 최후의 귀결을 끌어낸다. 만일 공포의 원인이 되는 위험 자체를 제거할 수 있다면 이 도덕 자체도 제거될 것이다. 이 도덕은 불필요한 것이 될 것이며, 그것 자체가 **자신을** 불필요한 것으로 **간주하게 될 것이다!** 오늘날의 유럽인들의 양심을 검토해 본 일이 있는 사람이라면, 그들의 내부에 숨어 있는 수천 개의 다양한 도덕적인 의식으로부터 항상 동일한 도덕적 명령을, 즉 "우리는 언젠가는 **두려워할 아무것도 더 이상 존재하지 않게 될 날이 오기를** 바란다!"라는 겁 많은 무리동물의 도덕적 명령을 끌어내야만 할 것이다. 이날[두려워할 것이 아무것도 없게 되는 날]에 도달하려는 의지와 그것을 향해 가는 과정이 오늘날 유럽에서는 어디에서나 '진보'라고 불리고 있다.

하나의 종이 나타나고 하나의 유형이 확립되고 강화되는 것은 본질적으로 변하지 않는 **불리한** 조건들과 오랜 세월에 걸쳐서 투쟁하는 것을 통해서다. 반면에, 영양을 과잉으로 공급받고 일반적으로 지나친 보호와 배려를 받은 종들은 얼마 지나지 않아 가장 현저한 방식으로 유형의 변질을 초래하기 쉽고 기형적인 것과 기괴한 것들(기괴한 악덕들조차 포함하여)을 낳기 쉽다는 사실을 우리는 사육자들의 경험을 통해서 알고 있다. 그런데 예를 들어 고대 그리스의 폴리스나 혹은 베니스와 같은 귀족주의적 공동체를 한번 살펴보라. 그것들은 의도적이든 비의도적이든 간에 **훈육**을 목적으로 하여 설립된 것들이다. 거기에서는 자신들의 종이 지배하기를 원하는 사람들이 서로에 대해서 강한 결속감과 신뢰감을 갖고 있었다. 이는 대부분의 경우 그들이 지배적인 지위를 차지**해야만 하는 상황에 처해 있었고** 그렇지 않으면 가공할 만한 방식으로 멸종될 수 있는 위험에 처해 있었기 때문이다. 여기에서는 변종을 초래하기 쉬운 저 호의나 영양 과잉, 지나친 보호와 같은 것은 존재하지 않았다. 이러한 종족은 이웃 종족이나 반란을 일으키거나 반란을 꾀하려는 피지배자와의 끊임없는 투쟁에서 가혹하고 획일적이며 단순한 삶의 형식에 의해서 지배적인 지위를 차지할 수 있고 지속적인 존립을 확보할 수 있는 종족이 되어야만 했다. 그러한 종족은 자신이 모든 신과 모든 인간의 방해에도 불구하고 존속하고 있고 항상 승리를 거두어왔던 것이 자신이 갖는 어떠한 특성들 때문인지를 숱한 경험을 통해서 배웠다. 이러한 특성들을 그들은 덕이라고 불렀으며 이러한 덕만을 육성했다. 그들은 이러한 덕을 엄혹하게 육성했으며 또한 정녕 엄혹함만을 원했다. 모든 귀족주의적 도덕은 청소년의 교육, 여성에 대한 처우, 결혼 풍습, 노소(老少) 관계, 형법(변종들만을 [처벌] 대상으로 하는)에 있어서 가혹했다. 그들은 가혹함 자체를 덕에 포함시켰으며 그것을 '정의'라고 불렀다. 소수의 매우 강한 특성을 가진 유형, 엄격하고 전투적이며 침묵할 줄 알고 속을 드러내지 않으며 말수가 적은 인간 종족(그러면서도 사회의 매력과 뉘앙스에 대해서 극히 섬세한 감각을 갖고 있는)이 이러한 방식으로 세대의 변화에 영향을 받지 않고 확립되는 것이다. 앞에서 말한 것처럼, 항상 동일하게 존재해 온 **불리한** 조건들과의 끊임없는 투쟁에 의해서 하나의 유형은 확고하게 되고 강하게 되는 것이다. 그러나 결국 언젠가는 상황이 좋아지고 팽팽했던 긴장도 느슨해지게 된다. 아마도 이웃에는 더 이상 적대국이 존재하지 않게 될 것이고 생활물품은 물론이고 심지어 향락 수단마저도 넘칠 정도로 존재하게 될 것이다. 이와 함께 일거에 서로 간의 결속이 무너지고 과거의 엄격했던 훈육의 고삐도 풀어진다. 그러한 훈육은 이미 더 이상 생존을 위해 필수적인 조건으로 느껴지지 않게 된다. 그것이 존속한다고 해도 그것은 단지 사치의 한 형식이나 고풍스러운 **취미**에 그치는 것이 될 것이다. (좀 더 고상하고 섬세하고 희귀한 것으로) 변질된 형태나 퇴화된 형태 혹은 기형과 같은 무수한 변종들이 갑자기 화려하게 등장하게 된다. 개인들은 감히 개별적으로 존재하려고 하고 자신을 부각시키려고 한다. 이러한 역사의 전환기에서 우리는 원시림 속에서 나무들이 나란히 그리고 종종 얼키설키 뒤엉킨 채로 화려하고 다채롭게 성장하고 상승하려고 하는 것처럼 사람들이 서로를 내세우는 모습을 보게 된다. '태양과 빛'을 확보하기 위해서 서로 싸우고, 종래의 도덕이 가하는 제한이나 제약, 보호조치를 완전히 무시하면서 거칠게 서로 대립하는 이기주의가 폭발적으로 난무하게 됨으로써, 다른 것보다도 더 성장하고 상승하려는 경쟁이 일종의 **열대적인** 템포로 치열하게 전개되고 무서운 파멸과 자멸을 빚게 되는 것을 우리는 목격하게 된다. 그처럼 거대한 힘을 쌓으면서 위태로운 지경에 이르기까지 활을 당겼던 것은 종래의 도덕 자체였다. 이제 그것은 '낡은' 것이 되고 말았다. 보다 커지고 다양하게 되고 포괄적으로 된 삶이 낡은 도덕을 **넘어서는** 위험스럽고 섬뜩한 지점에 이르게 되었다. 여기에서 스스로 자신의 삶에 법을 부여하고 자기보존과 자기고양, 자기구원을 위한 고유한 기술과 교활한 지혜를 개발하지 않으면 안 되는 '개인'이 출현하게 된다. 전적으로 새로운 목표들과 새로운 수단들이 생기게 되고 공통된 정식(定式)은 더 이상 존재하지 않으며, 사람들 사이에는 서로에 대한 오해와 경멸이 지배하게 되고, 타락과 부패와 최고의 욕망들이 끔찍할 정도로 서로 얽혀 있으며, 선과 악의 온갖 풍요로운 원천으로부터 종족의 천재가 넘쳐난다. 아직 다 바닥을 알 수 없을 정도로 극심하고 지칠 줄 모르는 초기의 퇴폐 상태를 특징짓는 새로운 매력과 신비로 가득 차며, 봄과 가을이 동시에 공존하는 재앙이 일어난다. 이와 함께 도덕의 어머니인 위험이, 커다란 위험이 다시 나타나는데, 이번에는 개인과 그의 이웃과 친구, 그가 사는 골목, 그의 아이, 그의 마음, 그의 가장 사적이고 가장 은밀한 소망과 의지 속에서 나타나게 된다. 이러한 시대의 도덕철학자들은 무엇을 설교해야만 할까? 예리한 관찰자이며 방관자인 그들은 종말이 빠르게 다가오고 있다는 사실을, 자신들 주위의 모든 것이 부패해 가고 또한 부패시키고 있으며 내일모레가 되면 치유할 수 없을 정도로 **범용한** 인간 유형을 제외하고는 아무것도 남지 않으리라는 사실을 발견하게 된다. 범용한 인간들만이 존속할 수 있고 자신을 번식시킬 수 있을 것이다. 그들이야말로 미래의 인간들이며 유일하게 살아남는 자들이다. 이제 "그들처럼 되라! 범용하게 되라!"는 가르침만이 여전히 의미를 갖고 사람들이 귀를 기울이는 유일한 도덕이 된다. 그러나 이러한 범용의 도덕에 대해 설교하는 것은 쉬운 일이 아니다! 결국 범용의 도덕은 자신의 정체가 무엇인지, 자신이 원하는 것이 무엇인지를 결코 고백해서는 안 된다. 따라서 그것은 절도와 품위, 의무와 이웃사랑을 설교해야만 한다. 그 것은 **자신의 아이러니를 감추는 것에** 어려움을 갖게 될 것이다!

━━━

모든 도덕은 자유방임(自由放任)과는 대립되는 것이며 '자연'에 대한 일종의 폭정이고, 또한 '이성'에 대한 일종의 폭정이다. 그러나 이는 아직은 도덕을 반박할 수 있는 근거가 되지는 못한다. 그것을 반박하려면 아무래도 다시 다른 도덕에 입각해서 모든 폭압과 비이성은 허용되어서는 안 된다고 선언해야만 할 것이다. 모든 도덕에서 본질적이고 귀중한 점은 그것이 장기간에 걸친 강제라는 점이다. 스토아주의나 포르 루아얄(Port-Royal)이나 청교도주의를 이해하려면, 모든 언어가 힘과 자유를 획득하기 위해서 이제까지 사용했던 강제를—즉 운율상의 강제, 각운과 리듬의 강제를—상기할 필요가 있다. 모든 민족의 시인들과 웅변가들은 자신을 얼마나 많이 괴롭혔던가! 엄격한 양심이 깃들어 있는 귀를 갖고 있는 오늘날의 산문 작가들도 예외는 아니다. ─ 이러한 모습을 보면서 멍청이들인 공리주의자들은 '어리석은 짓'이라고 비난하면서 자신을 현명하다고 생각하며, 또한 무정부주의자들은[34] '전횡(專橫)적인 법칙에 굴복하는 짓'이라고 비난하면서 자신은 '자유로운 자', '자유정신을 가진 자'로 여기고 있다. 그러나 놀라운 사실은 사상 자체에서나 통치, 웅변과 설득, 예술, 윤리 등의 어느 분야에서든지 이 지상에서 자유롭고 정교하며 대담하고 춤처럼 경쾌하며 대가다운 확신을 갖는 것으로서 존재하고 있거나 존재해 온 모든 것은 '그러한 전횡적인 법칙들의 폭정' 덕분에 비로소 발전해 왔다는 것이다. 그리고 진지하게 말해서 '자유방임'보다는 바로 이러한 폭정이야말로 '자연'이며 '자연스러운' 것이다. 모든 예술가는 자신의 '가장 자연스러운' 상태, 즉 영감에 사로잡힌 순간에 영감을 자유롭게 정리하고 배치하며 처리하고 그것에 형태를 부여하는 것이 방임의 감정과 극히 거리가 멀다는 사실을 잘 알고 있다. 그리고 그들은 바로 그때야말로 자신이 얼마나 엄격하고 섬세하게 수천 개의 법칙에 복종하고 있는지를 잘 알고 있다. 이러한 법칙들은 극히 엄격하고 정확해서, 개념적으로 정식화하는 것을 조소(嘲笑)한다(가장 엄밀한 개념마저도 그것에 비하면 무엇인가 유동적이고 정리가 덜 되어 있고 애매한 면을 가지고 있다). 다시 한 번 말하지만 '하늘에서나 땅에서나' 가장 본질적인 것은 한 방향으로 장기간에 걸쳐서 복종하는 것 같다. 그 경우에야 비로소 마침내 지상에서의 삶을 살아갈 가치가 있는 것으로 만드는 어떤 것이 나타나며 또한 나타났던 것이다. 예

---

34) 여기서 무정부주의자는 오이겐 뒤링(Eugen Dühring) 같은 사람을 가리킨다.

를 들면 미덕, 예술, 음악, 무용, 이성, 정신성 등과 같이 성스럽게 변용하고 세련되고 멋지고 신적인 무엇인가가 나타나고 나타났던 것이다. 오랜 기간에 걸친 정신의 부자유, 사상의 전달에서의 불신에 찬 강제,[35] 교회나 궁정의 지침 아래서 혹은 아리스토텔레스적인 전제 아래서 사유하도록 사상가가 자신에게 부과했던 훈련, 모든 일을 기독교적인 도식에 따라서 해석하고 기독교적인 신을 모든 우연에서 다시 발견하고 정당화하려고 했던 장기간에 걸친 정신적 의지, 이 모든 폭력적이고 전제적이며 가혹하고 전율할 만하고 부조리한 것이야말로 유럽의 정신을 강한 힘과 가차 없는 호기심과 세련된 유연성을 갖추도록 훈련시킨 수단이 되었다는 것은 분명하다. 그러나 그 과정에서 힘과 정신이 다시 회복할 수 없을 정도로 짓눌리고 질식당하고 부패하지 않을 수 없었다는 것은 말할 나위도 없다(왜냐하면 여기에서도 다른 모든 경우에서와 마찬가지로 '자연'은 분노에 차 있으면서도 고귀한 그 거대한 낭비성과 **무자비함**을 통해서 자신의 모습을 있는 그대로 드러내기 때문이다).[36]

─────

사람들은 기독교를 **동정**(Mitleiden)의 종교라고 부르고 있다. ─ 동정은, 생명의 에너지를 고양시키는 강장제로서 작용하는 감정과는 대립되는 것이다. 그것은 의기소침하게 만든다. 동정에 사로잡

─────

35) 사상을 전달하는 데 있어서 엄격한 법칙에 따라야 하는데, 혹시라도 엄격한 법칙에서 벗어나지 않을까 불신하면서 스스로에게 강제를 가하는 것을 가리킨다.
36) 자연은 낭비적이라서 고귀한 인간뿐 아니라 부패하고 저열한 인간들도 산출한다는 것이다.

힐 때 사람들은 힘을 상실하게 된다. 괴로움 자체로 인해서 이미 삶에서 일어난 힘의 손실은 동정 때문에 더욱 커지고 늘어나게 된다. 동정을 통해서 괴로움 자체가 전염성을 갖게 된다. 경우에 따라서는 동정으로 인해서 동정을 일으켰던 것[타인의 괴로움]의 양에 비하면 터무니없을 정도로 생명과 생명의 에너지에서 총체적인 손실이 야기될 수 있다. […] 이것이 첫 번째 관점이다. 그러나 훨씬 더 중요한 관점이 있다. 만일 동정이라는 것을 그것이 보통 초래하는 반응들의 가치에 따라서 측정한다면, 삶을 위협하는 그것의 성격이 훨씬 더 뚜렷하게 나타난다. 전체적으로 볼 때 동정은 **도태**의 법칙인 진화의 법칙이 작용하는 것을 방해한다. 그것은 몰락에 이른 것을 보존하고, 삶의 상속권을 박탈당하고 삶으로부터 단죄받은 자들을 위해 싸우며, 그것에 의해서 **살아남게 되는** 모든 종류의 실패자들을 통해서 삶 자체를 음산하면서도 의문스럽게 보이게 만든다. 사람들은 동정을 감히 덕이라고 불렀다(모든 고귀한 덕에서는 동정이 연약함으로 간주됨에도 불구하고). 거기에서 더 나아가 사람들은 동정을 덕 **그 자체**로 만들었고 모든 덕의 토대이자 근원으로 만들었다. ─그러나 명심해야 하는 것은, 이러한 것은 허무주의적인 철학, **삶의 부정**이라는 문장(紋章)을 자신의 방패에 새긴 철학의 관점으로부터 행해졌다는 사실이다. 쇼펜하우어가 "삶은 동정에 의해서 부정되고, **보다 부정할 만한** 것이 된다"고 말했을 때 그는 정곡을 찌른 셈이다. 동정은 니힐리즘의 **실천**인 것이다. 다시 한 번 말하자면, 그렇게 의기소침하고 전염적인 본능은 삶을 보존하고 삶의 가치를 드높이려고 하는 본능들과 충돌한다. 그것은 비참함을 **두 배로 증대시키는 것**이며 비참한 모든 것을 **보존하는 것**으로서 데카당스를 증대시키는 주요한 도구 중의 하나다. ─동정은 **무**를 의지하도록 설득한다! … 그러나 사람들은 그것을 '무'라고 하지 않고 '피안'이라거나 '신', **'참된 삶'**, 또는 열반, 구원, 지복이라고 부른다. … 이러한 순진무구한 수사법은 종교적, 도덕적 이상(異常)체질에서 비롯된 것이지만, 사람들이 여기서 어떤 성향이 숭고한 말의 외투를 두르고 있는지를 간파하자마자 **훨씬 덜 순진무구한** 것으로 드러난다. 그러한 성향이란 **삶에 적대적인** 성향이다. 쇼펜하우어는 삶에 적대적이었기 때문에, 그에게는 동정이 미덕이었다.

───

금욕주의적 사제는 '이웃사랑'을 치료제로서 처방함으로써 ─ 비록 가장 신중한 복용량만을 처방할지라도 ─ 근본적으로 가장 강력하고 가장 삶을 긍정하는 충동, 즉 힘에의 의지를 자극하는 치료제를 처방한다. 선행을 하고 유용한 존재가 되는 것, 도와주는 것, 대우를 해주는 이 모든 것에 수반되는 '가장 작은 우월감'이 가져다주는 행복은 생리적으로 장애를 갖는 자들이 사용하는 가장 강력한 위로 수단이다. 그들이 조언을 잘 받을 때는 그러한 수단을 사용하겠지만, 그렇지 않을 경우에는 그들은 물론 동일한 근본본능에 따르면서도 서로 헐뜯는다. 만일 그대들이 로마 세계에서 기독교의 발단을 추적해 본다면, 당시 사회의 가장 밑바닥에서부터 자라나온 상호부조의 모임, 빈민자들의 모임, 병자들의 모임, 매장을 위한 모임을 발견하게 될 것이다. 이러한 모임들에서는 우울증에 대한 저 주요한 치유책인 조그마한 기쁨, 즉 서로 선행을 행하는 데서 비롯되는 기쁨이 의식적으로 장려되었다. 이것은 아마도 그 당시에는 새로운 어떤 것, 즉 진정한 발견이었을 것이다. 이렇게 해서 생겨난 '상호부조'에의 의지, 무리를 형성하려는 의지, '공동체'에의 의지, '집회'에의 의지에서 가장 미미한 정도일지라도 그것이 불러일으켰던 힘에의 의지는 새롭고 훨씬 더 풍부한 형태로 폭발하게 되었음에 틀림없다. 무리를 형성하는 것은 우울증과의 투쟁에서 중요한 진보이며 승리다. 공동체가 성장함에 따라 개인에게서도 새로운 관심[무리에 속하고 싶은 관심]이 강화되며, 이러한 새로운 관심으로 인해 사람들은 자주 그 자신이 가장 사적으로 느끼는 불쾌감이나 자기 자신에 대한 혐오(횔링크스의[37] 자기경멸)를 넘어서게 된다. 모든 병자나 병약자는 음울한 불쾌감이나 허약한 감정을 떨쳐버리고 싶어하는 갈망에서 본능적으로 무리의 형성을 추구한다. 금욕주의적 성직자는 이러한 본능을 간파하고 그것을 장려한다. 무리가 존재하는 곳이면 어느 곳에서든지, 사람들은 나약함의 본능으로 인해 무리를 이루고자 했던 것이며 사제는 특유의 영리함으로 무리를 조직했다. 그대들은 다음과 같은 사실을 간과해서는 안 된다. 즉 약한 자들이 서로 뭉치려고 하는 것처럼 강한 자는 서로 흩어지려고 한다. 만약 강한 자들이 서로 뭉친다면 이는 오직 자신들의 힘에의 의지에서 비롯되는 공격적인 집단 행동과 집단 만족만을 목표로 하여 일어나며, 개개인의 양심으로부터 많은 저항을 수반하게 된다. 이에 반해 약한 자들은 바로 이렇게 함께 뭉치는 데서 쾌감을 느끼며, 이를 통해 그들의 본능은 만족한다. 이는 타고난 '주인'의 본능(말하자면,

---

37) 횔링크스(Arnold Geulincx, 1624-1669)는 네덜란드의 철학자로서 데카르트주의자였다.

고독하고 맹수와 같은 인간 종족)이 조직에 의해서 자신이 근본적으로 도발당한다고 느끼고 불안을 느끼는 것과 마찬가지다.

<hr />

오늘날 동정이 설교되는 곳에서는—잘 들어보면, 오늘날에는 동정만이 설교되며 이것 이외의 어떠한 종교도 설교되지 않고 있다는 것을 알게 된다—심리학자는 귀를 기울여 듣는 것이 좋을 것이다. 심리학자는 이러한 설교자들에게 (또한 모든 설교자에게) 특유한 허영과 소란의 이면에서 목이 쉬고 신음하는 진정한 **자기멸시**의 소리를 듣게 될 것이다. 이러한 **자기멸시**는 최근 1세기 동안 증대되고 있는 유럽의 저 음울화, 추악화의 **원인은 아니더라도** 그것의 한 증거다. [⋯] '현대적 이념'의 인간, 이 거만한 원숭이는 자기 자신에 대한 극도의 불만에 사로잡혀 있다. 이는 의심할 수 없는 사실이다. 그는 괴로워한다. 따라서 그의 허영심은 오직 '함께 괴로워하고(mit leiden)' 싶어 하는 것이다.[38]

<hr />

"이것은 내 마음에 든다. 나는 그것을 내 것으로 만들고 그것을 보호하고 다른 사람들로부터 지킬 것이다"라고 말하는 사람, 일을 주도하고 결단한 것을 관철하고 하나의 사상에 충실하고 여성을 휘어잡고 주제넘은 자를 벌하고 제압할 수 있는 사람, 자신의 분노와

<hr />

38) 사람들은 사실은 자신이 괴로워하면서도 자존심 때문에, 남의 고통 때문에 자신이 괴롭다고 말한다는 의미다.

검을 지니고 있으며 약한 자, 고통으로 괴로워하는 자, 억압받는 자, 그리고 동물조차도 기꺼이 따르고 싶어 하는 사람, 요컨대 천성적으로 **지배자**인 사람, 그런 사람이 동정을 한다면 그러한 동정이야말로 가치가 있는 것이다! 그러나 고통으로 괴로워하는 자의 동정은 아무런 쓸모가 없다! 또는 심지어 동정을 설교하기까지 하는 자들의 동정이란 더욱더 쓸모가 없다! 오늘날 거의 유럽 전역에서 우리는 고통에 대한 병적인 민감성과 예민함을, 역겨울 정도로 무절제한 비탄을, 종교와 철학적인 허튼소리로 자신을 보다 고상한 것으로 꾸미고 싶어 하는 나약함을 볼 수 있다. 오늘날 유럽에서는 고통으로 괴로워하는 것에 대한 공식적인 경배가 행해지고 있는 것이다. 내 생각에 그러한 광신자들의 집단들 속에서 가장 먼저 눈에 뜨이는 것은 '동정'이라고 불리는 것의 유약함이다. 우리는 이 가장 새로운 종류의 악취미를 강력하면서도 철저하게 금해야만 한다. 마지막으로 내가 원하는 것은 사람들이 그러한 악취미에 반해서 gai saber — 독일인들이 알아들을 수 있도록 표현한다면 'fröhliche Wissenschaft[즐거운 지식]' — 이라는 훌륭한 부적을 가슴과 목에 거는 것이다.

자신이 인간적이라고 자랑하는 최근의 시대에 '야만적이고 잔인한 야수'에 대한 두려움 — 이러한 두려움은 하나의 미신이다 — 이 잔존하고 있으며, 그것을 정복하게 되었다는 것이 보다 인간적인 이 시대의 긍지가 되고 있다. 이에 따라 명명백백한 진리조차도 저 사납지만 종내에는 절멸되어 버린 야수를 다시 소생시킬 수도 있는

것처럼 보이기 때문에, 약속이나 한 것처럼 수 세기 동안 사람들의 입에 오르내리지 않고 있다. 나는 모험을 무릅쓰고 그러한 진리를 내게서 풀어놓으려고 한다. 다른 사람들이 그러한 진리를 다시 붙잡아서 그것에게 '경건한 사고방식이라는 우유'를 충분히 마시게 함으로써 그것을 원래 있었던 구석에 망각된 채로 조용히 있게 할 수도 있지만 말이다. 우리는 잔인성이란 것이 무엇인지에 대해서 다시 배워야 하며 눈을 새롭게 떠야 한다. 예를 들어 비극과 관련하여 고금의 철학자들이 조장해 왔던 것 같은 뻔뻔스러운 큰 오류가 고결한 듯 주제넘게 활개치고 다니는 것을 우리는 더 이상 참고 견뎌서는 안 된다. 우리가 '고급문화'라고 부르는 거의 모든 것은 **잔인성**의 정신화와 심화에 기초하고 있다는 것이 나의 신조다. 저 '사나운 야수'는 전혀 절멸되지 않고 살아 있고 번성하고 있으며 자신을 단지 신성하게 만들었을 뿐이다. 비극에서 고통스러운 쾌감을 맛보게 만드는 것은 잔인성이다. 이른바 비극적인 동정에서 그리고 근본적으로는 심지어 형이상학의 가장 높고 가장 섬세한 전율에 이르는 모든 숭고함에서 우리가 쾌감을 맛보게 될 때, 이 쾌감의 달콤함은 오직 그것에 섞여 있는 잔인성이란 요소로부터 비롯되는 것이다. 투기장에서의 로마인, 십자가의 환희에 취해 있는 기독교인, 화형이나 투우를 눈앞에 보고 있는 스페인인, 자신을 비극으로 내모는 오늘날의 일본인, 피비린내 나는 혁명에 향수를 느끼고 있는 파리 변두리의 노동자, 자신의 의지를 풀어놓은 채 『트리스탄과 이졸데』에 '빠져 있는' 바그너광 여인들, 이들 모두가 즐기고 있고 비밀에 찬 열정에 휩싸여 마시려고 애쓰는 것은 '잔인성'이라는 위대한 마녀의 향기로운 술이다. 이런 것들의 본질을 통찰하기 위해서는 우리는 당연히 과거의 어리석은 심리학을 추방해야만 한다. 이러한 심리학이 기껏 가르치는 것이라고는 잔인성이란 타인의 고통을 바라보면서 즐거움을 느끼는 데서 성립된다는 점뿐이었다. 그러나 자신의 고통에서도, 자신을 고통스럽게 만드는 것에서도 풍부한 쾌감을, 실로 넘칠 정도의 풍부한 쾌감을 맛볼 수 있다. 사람들이 페니키아인들이나 금욕주의자들에게서 보는 것처럼 **종교적** 의미의 자기부정이나 자기훼손을 행하거나, 또는 관능이나 육체의 부정, 통회(痛悔), 청교도에서 볼 수 있는 발작적 참회, 양심의 해부, 파스칼적인 지성의 희생을[39] 행할 경우, 사람들을 은밀히 유혹하고 부추기는 것은 자신의 잔인성이며 **자기 자신을 겨냥한** 저 위험스럽고 전율스러운 잔인성이다. 마지막으로, 인식하는 자조차도 자신의 정신적 성향에 **반하여** 그리고 매우 자주 자신의 심정이 원하는 것에 반하여 인식하도록 자신의 정신을 강요하고 있다. 즉 인식하는 자는 긍정하고 사랑하고 기도하고 싶은데도 '아니요'라고 말함으로써, 잔인성의 예술가이자 잔인성을 변용하는 자로서 행동하고 있는 것이다. 정신의 근본의지는 끊임없이 가상과 표면적인 것에 향하기 때문에, 깊이 철저하게 탐구한다는 것은 이미 정신의 근본의지에 대한 폭력이며 그것에 고통을 가하고 싶어 하는 것이다. 모든 인식욕에는 이미 한 방울의 잔인성이 포함되어 있다.

---

39) 뛰어난 수학자이자 과학자였던 파스칼은, 학문은 기독교에 대한 진정한 신앙을 저해한다고 보면서 학문을 포기했다.

모든 민족의 머리 위에는 자신만의 가치 목록이 걸려 있다. 보라! 그것은 바로 그들이 극복한 것들의 목록이다. 보라! 그것은 그들이 지닌 힘에의 의지의 목소리다. 어렵다고 여겨지는 것은 칭찬할 만한 것이라고 여겨진다. 또 필수불가결하며 어렵다고 생각되는 것은 선하다고 여겨진다. 그리고 가장 큰 곤경으로부터 해방시켜 주는 것, 보기 드문 것, 가장 어려운 것은 신성한 것으로 칭송된다. 그들로 하여금 지배하고 정복하고 빛날 수 있도록 해주는 것, 그래서 이웃 민족들로 하여금 경외심과 시기심을 품게 만드는 것, 그것을 그들은 가장 숭고한 것, 최고의 것, 척도, 모든 것의 의미라고 여긴다.

17. 평등주의 및 자유주의 비판

니체는 '사람과 사람, 계층과 계층 간의 차이, 유형의 다양성, 자기 자신이고자 하는 유별나고자 하는 의지' 등을 건강한 시대의 특징으로 본다. 그러나 평등주의는 이러한 차이들을 모두 말살시켜 버리려고 한다. 니체는 이러한 평등주의가 '내가 천민이라면 당신도 그래야 한다'는 식의 원한과 시기에 가득 찬 비천한 논리에 근거해 있다고 보고 있다. 니체는 인간들 사이에는 위계가 존재한다고 본다. 즉 그는 소수의 고귀한 인간들과 다수의 천박한 인간들이 있으며 이 고귀한 소수가 다수를 지배해야 한다고 본다. 이 경우에만 사람들은 고귀한 인간이 되려고 노력하는 '거리의 파토스(Pathos der Distanz)'를 가질 수 있다. 거리의 파토스란 자신을 탁월한 존재로 고양함으로써 다른 인간들과의 거리를 넓히려는 열정을 가리킨다. 니체는 인류가 자신을 극복하면서 위대한 문화를 낳을 수 있었던 것은 바로 거리의 파토스 덕분이라고 본다. 이에 반해 평등주의가 지배하는 곳에서는 모든 사람이 평등하게 되는 것이 아니라 모든 사람이 천박한 인간이 되는 하향 평준화가 일어난다.

근대의 모든 정치적 이념은 평등주의에 입각해 있다. 사회주의나 무정부주의는 물론이고 자유주의도 평등주의를 표방한다. 자유주의는 모든 사람들이 자유를 누려야 한다고 주장하고 있지만, 이 경우 자유는 자신의 본능들을 무분별하게 분출하는 것과 동일시되고 있다. 이러한 본능들은 서로 모순되고 서로 방해하며 서로를 파괴한다. 니체에 따르면 오늘날에는 정치뿐 아니라 예술에서도 가장 엄격한 제어가 필요한 자들이 독립과 자유로운 발전과 방임을 가장 열렬히 요구하고 있다. 니체는 이것을 데카당스의 징후라고 본다. 사람들은 오늘을 위해 살고 있고, 아주 재빠르게 살고 있으며, 아주 무책임하게 살고 있으면서, 이것을 '자유'라고 부르고 있다. 본능들의 무분별한 분출을 방임하는 자유주의적 민주주의는 조직화하는 힘이 쇠퇴할 때 나타나는 정치형태다.

본능들의 균형 잡힌 통일성을 가능하게 하는 제도들이 존재하기 위해서는 악의적이라고까지 말할 수 있는 반(反)자유주의적인 의지, 본능, 명령이 존재해야 한다. 전통에의 의지가, 권위에의 의지가, 수 세기에 걸쳐서 책임을 지려는 의지가, 과거와 미래로 무한히 연결되어 있는 세대들 사이의 연대성이 있어야만 한다. 이러한 의지가 존재할 경우에 로마 제국과 같은 것이 건립된다. 서구 전체는 제도들을 자라나게 하고 미래를 자라나게 하는 본능들을 더 이상 갖고 있지 않다. 제도를 제도로 만드는 것은 권위이지만, 오늘날 사람들은 '권위'라는 말을 듣기만 해도 자신들이 새로운 노예 상태의 위험에 처해 있다고 믿는다. 오늘날의 정치가와 정당들에서는 가치 본능의 데카당스가 너무나 심해져서 그들은 해체시키고 종말을 재촉하는 것을 본능적으로 선호하고 있다.

니체는 평등주의와 자유주의 대신에 고귀한 소수가 지배하는 귀족정치를 이상적인 정치형태로 내세운다. 고귀한 인간들은 겸손을 덕으로 생각하지 않고 자신의 지배권을 당연한 것으로 생각한다. 그들은 기독교나 평등주의가 주장하는 것처럼 동정이나 겸손과 같이 모든 사람이 구현해야 하는 보편적인 덕이 있다고 생각하지 않고 긍지와 용기 그리고 자신들 사이의 우정과 신뢰처럼 소수의 사람에게 합당한 덕이 있다고 생각한다.

니체는 이렇게 말하고 있다.

설령 우리가 이렇게 말하는 것이 사람들의 귀에는 가혹하고 불쾌하게 들릴 것이 틀림없지만, 우리는 다음과 같은 것을 어떻게든 거듭해서 주장할 것이다. 즉 오늘날의 유럽인들이 알고 있다고 믿는 것, 선을 찬양하고 악을 비난함으로써 자신을 예찬하면서 자신을 선한 자라고 부르는 것, 이것은 무리동물에 해당하는 인간들의 본능이다. 그러한 본능은 갑작스럽게 출현하여 다른 모든 본능을 압도할 정도로 우세하게 되었다. 그리고 이러한 본능은 사람들의 생리적인 근친성이나 유사성이 ― 그러한 본능은 이것들의 징후이지만 ― 증대하게 됨으로써 더욱 우세하게 되었다. **오늘날 유럽의 도덕은 무리동물의 도덕이다.** 달리 말하면 그것은 우리가 알고 있는 대로 인간적인[40] 도덕의 일종일 뿐이며, 그것 외에도 그리고 그것 이전과 그것 이후에도 수많은 다른 도덕이, 특히 **보다 높은** 도덕이 가능하며 또한 가능해야만 할 것이다. 그러나 이 무리도덕은 이러한 가능성에 대해서, 이 '있어야 할 것'에 대해서 전력을 다해 저항한다. 그것은 완강하고 집요하게 이렇게 주장한다. "나야말로 도덕 자체다. 그 외의 아무것도 도덕이 아니다!"라고. 무리동물의 가장 숭고한 욕망에 호응하고 아첨했던 한 종교의 도움을 받아, 오늘날 정치적, 사회적 제도 가운데에서도 이러한 도덕이 갈수록 현저하게 득세하게 되는 지경에 이르렀다. 즉 **민주주의** 운동은 기독교적 운동을 계승하

---

40) 여기서 '인간적인'이라는 말은 '초인적인'이라는 말에 대립되는 의미로 쓰였으며, '무리동물과 같은' 의미를 갖는다고 할 수 있다.

고 있는 것이다. 그러나 보다 성급한 자들이나 앞에서 언급된 본능에 사로잡힌 병들고 중독된 자들에게는 그 운동의 템포가 너무나 느리고 너무나 꾸물거리는 것으로 느껴지고 있다는 것은, 오늘날 유럽 문화의 뒷골목을 방황하는 무정부주의자들의 개들이 갈수록 더 광적으로 미쳐서 날뛰고 갈수록 더 이빨을 드러내는 것을 보면 알 수 있다. 언뜻 보면 그들은 평화적이고 근면한 민주주의자들이나 관념적인 혁명사상가들과는 상반되며, 특히나 자신을 사회주의자라고 부르면서 '자유로운 사회'의 도래를 바라는 우둔한 사이비 철학자들이나 몽상적인 박애주의자들과는[41] 상반되는 자들로 보인다. 그러나 사실 그들은 모두 무리가 **자치(自治)를 행하는** 사회형태가 아닌 모든 사회형태에 대해서 철저하면서도 본능적인 적개심을 품고 있다는 점에서는 한통속이다(이자들은 심지어는 '주인'과 '하인'이란 개념마저도 거부한다. '신도 없고 주인도 없다'는 것은 사회주의자들이 내세우는 상투적인 문구 중의 하나다). 그들 모두는 일체가 되어 모든 특별한 요구와 특권 그리고 우선권에 대하여 끈질기게 투쟁한다(이러한 투쟁은 결국은 **모든 권리**에 대한 투쟁이다. 왜냐하면 모든 사람이 평등하다면 아무도 더 이상 '권리'를 요구하지 않을 것이기 때문이다). 또한 그들 모두는 일체가 되어 형벌의 정당성을 믿지 않는다(마치 형벌이 보다 약한 자들에 대한 폭력이며, 이전의 모든 사회의 **필연적인** 귀결에 지나지 않는 것을 가지고 범죄자들을 부

---

41) 니체는 국가권력에 의한 계획경제를 주창하는 사회주의는 자유로운 사회가 아니라 오히려 국가권력에 의한 전제적 지배를 초래할 것이라고 보았다. 이 점에서 니체는 사회주의가 평등하면서도 자유로운 사회를 구현할 것이라고 생각하는 사회주의자들을 아둔하고 몽상적이라고 보고 있다.

당하게 다루는 것처럼[42]). 또한 그들 모두는 느낌, 생, 고통이 존재하는 곳에서는 어디서나 일체가 되어 동정의 종교를 믿으며 서로 공감을 느낀다(이러한 동정과 공감은 아래로는 동물에서부터 위로는 '신'에 이르기까지 미치고 있다. '신에 대한 동정'의[43] 과잉은 민주주의 시대의 특징이다). 그들 모두는, 성급하게 동정을 외치고 모든 고통을 극도로 증오하며 고통에 대한 방관자가 될 수도 없거니와 고통 받는 사람들을 고통 받게 **내버려둘** 수 있는 능력을 결여하고 있다는 점에서 거의 여자나 다름없다. 그들은 하나같이 자신도 모르게 우울하게 되고 나약하게 되고 있으며, 이러한 상황으로 인해 유럽은 새로운 불교의 위협을[44] 받고 있다. 그들 모두는 일체가 되어, **고통을 함께한다는** 동정의 도덕이야말로 도덕 자체이자 최고의 도덕이며 인간이 **도달한** 정점이고 미래의 유일한 희망이자 현대인들의 유일한 위로 수단, 과거의 모든 죄로부터의 위대한 사면인 것처럼 생각하면서 이러한 도덕을 신봉한다. 그들 모두는 일체가 되어 **구원자**로서의 집단을, 즉 무리를, 다시 말해 '자기 자신'을 믿는다.

---

42) "이전의 모든 사회의 필연적인 귀결에 지나지 않는 것을 가지고 범죄자들을 부당하게 다루는 것"이란 사람들이 범죄를 저지르게 되는 것은 이전 사회들의 그릇된 사회구조로 인해 필연적으로 나타나는 현상인데 이러한 사실을 인정하지 않고 부당하게도 범죄자들에게만 책임을 묻는다는 의미다.

43) 십자가에 못 박혀 비참하게 죽은 기독교의 신에 대한 동정을 가리킨다. 그리스인들에게 신은 힘과 긍지에 넘치는 자로서 인간의 부러움과 찬양을 받았던 자인 반면에, 기독교에서 신은 무력하게 죽어가는 비참한 존재가 되면서 인간의 동정을 받게 된다. 니체는 신은 인간이 지향하는 미덕의 상징이라고 보고 있다. 따라서 기독교에서 신은 무력하게 죽어가는 신이 됨으로써 무력함과 겸손과 같은 덕이 신적인 덕으로 찬양받게 되었다고 니체는 본다.

44) 새로운 불교란 쇼펜하우어식의 염세주의 철학을 가리킨다고 할 수 있다.

우리는 민주주의적 운동을 단순히 정치조직의 타락한 형식으로 볼 뿐 아니라 인간을 퇴화시키고 왜소화하게 만들며 인간을 범용하게 만들고 그의 가치를 저하시키는 것으로 본다. 그러면 우리는 우리의 희망을 어디에 걸어야 하는가? 우리는 **새로운 철학자들**에게 희망을 걸어야 하며, 달리 선택의 여지가 없다. 즉 정반대되는 가치평가를 주창하면서 '영원한 가치들'을 재평가하고 전도시킬 정도로 강력하고 창조적인 정신의 소유자들에게 희망을 걸어야만 한다. 오늘날 수천 년에 걸친 의지로 하여금 **새로운** 궤도를 걷도록 강제할 수 있는 선구자이자 미래의 인간에게 희망을 걸어야 한다. 인간에게 인간의 미래가 자신의 의지에 달려 있고 스스로가 개척해 나가는 것이라고 가르치고, 훈육과 육성이라는 거대한 모험과 총체적인 시도를 준비하는 것,[45] 그리고 이와 함께 이제까지 '역사'라고 불려왔던 저 소름끼치는 어리석음과 우연의 지배 — '최대의 다수'라는 어리석음은 그러한 어리석음의 마지막 형태일 뿐이다 — 를 끝장내는 것, 이를 위해서는 언젠가 새로운 종류의 철학자들과 명령하는 자들이 필요할 것이다. 이제까지 지상에 존재했던 아무리 무서우면서도 자비롭고 그 참모습이 숨겨져 있는 정신의 소유자일지라도 이 새로운 종류의 철학자들과 명령하는 자들의 모습에 비교하면 창백하

---

45) 니체는 그간의 역사가 우연에 의해서 지배되어 왔다고 보면서 역사의 목표라고 할 수 있는 초인적 인물들의 출현을 우연에 맡기지 않고 계획적으로 육성해야 한다고 주장하고 있다.

고 왜소하게 보일 것이다. **우리의** 눈앞에 맴도는 것은 그러한 지도자들의 상(像)이다. 그대들 자유로운 정신들이여, 내가 이러한 사실을 큰 소리로 말해도 좋겠는가? 우리는 한편으로는 그러한 지도자들이 출현하기에 적합한 상황을 창조해야만 하며, 다른 한편으로는 철저하게 이용해야만 한다. 그리고 하나의 영혼이 이와 같은 과제에 헌신해야만 한다는 **내적인 강제**를 느낄 수 있는 높이와 힘을 육성하기 위해서는 적절한 길과 시험을 거쳐야만 한다. 그러한 책임의 중압을 견디기 위해서는 가치의 전환이라는 새로운 압력과 망치에 의해서 양심이 단련되고 마음이 강철로 변화되어야만 한다.

　서로에게 위해와 폭력을 행사하고 착취하는 것을 삼가면서 자신의 의지를 다른 사람의 의지와 동일시하는 것, 이것은 만일 적절한 조건이 주어진다면(즉 사람들이 역량과 가치 면에서 실제로 유사하고 동일한 조직체에 속해 있다고 한다면) 훌륭한 관습이 될 수도 있을 것이다. 그러나 사람들이 이러한 원칙을 폭넓게 받아들여서 **사회의 근본원칙**으로 만들려고 할 경우에는 그 정체가 즉시 탄로 나게 될 것이다. 즉 그것은 생명을 부정하려는 의지이자 해체와 퇴화의 원칙으로서 드러나게 될 것이다. 이 점과 관련하여 우리는 근본적으로 철저하게 파고들어 가야 하며 모든 감상적인 나약함을 경계해야 한다. 생명 자체는 **본질적으로** 자신보다 약한 타자를 자기 것으로 하고 그것에게 위해를 가하고 그것을 억압하는 것이다. 그것은 냉혹하며, 자신의 형식을 타자에게 강제하고 타자를 자신에게 동화시키는 것이고, 가장 부드럽게 말한다고 해도 최소한 착취하는 것이다.

그러나 우리는 왜 옛날부터 비방하려는 의도가 포함되어 있는 그런 말을 사용해야만 하는가? 앞에서 가정한 것처럼 설령 한 조직체의 내부에서 개인들이 서로를 동등하게 대한다 하더라도 — 이것은 건강한 모든 귀족체제에서 행해지고 있지만 — 그 조직체가 죽어가는 것이 아니라 살아 있는 것이라면 그것은 구성원들이 서로에 대해서는 삼가는 모든 행동을 다른 조직체에게 행해야만 할 것이다. 그 조직체는 힘에의 의지의 화신(化身)이 되어야만 하며, 성장하면서 주변에 있는 것을 움켜잡고 자신에게로 끌어당겨서 압도하려고 해야만 할 것이다. 이는 도덕적인 이유나 또는 비도덕적인 이유에서가 아니라, 단지 그 조직체가 **살아 있기** 때문에 그리고 생은 바로 힘에의 의지이기 때문에 그렇다. 그러나 바로 이러한 사실을 깨닫는 것을 유럽인들의 일반적인 의식은 몹시 꺼리고 있다. 오늘날 사람들은 도처에서, 심지어는 과학의 가면을 쓰고 '착취적인 성격'이 사라지게 될 미래의 사회 상태에 열광하고 있다. 그러나 이것은 내 귀에는 마치 일체의 유기적 기능이 정지된 하나의 생명을 창조하겠다는 약속과 다름없는 것으로 들린다. 착취란 부패하고 불완전하고 원시적인 사회에만 있는 것이 아니다. 그것은 유기체의 근본적인 기능으로서 살아 있는 것의 **본질**에 속하는 것이다. 그것은 생명의 의지 자체인 본래의 힘에의 의지에서 비롯되는 것이다. 이러한 주장은 이론으로서는 혁신적인 것일지도 모르지만, 실제로는 모든 역사의 **근본적인 사실**을 표현하고 있을 뿐이다. 이러한 사실을 인정할 정도로 우리는 자신에 대해서 솔직해져야 한다!

인간이 존재하는 한, 모든 시대에는 인간의 무리가 존재했으며 (씨족, 공동체, 부족, 민족, 국가, 교회) 또한 항상 명령하는 자들은 소수였던 것에 비해 복종하는 자들은 다수였다. 따라서 복종은 이 제까지 가장 잘 그리고 가장 오랫동안 행해져 왔고 훈련되어 왔다. 이러한 사실을 고려해 볼 때 우리는 당연히 다음과 같이 전제해도 좋을 것이다. 즉 오늘날 모든 평범한 인간은 '그대는 무조건적으로 어떤 일을 해야 하고 어떤 일은 하지 말아야 한다', 요컨대 '그대는 ○○해야 한다'고 명령하는 **양심이라는 형식**으로 복종에 대한 욕구 를 태어나면서부터 지니고 있다고. 이러한 욕구는 만족을 구하며 자신의 형식을 내용으로 채우려고 한다. 그 경우 그러한 욕구는 게 걸스러운 식욕처럼 참을 수 없을 정도로 강렬하고 절박하기 때문에 닥치는 대로 손을 뻗치며, 명령하는 자가 누구든 간에—부모, 스 승, 법률, 계급적 편견, 여론이든 간에—무조건적으로 그 명령을 받아들인다. 인류의 발전이 기묘하게도 장애를 겪고 지체되거나 머 뭇거리거나 때로는 뒷걸음질치고 원점으로 되돌아가는 것은, 복종 이라는 무리본능이 명령하는 기술을 희생하면서 가장 잘 유전되는 것에서 기인한다. 복종의 본능이 궁극에까지 발달하게 되면, 결국 명령하는 인간이나 독립적인 인간은 사라져버리거나 아니면 명령 을 내릴 때 양심의 가책으로 내적으로 괴로워하거나 마치 자신도 단 지 복종할 뿐인 것처럼 자신을 기만해야만 할 것이다. 오늘날 유럽 은 사실 이런 상태에 있다. 나는 이런 상태를 명령하는 자들의 도덕 적 위선이 지배하는 상태라고 본다. 그들은 양심의 가책으로부터 자신들을 방어하기 위해서는, 자신들이 보다 오래되고 보다 높은 명령(선조, 헌법, 정의, 법률 혹은 신의 명령)을 수행하는 자인 것처럼 꾸미든가, 그렇지 않으면 무리의 사고방식으로부터 '국민의 제일의 공복(公僕)'이라든가 '공공복지의 도구'와 같은 무리의 원칙을 빌리는 것 외에는 다른 방법이 없다는 사실을 알고 있다. 다른 한편으로는 오늘날 유럽에서 무리인간은 자신만이 유일하게 허용된 종류의 인간인 것처럼 자처하며, 유순하고 협조적이며 무리에게 유용한 인간으로 존재하게 하는 자신의 특성들이야말로 진정한 인간적 미덕이라고 찬양한다. 이러한 미덕들은 공공심, 친절, 배려, 근면, 절제, 겸손, 관용, 동정이다. 그러나 지도자나 선도자가 없어서는 안 된다고 믿을 경우에는 현대인들은 영리한 무리인간들을 모아서 명령하는 자들의 대용품으로 삼기 위해서 온갖 시도를 한다. 이것이 예를 들면 모든 대의제의 기원이다. 그럼에도 불구하고 무리동물인 이 유럽인들에게는 절대적으로 명령하는 자의 출현이야말로 그들이 더 이상 견딜 수 없게 되어가고 있던 무거운 압박에서 그들을 해방시키는 커다란 은혜와 구원인 것이다. 이러한 사실에 대해서는 나폴레옹의 출현이 미친 영향이 최후의 위대한 증거가 된다. 나폴레옹이 영향력을 행사하던 역사야말로 19세기 전체가 가장 가치 있던 인간들과 순간들을 기반으로 하여 이룩한 보다 높은 행복의 역사라고 할 만하다.

기독교인과 무정부주의자. — 무정부주의자가 **쇠퇴하는** 사회계층을 대변하는 입이 되어서 의분(義憤)과 함께 '권리'와 '정의' 그리고

'동등한 권리'를 요구하는 것은 그가 무지몽매하기 때문이다. 이러한 무지몽매로 인해서 그는 도대체 자신이 **왜** 고통을 겪는지, 자신에게 **어떤 점**이 결여되어 있는지를, 생이 결여되어 있는 것은 아닌지를 알지 못한다. … 무정부주의자의 내면에서는 원인을 찾아내려는 충동이 강력하게 작용하고 있다. 즉 자신이 열악한 상태에 처해 있는 것은 누군가의 탓으로 돌려져야 한다는 것이다. … 의분을 터뜨리는 것만으로도 그에게는 이미 크게 도움이 된다. 애처로운 작은 악마들은 모두 [남이나 사회를] 욕하는 데서 즐거움을 느끼기 때문이다. 그것에는 권력에 대한 작은 도취감이 있다. 한탄과 불평조차도 삶에 자극을 줄 수 있으며, 이러한 자극만으로도 사람들은 삶을 견딜 수 있다. 모든 불평에는 조금씩의 **복수심이** 들어 있다. 사람들은 자신의 열악한 처지를, 경우에 따라서는 자신의 열등함 자체를 다른 사람들 탓으로 돌리면서 그들을 비난한다. 마치 이 다른 사람들이 불의를 범하고 있으며 **용인되지 않은** 특권을 누리고 있다는 듯이. '내가 천민이라면 너 역시 당연히 천민이어야 한다.' 이러한 논리에 따라 사람들은 혁명을 일으킨다. 불평은 어떤 경우에도 아무런 쓸모가 없다. 불평은 약함에서 생기기 때문이다. 자신의 열악한 처지를 다른 사람 탓으로 돌리든 **자신** 탓으로 돌리든 — 전자는 사회주의자의 경우이며, 후자는 예를 들면 기독교인의 경우다[46] — 본질적인 차이는 없다. 두 경우에 공통된 점은 — 우리는 그것에 덧붙여서 그들의 **'품위 없음'**을 언급하고 싶지만 — 그들은 누군가가 자신의 고통에 **책임을** 져야만 한다고 생각한다는 점이다. — 요컨대,

---

46) 기독교인은 자신의 열악한 처지의 원인을 자신의 죄에서 찾는다.

고통을 받는 자가 자신의 고통을 제거하기 위해 복수의 꿀을 처방한다는 것이다. 일종의 **쾌감**에 대한 욕망으로서의 이런 복수욕이 향하는 대상들은 우연한 원인들이다. 고통 받는 자는 자신의 쩨쩨한 복수심을 식혀줄 수 있는 원인들을 어디서든 찾아낸다. 다시 한 번 말하지만 기독교인이라면 그는 고통의 원인을 **자기 자신**에게서 찾아낸다. 기독교인과 아나키스트 — 둘 다 데카당이다. 그런데 기독교인이 비록 '**세상**'을 단죄하고 비방하고 더럽힌다 할지라도, 그것은 **사회**를 단죄하고 비방하고 더럽히는 사회주의 노동자의 본능과 같은 본능에서 행해지는 것이다. '최후의 심판'이라는 것도 역시 복수심을 식혀주는 가장 달콤한 위안이다. 그것은 사회주의 노동자가 기대하는 혁명을 약간 더 먼 미래에 올 것으로 생각한 것에 지나지 않는다. ⋯ '피안'이라는 것도 마찬가지다. '차안'을 더럽히는 수단이 아니라면 피안이 무엇을 위한 것이겠는가?

―――

내가 염두에 두고 있지 **않는** 자유. ― 오늘과 같은 시대에 자신의 본능들에 내맡겨져 있다는 것은 또 하나의 숙명적 불행이다. 이 본능들은 서로 모순되고 서로 방해하며 서로를 파괴하기 때문이다. 근대라는 것을 나는 이미 생리적인 자기모순으로 정의한 바 있다. 이성적으로 이루어지는 교육이라면, 이러한 본능체계들 중의 적어도 하나가 냉혹한 압력을 받고 **무력해져서** 그 결과 다른 하나의 체계가 힘을 얻고 강해져서 지배하게 되기를 원할 것이다. 오늘날에 개인의 존재가 가능하게 될 수 있는 유일한 방법은 개인을 **잘라내서 다듬는**(beschneiden) 방법일 것이다. 이 경우 개인의 존재가 가능하게 된다는 것은 그 개인이 **전체적으로** 된다는 것을 의미한다. … 그러나 오늘날 일어나고 있는 일은 정반대의 것이다. 즉 **아무리 엄격한** 고삐라도 그들을 제어하기에는 충분하지 않을 자들이 독립과 자유로운 발전과 방임을 가장 열렬히 요구하고 있는 것이다. 정치에서도 그렇고, 예술에서도 마찬가지다. 그러나 이것은 **데카당스**의 한 징후다. '자유'라는 우리의 근대적 개념은 본능의 퇴화를 입증하는 또하나의 증거다.

───

인간이란 유형이 이제까지 모든 면에서 향상되어 온 것은 귀족사회 덕분이었다. 그리고 앞으로도 항상 그럴 것이다. 귀족사회는 인간과 인간 사이에 위계와 가치 면에서 여러 단계가 존재한다고 믿으며 어떠한 의미에서든 노예제를 필요로 한다. 지배계급이 신분들 사이의 차이를 뼛속까지 느끼면서 예속된 자들과 도구에 해당하는 자들을 항상 감시하고 천시하며 끊임없이 복종과 명령 그리고 억압과 배제를 연마하는 것으로부터 생기는 **거리의 파토스**(Pathos der Distanz)가 없었다면, 저 다른 보다 신비한 파토스, 즉 영혼 자체 내에서 거리를 항상 새롭게 확대하려고 하는 열망, 보다 드높고 보다 희귀하며 보다 멀고 보다 넓으며 보다 포괄적인 상태를 형성하려는 열망은 전혀 생겨날 수 없었을 것이다. 요컨대 '인간'이란 유형의 향상, '인간의 끊임없는 자기극복'은 일어날 수 없었을 것이다. 자기극복이란 말은 흔히 도덕적인 의미로 사용되지만 여기서는 초도덕적인 의미로 사용되고 있다.

부패란 본능들 사이에서 무정부 상태가 지배하고 있으며 감정들의 토대인 '생명'이 뒤흔들리고 있다는 사실의 표현이다. 부패는 그것이 나타나는 그때마다의 생명 형태에 따라서 근본적으로 다른 것이 된다. 예를 들면 귀족체제가 대혁명 초기의 프랑스 귀족체제처럼 자신의 특권에 대한 숭고한 혐오감에 사로잡혀[47] 그것을 포기하고 지나친 도덕감정의 희생물이 될 때, 그것이야말로 부패다. 그러나 이것은 몇 세기에 걸쳐서 지속적으로 진행되어 온 부패의 최종적인 결과에 불과하다. 이러한 부패로 인해 프랑스 귀족체제는 통치권을 점차 포기하면서 군주정의 한 기능으로(결국에는 그것의 단순한 장식물이나 전시물로) 전락하게 된 것이다. 그러나 훌륭하고 건강한 귀족체제의 본질은 그것이 자신을 하나의 기능(군주정의 기능이든 공화정의 기능이든)으로가 아니라 오히려 군주정이나 공화정의 의미 및 그것들이 정당성을 가질 수 있는 최고의 근거로 느끼는데 있다. 따라서 그것은 불완전한 인간, 노예, 도구로까지 억압되고 전락해야만 하는 무수한 인간들이 **자신을 위해서** 희생되는 것을 당연한 것으로 받아들인다. 귀족체제의 근본적인 신념은 사회가 사회자체를 위해서 존재해서는 **안 되며** 선택된 종류의 인간들이 자신을

---

47) 니체는 프랑스 귀족체제가 점차 통치권을 포기하면서 군주정의 한 기능으로 전락함에 따라서 몇 세기에 걸쳐 지속적으로 퇴화되었다고 보았다. 여기서 '숭고한 혐오감'은 귀족들이 자신에 대한 자부심을 상실하고 자신들이 평민들과 동일한 존재라는 식으로 생각하면서 자신들의 특권에 대해서 죄책감을 갖게 되었다는 것을 의미한다.

보다 높은 과제와 보다 높은 **존재**로 향상시키기 위해서 이용하는 토대와 발판으로서 존재해야 한다는 것이다. 이 선택된 종류의 인간들은 시포 마타도르(Sipo Matador)라고 불리는 자바섬의 향일성(向日性) 덩굴식물과 유사하다. 이 식물은 오랫동안 덩굴로 참나무를 감고 있다가 마침내는 그것에 의지하면서도 그 나무를 넘어서 밝은 햇빛 속에 자신의 꽃부리를 펼치면서 자신의 행복을 환히 드러내 보인다.

III

건강한 종교,
병든 종교

1. 기독교는 이원론적인 사고방식의 극단이다

니체는 기독교는 이원론적인 사고방식의 극단이라고 본다. 기독교는 현세와 인간들의 자연스러운 욕망인 명예욕과 소유욕 그리고 호승심과 같은 것을 타락한 것으로 보면서, 그것들에 대해서 타락하지 않은 순수한 세계와 세속적인 욕망에서 벗어나 있는 순수한 영혼을 내세운다. 니체는 이렇게 현세와 인간들의 자연스러운 욕망을 부정하는 것은 현세의 삶에서 실패하여 삶에 지친 자들이 이 현세와 건강한 생에게 가하는 복수라고 본다.

니체는 이렇게 말하고 있다.

이 세계가 아닌 '다른' 세계를 꾸며내어 이야기하는 것은 삶을 비방하고 깔보고 탓하는 본능이 우리 안에 강하게 존재하지 않는 한 아무런 의미도 갖지 않는다. 그런 본능이 강할 경우 우리는 '다른' 삶, '보다 나은' 삶에 대한 환상을 만들어내어 삶에 **복수한다.**

―――――

기독교적 신 개념―병든 자들의 신, 거미로서의 신, 정신으로서의 신―은 지상에 출현했던 가장 타락한 신 개념들 중의 하나다. 그것은 아마도 신들의 유형이 하강하는 과정에서 가장 밑바닥에까지 도달했다는 것을 보여준다. 신은 생을 성스럽게 변용하고 영원히 **긍정하는 것**으로 존재하는 것 대신에 **생을 부정하는 것**으로 퇴화되고 말았다! 신의 이름으로 생과 자연 그리고 생에의 의지에 대한 선전포고가 행해지다니! 신은 '차안'에 대한 온갖 비방과 '피안'에 대한 온갖 거짓말을 위한 정식(定式)이 되고 말았다! 신을 통해서 무는 신격화되었고 무에의 의지는 신성한 것이 되었다!

2. 기독교는 강한 자들에 대한 노예들의 원한에서 비롯되었다

　니체는 신이란 어떤 시대의 인간이 지향하는 가치들을 보여주는 상징적인 의미를 갖는다고 본다. 로마인들은 신을 강력한 힘과 충일한 생명력을 갖춘 존재로 간주하면서 강력한 힘과 생명력을 이상적인 가치로 숭배했다. 이에 반해 기독교는 신을 무력하고 고통 받는 자로 간주하면서 무력하게 고통을 받는 것을 이상적인 가치로 숭배하게 되었다. 이러한 가치관에 입각하여 노예계급 출신이었던 기독교인들은 로마인들의 가치관과 생활방식을 비판한다.

　기독교인들은 로마의 귀족계급을 악한 자들로 보지만, 이는 이들이 강력하고 부유하며 지상의 삶을 즐기고 맹신을 거부하고 회의적인 태도를 견지하면서 오만하게 보일 정도로 자신에 대해서 강한 긍지를 갖기 때문이다. 로마의 귀족계급에 반해서 기독교인들은 겸손과 절대적인 맹신, 고통 받는 자들에 대한 동정을 인간이 구현해야 할 가치로 본다. '십자가에 [무력하게] 못 박힌 신'이라는 개념은 신을 강력한 힘과 생명력을 갖는 존재로 보았던 그리스인들이나 로마인들에게는 생각할 수도 없는 부조리한 개념이었다. 이 점에서 니체는 기독교에서 고대적인 가치의 전환이 일어났다고 보며, 기독교를 노예반란으로 보고 있다.

이러한 노예반란으로서 기독교는 다음과 같은 성격을 갖게 된다.

첫째로, 기독교는 지배자들이 갖춘 정신, 긍지, 용기, 자유, 정신의 방종, 감각적 향유 등을 증오하며 감각의 기쁨과 지상에서의 기쁨 일반을 증오한다.

둘째로, 기독교에서는 이른바 지상에 속하는 모든 것들, 즉 육체와 본능적인 충동은 죄악시되며 이와 함께 위생이나 목욕을 비롯해서 육체를 돌보는 것은 경멸스러운 행위로 간주된다.

니체는 기독교를 규정하고 있는 피안과 차안의 이원론에도 현세의 강한 자들에 대한 원한이 스며들어 있다고 본다. 니체는 이러한 사실을 토마스 아퀴나스의 말에 입각하여 입증하고 있다. 토마스 아퀴나스는 신을 부정하는 현세의 지배자들이나 이른바 탁월한 인간들은 지옥에 떨어질 것이지만 신을 믿는 선한 자신들은 천국에 가서 그들이 지옥에서 고통을 당하는 것을 볼 수 있을 것이라고 말하고 있다. 니체는 토마스 아퀴나스의 이 말은 약한 자들이 강한 자들에 대해서 행하는 상상 속의 복수를 전형적으로 반영하고 있다고 보고 있다.

니체는 이렇게 말하고 있다.

[토마스 아퀴나스는 이렇게 말하고 있다.] 천국에 거주하는 축복 받은 자들은 저주받은 자들이 벌 받는 것을 보면서 자신들의 축복을 더욱 기쁘게 여기리라. […] 저 최후의 영원한 심판의 날, 이교도들이 예기치 않게 자신들이 조롱거리가 되는 것을 보게 될 그날에는, 그처럼 오랜 낡은 세계와 그 세계의 수많은 산물이 불길 속에서 타버릴 것이다! 그날이 오면 얼마나 엄청난 장관이 눈앞에 펼쳐지겠는가! 얼마나 탄복할 것인가! 얼마나 웃어야 할 것인가! 얼마나 기뻐할 것인가! 얼마나 승리감으로 충만하여 춤출 것인가! 천국에 영접되었다고 알려진 그렇게 많은 왕들이 위대한 주피터 자신과 그들의 승천을 목견한 증인들과 함께 어두운 지옥에서 신음하는 모습을 볼 때! 그리고 주의 거룩한 이름을 능욕한 총독들이 그리스도를 따르는 자들을 불태워 죽였던 능욕의 불길보다 더 흉포한 불길 속에서 불타 없어지는 것을 볼 때! 그리고 저 현명한 철학자들이 신과 관계되는 것은 이 지상에는 아무것도 없고 영혼은 존재하지 않고 적어도 이전의 육체로는 되돌아오지 않는다고 가르쳤던 자신들의 제자들 앞에서 수치심에 사로잡혀서 불태워지는 것을 볼 때!

─────

기독교적 신앙은 그것이 시작할 때부터 희생이었다. 모든 자유, 모든 긍지, 정신이 갖는 모든 자기확신의 희생이었고 동시에 노예가 되고 자신을 조소하며 자신을 불구로 만드는 것이었다. […] 기독교의 모든 용어에 대해서 현대인은 무감각해져 있기 때문에, '십자가에 못 박힌 신'이라는 역설적인 표현에 접했을 때 고대적인 취미가 경험했던 극도의 전율을 더 이상 느끼지 못한다. 이제까지 어디에서도 이러한 표현만큼 가공할 만하고 의문스럽고 미심쩍은 것도, 이만큼 대담한 전도(顚倒)도 없었다. 즉 그것은 모든 고대적 가치의 전환을 약속하는 것이었다. 로마에 대해서, 로마의 고귀하지만 경솔했던 관용에 대해서, 신앙상에서의 로마적인 '가톨릭주의'에[48] 대해서 이러한 방식으로 복수를 한 것은 동방, **심원한** 동방이었고 동방의 노예였다. 이러한 노예들이 주인에 대해서 분노하면서 반항했던 이유는 항상 [주인이 가졌던] 신앙 때문이 아니라 [주인이 보여주었던] 신앙으로부터 자유로운 태도, 진지한 신앙에 대한 반쯤은 스토아적이고 반쯤은 냉소적인 저 무관심 때문이었다. '계몽적인 태도'는 분노를 일으킨다. 이를테면 노예는 절대적인 것을 바라면서 전제적인 것만을 이해할 뿐이며 이는 도덕에서도 마찬가지다. 그는 사랑할 때나 미워할 때나 아무런 [세련된] 뉘앙스도 없이 우직하게 마음 깊은 곳에 이르기까지, 고통스러울 정도로 그리고 병이 날 정도로 철저하다. 그의 수많은 **숨은** 고통은 그러한 고통을 **부정하는** 것처럼 보이는 고귀한 취미에 대해서 분노한다. 고통에 대한 회의적인 태도는 근본적으로는 귀족적인 도덕의 한 태도에 불과하지만, 그것은 프랑스 혁명과 함께 시작된 최근의 노예 대반란의 발생에도 적지 않은 역할을 했다.[49]

---

48) 이 경우 가톨릭주의는 자신들이 정복한 지역들의 종교를 허용했던 로마인들의 관대함을 가리킨다고 할 수 있다.

49) 여기서 고통을 부정하는 태도나 고통에 대한 회의적인 태도는 다른 사람들의 고통에 대해서 동정을 느끼지 않고 남들의 고통뿐 아니라 자신의 고통도 대수롭지 않게 여기는 태도를 가리킨다고 볼 수 있다. 니체는 하층민들의 고통에 대한 귀족들의 무관심이 프랑스 대혁명이 일어난 중요한 원인 중의 하나였다고 보고 있는 것이다.

━━━━━

우리는 기독교를 아름답게 치장해서는 안 된다. 기독교는 이렇게 **더 높은** 인간형에 대해서 필사적인 싸움을 벌여왔으며 이러한 인간 유형의 모든 근본충동을 추방해 버렸고, 이러한 충동들을 증류시켜 악으로 만들어버렸으며 [그러한 충동들을 갖는 자들을] 악인으로 만들어버렸다. 강한 인간은 비난받아 마땅한 전형으로, '사악한 자'로 취급당하게 된 것이다. 기독교는 약하고 비천하고 실패한 자들의 편을 들어왔으며, 강한 삶의 자기보존 본능에 **대립되는 것**을 자신의 이상으로 삼았다.

━━━━━

북유럽의 강한 종족들이[50] 기독교 신을 거부하지 않았다는 사실은 그들의 취미는 논외로 하더라도 그들의 종교적 천분에 명예로운 일은 결코 아니다. 그들은 그처럼 병들고 노쇠한 데카당스의 산물과의 관계를 단절**해야만** 했다. 그러나 그들은 그렇게 하지 못했기 때문에 저주를 받고 있다. 그들은 병, 노쇠, 모순 등을 자신들의 모든 본능 안으로 받아들였다. 그들은 그 이래로 어떠한 신도 **창조하지** 못했다. 그 후로 2천 년이 흘렀는데도 그 사이 단 하나의 신도 만들지 못한 것이다. 그뿐만이 아니다. 신을 만들어내는 인간의 힘, 인간의 정신적 창조력의 궁극이자 최대의 것으로서 여전히 그리고 마치 당연한 것처럼 엄존하고 있는 것은 기독교적 단조로운 신론(Monotono-

━━━━━

50) 니체는 특히 게르만족을 염두에 두고 있다.

Theismus)의[51] 가련한 신인 것이다! 무(Null)와 개념과 모순으로 이루어져 있는 이 타락한 이 퇴폐적인 잡종으로부터 온갖 데카당스 본능과 영혼의 온갖 비겁함과 피로가 재가(裁可)를 받고 있는 것이다!

———

삶의 중심을 삶 안에 두지 **않고** 그것을 '피안'으로—무(無) 속으로—옮겨놓는다면, 삶으로부터 중심을 박탈하는 것이 되고 만다. 개인의 불사에 관한 그 엄청난 거짓말은 본능에 깃들어 있는 모든 이성, 모든 자연을 파괴시키는 것이다. 본능 가운데 있는 유익한 모든 것, 삶을 증진시키는 모든 것, 미래를 보장해 주는 모든 것이 이제 불신을 일으킨다. 그래서 사는 것은 더 이상 아무런 **의미**도 없다는 식으로 사는 **것이** 이제 인생의 '의미'가 되고 만다. … 공공심이 무슨 필요가 있는가? 집안과 선조에 대해서 감사가 무슨 필요가 있는가? 협동하고 신뢰하며, 전체의 복지를 증진하고 염두에 두는 것은 무슨 소용이 있는가? … 그 모든 것이 '유혹'이요 '올바른 길'로부터의 이탈이다. "필요한 것은 **오직 한 가지뿐**이다."[52] … 모든 사람은 '불사의 영혼'으로서 서로 평등하다는 것, 존재 전체에서 모든 개개인의 구원이 영원한 중요성을 갖는다고 주장될 수 있다는 것, 보잘것없는 위선자들, 미치광이가 다 된 자들이 자신들을 위해 자연법칙들이 항상 **파괴되고** 있다고 상상해도 된다는 것, 온갖 이기주

———

51) 이 책 45페이지 각주 4)를 참조할 것.
52) 루가복음, 10장 42절.

의가 그처럼 무한한 지경에까지 그리고 그처럼 **파렴치한 지경에까지** 이른다는 것에 대해서는 경멸의 낙인을 아무리 많이 찍어도 지나치지 않을 것이다. 그럼에도 불구하고 지금 기독교가 **승리**를 거두고 있는 것은 그것이 개인적 허영심에 **위와 같이** 가련한 아첨을 떨고 있기 때문이다. 그와 같은 방식으로 기독교는 온갖 실패한 자들, 반항적인 성향을 가진 자들, 불운한 자들, 인류의 온갖 배설물과 쓰레기들을 자기편으로 끌어들였던 것이다. '영혼의 구원' ― 더 쉽게 말하면, '세계는 나를 중심으로 돈다'는 발상, … '만인이 **평등한** 권리를 갖는다'는 교설의 독(毒) ― 기독교는 이것을 가장 철저하게 전파했다. 저열한 충동들의 가장 은밀한 구석에서 기독교는 인간과 인간 사이에 존재하는 모든 경외심과 거리감에 대해서, 다시 말해, 문화의 모든 고양과 성장을 위한 **전제조건**에 대해서 필사적으로 사투를 벌여왔다. 기독교는 대중의 원한을, **우리와** 고귀하고 기쁨에 차있고 드높은 정신을 가진 지상의 모든 것 그리고 지상에서의 우리의 행복에 대항하는 **주요한 무기**로 만들었다. … 베드로나 바울과 같은 사람들 모두에게 주어졌다는 '불멸성'은 고귀한 인간성에게 가해져왔던 그 어떠한 폭행보다 가장 악랄한 폭행이었다. **그리고** 우리는 기독교로부터 정치에까지 은밀히 스며들어간 숙명적인 불행을 경시해서는 안 될 것이다! 오늘날은 이제 아무도 더 이상 특권이나 지배할 권리를 요구하는 용기를 가진 사람이 없으며 자신과 동류의 인간들을 경외하고[53] **거리의 파토스**를 느낄 수 있는 용기를 가진 사람이 없다. … 이러한 용기가 존재하지 않기 때문에 우리의 정치는 **병**

---

53) 자신과 동등한 수준의 고귀한 친구들을 경외한다는 의미다.

들어 있다! 귀족주의적 심정은, 모든 영혼들은 평등하다는 기만에 의해 가장 철저하게 전복되고 말았다. 그리고 만약 '다수의 특권'에 대한 믿음이 혁명을 일으키고, 또 계속 혁명을 **일으켜나갈 것이라면**, 모든 혁명을 오직 피와 범죄로 뒤바꿔놓는 것은 의심할 여지없이 기독교일 것이며 **기독교적** 가치판단일 것이다. 기독교는 **드높은** 모든 것에 대해서 땅을 기어 다니는 모든 것이 일으킨 반란이다. '천한' 자들의 복음은 사람을 천하게 **만든다.**

이 종교[기독교]에서 육체는 경멸되며, 위생은 육체를 위하는 것이라 하여 거부당한다. 교회는 청결을 거부하기조차 한다(무어인들을[54] 추방한 후 기독교인들이 취한 최초의 조치는 코르도바에만[55] 270개에 달했던 공중목욕탕을 폐쇄한 일이다). 자신과 타인들에 대한 어떤 잔혹함이야말로 기독교적인 것이다. 자기와 견해를 달리하는 자들에 대한 증오, 박해하려는 의지도 마찬가지다. 음산하면서도 선정(煽情)적인 생각들이 전면에 나와 있다. 가장 열렬히 추구되고 최고의 이름으로 칭송되는 상태는 간질병적인 상태다. 섭생법은 병적인 현상들을 조장하고 신경을 과도하게 자극시키는 성격을 갖는다. 지상의 지배자들, '고귀한 자들'을 불구대천의 원수로 생각하는 적개심 그리고 동시에 그들에 대한 은밀한 경쟁심(그들은 고귀

---

54) 8세기에 스페인을 침략했던 아랍인.
55) 코르도바는 스페인 남부의 도시로 옛날 무어인들이 통치하던 시대에는 스페인의 수도였다.

252

한 자들에게는 '육체'만을 인정하면서 자신들은 오직 '영혼'만을 구하고 있을 뿐이라고 말한다), 그것이 기독교적인 것이다. **정신**, 궁지, 용기, 자유, 정신의 방종에 대한 증오가 기독교적인 것이다. **감각**에 대한 증오, 감각의 기쁨과 기쁨 일반에 대한 증오가 기독교적인 것이다.

3. 종교가 범하는 오류 중 하나: 공상적인 원인을 상정하는 오류

니체는 종교에서 흔히 보이는 오류 중의 하나를 '공상적인 원인을 상정하는 오류'라고 본다. 예를 들어 사람들은 어떤 사람이 겪고 있는 불행을 그 사람이 과거에 저지른 죄에 대한 신의 형벌로 생각할 수 있다. 그러나 신과 신의 형벌이라는 개념은 하나의 공상적인 원인에 불과한 것이며, 그 사람이 겪고 있는 불행을 제대로 설명할 수 없다.

니체는 사람들이 이렇게 공상적인 원인들을 끌어들이는 이유를 심리학적으로 설명한다. 사람들은 어떤 감각이 자신을 자극할 때 그 감각에 대한 원인을 찾고 싶어 한다. 사람들은 감각을 결과로서 경험하고 그것에 대한 원인을 찾는다는 것이다. 그리고 이 경우 우리는 보통 이전의 비슷한 종류의 상황들과 그것들로부터 생겨난 원인 해석들을 떠올린다. 새로운 것에 대한 의식은 기억에 의해 이전에 경험했던 유사한 상황과 그 상황에 적용되었던 인과관계의 적용을 받는다. 따라서 기억에 의해 특정한 원인 해석이 익숙해지는 심적 '습관'이 생기게 된다. 이러한 습관에 의해 우리는 새로운 경험을 할 때에도 기존의 원인 해석을 적용하게 되며, 심지어 새로운 원인을 분석하는 것조차 시도하지 않게 된다.

그러면 사람들은 왜 기억과 습관을 통해 잘못된 인과관계를 인식하게 되는가? 니체는 그 이유를 새롭고 낯선 것에 대한 인간의 '공포심'에서 찾는다. 미지의 것을 우리는 보통 위험한 것으로 보면서 불안과 두려움을 느끼게 된다. 미지의 것에는 위험, 불안, 근심이 따르는 것이다. 따라서 이러한 괴로운 상태를 제거하고 싶어 하는 본능적 욕망이 생겨나며, 이러한 본능적 욕망이야말로 앎이 시작되는 근본적인 동기다. 이러한 본능적 욕망을 충족시키기 위해서 인간은 어떤 방식을 통해서든 미지의 것을 해명해 내려고 한다. 이 경우 이러한 해명이 과연 참된 것인지 아닌지는 중요하지 않다. 중요한 것은 미지의 것으로 인한 고통스러운 상태를 제거하는 것이다. 따라서 사람들은 미지의 것을 허구적인 방식으로 해명하는 것이라도 그것이 자신의 고통스러운 상태를 해소하는 데 도움만 된다면 그것을 참이라고 생각해 버리는 것이다.

미지의 것에 대한 불안과 두려움을 우리는 그 현상의 원인을 전혀 낯설지 않은 기지(既知)의 것에서 찾는 방식으로 극복하게 된다. 그 결과 어떤 특정한 원인이 모든 새로운 현상도 설명할 수 있는 것으로서 내세워지게 되며 다른 원인들은 배척하게 된다. 이원론적인 전통 도덕과 종교가 내세우는 모든 원인은 이러한 공상적 원인들이다. 내가 겪는 불행과 불쾌의 원인은 신이나 도덕에 대한 불경에서 찾아지고 그러한 불행과 불쾌는 벌로 해석되는 것이다. 기독교는 신앙, 희망, 사랑을 행복의 원인으로 보지만 니체는 그것들은 사실은 결과에 지나지 않는다고 본다. 사람이 희망을 가질 수 있는 것은 생리적인 근본감정이 다시 강하고 풍부한 상태에 있기 때문이다. 사람이 신을 믿는 이유도 충만한 힘의 느낌이 그에게 안정감을 주기 때문이다.

이와 같이 니체는 도덕적, 종교적 원인 대신에 생리학적 원인을 제시하고 있으며, 종교적, 도덕적 현상은 원인이 아니라 오히려 생리학적 상태의 결과라고 보고 있다. 이와 관련하여 니체는 도덕과 종교는 공상적인 원인을 끌어들이는 오류뿐 아니라 결과에 해당하는 것을 원인으로 보는 오류도 함께 범하고 있다고 보는 것이다. 이런 의미에서 니체는 도덕이나 종교는 전적으로 오류의 심리학에 속한다고 말하고 있다.

니체는 이렇게 말하고 있다.

도덕과 종교 영역 전체가 공상적인 원인들이라는 이러한 개념 아래 포섭될 수 있다. — 도덕과 종교 영역 전체는 **불편한** 일반적인 느낌들을 다음과 같이 설명하고 있다. 불편한 느낌은 우리에게 적대적인 존재들(악령들. 가장 유명한 경우는 마녀로 오해된 히스테리증 여자들)에 의해 생긴다. 불편한 느낌은 용인될 수 없는 행위들에 의해 생긴다('죄'라는 느낌, '죄를 지었다'는 느낌이 생리적 불안의 원인으로 간주된다. 사람들은 항상 자신에 대해서 불만을 느끼게 되는 근거를 발견한다). 불편한 느낌은 우리가 하지 않아야 했고 또한 되지 말아야 했던 것에 대한 처벌로서, 즉 그것에 대한 대가로서 생긴다. […] **불편한** 느낌은 경솔하고 나쁘게 끝난 행위들의 결과로 생겨난다(정념과 감각이 원인으로서, '탓'으로서 설정된다. 생리적으로 불편한 상태가 **다른** 불편한 상태들의 도움을 받아서 '겪어야 마땅한 것으로서' 해석된다). 종교와 도덕의 영역 전체는 **편안한** 일반적인 느낌들을 다음과 같이 설명한다. 편안한 느낌은 신에 대한 믿음에서 생긴다. 편안한 느낌은 자신이 선한 행위를 했다고 생각할 때 생긴다. […] 편안한 느낌은 믿음과 사랑과 소망에 의해 — 다시 말해 기독교적인 덕들에 의해 — 생긴다. 공상적인 원인을 끌어들이는 이 모든 설명은 사실은 모두 **결과적** 상태이며, 말하자면 편안한 느낌과 불편한 느낌을 잘못된 방언으로 번역해 놓은 것이다. […] 도덕과 종교는 전적으로 **오류의 심리학**에 속한다. 따라서 모든 개개의 경우에서 원인과 결과가 혼동되고 있다. 또는 진리가 진리라고 **믿어지는 것**의 결과와 혼동되고 있다. 또는 의식의 어떤 상태가 이러한 상태의 원인과 혼동되고 있다.

———

　기독교에서는 도덕과 종교가 현실과 어떤 점에서도 접촉하지 못하고 있다. 그것들에 존재하는 것이라고는 순전히 공상적인 **원인들**('신', '영혼', '자아', '정신', '자유의지' — 혹은 '자유롭지 않은 의지'조차도 포함하여)밖에는 없고, 순전히 공상적인 결과들('죄', '구제', '은총', '벌', '죄 사함')밖에는 없다. 공상적인 **존재들**('신', '정신', '영혼') 사이의 교제. 공상적인 **자연과학**(인간중심적이며, 자연적 원인이란 개념이 완전히 결여되어 있는), 공상적인 **심리학**(종교적이고 도덕적인 특질을 가진 기호언어인 '후회', '양심의 가책', '악마의 유혹', '신의 임재'와 같은 것들의 도움을 빌려, 쾌감과 불쾌감이라는 일반적인 감정들, 이를테면 교감신경의 여러 상태를 스스로 오해하면서 해석하는 것일 뿐인), 공상적인 **목적론**('신의 나라', '최후의 심판', '영생'). 이렇게 순전히 **허구적인 세계**는 꿈의 세계와는 구별되는데, 이는 꿈의 세계는 그래도 현실을 **반영하는** 데 반해서 **허구적인 세계**는 현실을 왜곡하고 무가치한 것으로 만들며 부정하기 때문이다. 따라서 허구적인 세계는 꿈의 세계에 비해서 훨씬 불리한 것이다. '자연'이라는 개념이 '신'에 대한 대립 개념으로 일단 고안된 후부터는 '자연적 것'이라는 말은 '비난할 만한 것'을 가리키는 말로 사용되어야만 했다. 저 허구적인 세계는 자연적인 것(현실!)에 대한 **증오**에 뿌리를 두고 있으며, 그것은 현실적인 것에 대한 깊은 불만의 표현이다. … **그러나 이것으로 모든 것이 설명되는 것이다.** 현실을 왜곡하면서 그것에서 **도망할** 이유를 갖는 자는 누구이겠는가? 현실로 인해 **고통** 받는 자다. 그러나 현실로 인해 고통 받는 다는 것은 그 현실이 **좌절된** 현실이라는 것을 의미한다. … 쾌감에 대한 불쾌감의 우세가 저 허구적인 도덕과 종교의 **원인**이다. 그러나 그와 같은 우세가 데카당스를 위한 **공식**을 제공하는 것이다.

4. 제도화된 기독교가 예수의 진정한
정신을 왜곡했다

니체는 예수의 참된 정신과 제도화된 기독교의 교리를 서로 대립되는 것으로 본다. 니체는 제도화된 기독교의 교리, 즉 예수를 하느님의 독생자이자 구세주로 보면서 예수를 믿으면 천국에 가지만 그렇지 않으면 지옥에 떨어진다는 교리를 고안해 낸 사람은 바울이라고 하면서, 예수의 진정한 정신을 다음과 같이 보고 있다.

첫째로, 예수만을 구세주로 보는 바울과 제도화된 기독교의 교리와 반대로 예수는 자신뿐 아니라 모든 사람이 하느님의 아들이라고 믿었으며 서로 동등하다고 믿었다. 또한 예수는 모든 싸움을 거부하고 다른 사람을 시기하거나 적대시하는 마음 상태에서 벗어날 것을 가르쳤다. 심지어 예수는 악에도 저항하지 않을 뿐 아니라 애초부터 저항할 생각조차 갖지 말라고 가르쳤으며, 그 결과 얻어지는 평화, 온유함, 모든 사람을 형제처럼 사랑하는 상태에서 영원하고 완전한 행복을 발견하라고 가르쳤다. 따라서 예수는 완전한 행복이 죽어서 가는 '하느님 나라' 내지 천국에 있다고 보지 않고 우리의 마음속에 있다고 보았다. '하느님 나라는 너희 안에 있다'는 것이다.

둘째로, 이 점에서 니체는 예수는 위대한 상징주의자라고 말하고 있다. 예를 들어 위에서 본 것처럼 예수가 말하는 '하느님 나라' 내지 '천국'이라는 것은 '지상을 넘어서' 존재하는 특정한 공간적인 차원이나 '죽음 후에' 오는 특정한 시간적인 차원과는 전혀 무관하며, 마음의 어떤 특정한 상태를 가리키는 상징일 뿐이다. '신의 아들', '아버지인 신', '천국'은 모두 어떤 심리적 상태를 가리키는 상징일 뿐이다. '신의 아들'이라는 말은 모든 사물들이 성스럽게 총체적으로 변용되는 지복의 마음 상태로 진입하는 사건을 상징하고 있으며, '아버지인 신'이라는 말은 이러한 마음 상태 자체, 즉 영원과 완성의 느낌을 상징하고 있다.

셋째로, '기쁜 소식을 가져온 자'인 예수는 '인류를 구원하기' 위해서가 아니라 어떻게 살아야만 하는가를 보여주기 위해서 십자가 위에서의 죽음을 택했다. 그는 자신에 대한 모든 중상과 탄압에 대해서 저항하지 않았고 분노하지도 않았으며 자신의 권리를 변호하지도 않았고 오히려 자신을 죽이려는 자들을 사랑했다. 예수가 인류에게 남긴 것은 특정한 교리체계가 아니라 이러한 삶의 모습이었다.

니체는 그러나 예수의 죽음 이후에 득세하게 된 실제의 기독교는 바울에 의해서 정립된 것이라고 보면서 예수와 대비해서 바울을 다음과 같이 묘사하고 있다.

첫째로, 바울은 예수와는 정반대 유형의 인물이었으며, 그는 증오와 증오의 환상과 증오의 냉혹한 논리를 만들어내는 데 천재였다. 바울이 자신의 증오의 희생물로 삼은 자가 예수였다. 예수의 삶과 모범, 가르침과 죽음 그리고 복음 전체를 바울은 자신이 이용할 수 있는 것으로 만들어버렸다. 바울은 당시 사회의 지배층에 대한 증오에 사로잡혀서 예수를 믿지 않는 자들은 지옥에 떨어질 것이라는 교리를 만들어냈다. 예수를 이렇게 이용하기 위해서 그는 예수의 가르침을 왜곡했으며 예수를 보통 인간이 아닌 구세주로 격상시켰다. 그뿐 아니라 그는 예수 이전의 이스라엘의 역사 전체를 구세주인 예수의 출현을 위한 전사(前史)로 보이도록 왜곡했다. 즉 구약성서의 모든 예언자들이 '구세주'에 대해 이야기하도록 만들어놓았다.

예수는 자신과 다른 사람들 사이에 아무런 차별도 두지 않았지만 바울은 예수를 구세주로 격상시키면서 사람들로 하여금 메시아가 적을 심판하러 오는 결정적인 시간을 대망하게 만들었다. 이와 함께 기독교는 사랑을 실천하는 종교가 아니라 믿음의 종교가 되고 죽어서 천국에 가는 것을 갈구하는 종교가 되고 말았으며, 모든 자연적인 것을 악하고 부정(不淨)한 것으로 보게 되며 신체와 성욕을 악마시하게 된다.

둘째로, 바울은 존재 전체의 중심을 존재의 배후로, 즉 내세의 피안세계로 옮겨놓아 버렸다. 이에 따라서 그는 예수의 부활을 날조해 내었다.

셋째로, 바울은 힘을 갖고 싶어 했고 이에 따라 대중을 마음대로 지배하고 가축들로 만들 수 있는 개념과 가르침과 상징만을 이용할 수 있었다. 이러한 개념과 가르침과 상징 중에 영혼의 불멸이나 최후의 심판과 같은 것들만큼 좋은 수단은 없었다. 사람들은 최후의 심판에서 지옥에 떨어지지 않기 위해서 신의 권력을 위탁받은 자들로 간주되는 바울을 비롯한 성직자들의 지배에 복종해야만 했다.

니체가 예수의 정신과 바울이 정립한 기독교의 교리 사이의 차이를 강조하고 있고 언뜻 보기에는 예수를 긍정적으로 본 것처럼 보이기 때문에, 니체 연구자들 중 일부는 니체가 말하는 초인은 예수와 동일하다는 주장을 펴기도 했다. 그러나 니체는 예수를 '숭고한 것과 병적인 것과 유치한 것이 기이하게 결합되어 있는 가장 흥미 있는 데카당'이라고 보았다. 니체는 예수의 정신은 생리적인 허약함으로 인해서 현실에 대한 모든 저항과 투쟁을 포기하고 내면적인 평화에로 도피해 들어가려고 하는 정신이라고 보고 있는 것이다.

이 점에서 니체는 무조건적인 사랑과 무저항을 설파한 예수의 정신 상태를 생리학적으로 분석하고 있다고 할 수 있다. 니체는 예수가 고통과 자극에 대해서 극단적인 감수성을 가지고 있었기 때문에 고통에서 벗어나기 위해서 역시 극단적인 방법을 사용했다고 본다. 자신을 공격하는 사람에게 저항하거나 자신을 증오하는 사람을 증오하는 것은 우리에게 고통을 불러일으킨다. 따라서 예수는 모든 종류의 반감, 적개심 등을 제거하고 자신을 공격하거나 증오하는 사람에 대해서도 그 사람을 불쌍하게 여기고 사랑하는 태도를 취하게 되었다고 보는 것이다.

니체는, 강한 자들에 대한 원한에 입각한 제도화된 기독교를 병약한 의지에서 비롯된 것으로 보았던 것과 마찬가지로 예수도 병약한 의지의 소유자로 보았다. 니체에 따르면 예수는 현실에 대해서 능동적으로 대응할 힘을 상실했기에 현실을 무조건적인 사랑이라는 고상한 이름 아래 체념적으로 수용하는 입장을 취하게 되었다는 것이다. 니체는 이러한 사랑은 진정으로 강한 자가 힘이 넘쳐서 자신의 사랑을 방사하는 것이 아니라고 본다.

니체는 이렇게 말하고 있다.

'복음서'의 심리에는 그 어디에도 죄와 벌이라는 개념이 없다. 보상이란 개념도 마찬가지다. 복음서에서 '죄'란 신과 인간 사이에 거리가 존재한다는 것이지만, 이러한 모든 거리가 제거되었다는 것, **바로 그것이 '기쁜 소식'**이다. 지복은 약속된 것이 아니며 어떤 조건들에 매여 있지도 않다. 지복은 **유일한** 실재다. 나머지는 그것에 대해서 말하려는 기호들이다. …

　그러한 상태의 **결과**는 하나의 새로운 **실천**, 진정으로 복음적인 실천 속에 투영된다. 기독교인을 구별짓는 것은 '신앙'이 아니다. 기독교인은 행동한다. 그는 **다른** 행동 방식에 의해서 구별된다. 그는 자기에게 악을 행하는 자에게 말로도 마음속에서도 저항하지 않는다. 그는 이방인도 본토인도 차별하지 않으며 유대인도 비유대인도 차별하지 않는다. ('이웃'이란 본래는[유대교에서는] 신앙을 같이 하는 자, 즉 유대인을 말한다.) 그는 어느 누구에게도 화를 내지 않으며 어느 누구도 경멸하지 않는다. 그는 법정에 나서지도 않으며 변호를 요구하지도 않는다('서약하지 말'라는 것이다). 어떠한 상황에도, 심지어는 부인의 부정이 입증된 경우에도 부인과 갈라서지 않는다. 모든 것이 근본적으로 한 가지 명제로 귀착되고 모든 것이 결국 한 가지 본능의 결과다.

　구세주의 삶이란 바로 **이러한** 실천 외에 아무것도 아니었다. 그의 죽음도 역시 다른 것이 아니었다. … 그는 신과 교통하기 위한 어떠한 형식도, 어떠한 의식도 필요로 하지 않았다. 기도조차도 필요 없었다. 그는 유대적인 회개와 속죄의 교리 전체를 청산해 버렸다. 그는 사람들이 오직 삶의 실천을 통해서만 자신을 '신적이고', '복되며', '복음적이고', 언제나 '신의 자식'으로 느끼게 된다는 사실을 알고 있다. 신에게 이르는 길은 '회개'도 아니고 '용서를 구하는 기도'도 아니다. **복음에 따른 실천만**이 신에게 인도하며 실천이 바로 신이다. 복음과 함께 **폐기된** 것은 '죄', '죄의 용서', '신앙', '신앙에 의한 구원'과 같은 개념들로 이루어진 유대교였다. 유대 **교회**의 모든 교설은 '기쁜 소식'에서는 부정되었다.

어떠한 다른 태도에서도 '천국에 있다고 느낄' 수 **없는** 반면에, '천국에 있다고' 느끼기 위해서 그리고 자신이 '영원하다고' 느끼기 위해 어떻게 **살아야** 할 것인가에 대한 깊은 본능, 오직 이것만이 '구원'의 심리적 실재다. ─그것은 하나의 새로운 변화이지 하나의 새로운 신앙은 **아니다.**

내가 이 위대한 상징주의자에 대해서 어떤 무엇인가라도 이해하고 있는 점이 있다면 그것은 그가 오직 **내적** 실재만을 실재로서, 곧 '진리'로서 간주했다는 것이다. 그리고 그가 그 나머지 것, 곧 자연적인 것, 시간적인 것, 공간적인 것, 역사적인 것 모두를 단지 기호로서만, 단지 비유를 위한 수단으로만 이해했다는 사실이다. '사람의 아들'이라는 개념은 역사 속의 구체적인 인물, 곧 어떤 개별적이고 일회적인 인물이 아니고, 어떤 '영원한' 사실이며 시간 개념에서 해방된 어떤 심리적 상징이다. 우리는 이 전형적인 상징주의자의 **신**, 신의 나라, '천국', '신의 자녀들'에 대해서도 위와 동일하게 말할 수 있다. 그리고 그것들은 최고의 의미에 있어서 그러하다. [그것들은 어떤 '영원한' 사실이며 시간 개념에서 해방된 어떤 심리적 상징이다.] […] 물론 '아버지'와 '아들'이라는 기호로 무슨 암시가 있는가는 명약관화하다. 물론 모든 사람에게 명약관화한 것은 아니라는 점은 인정한다. '아들'이라는 말로는 모든 사물이 성스럽게 총체적으로 변용되는 느낌(지복)에로 **진입하는 사건**이 표현되어 있으며, '아버지'라는 말로는 이러한 **느낌 자체**, 즉 영원과 완성의 느낌이 표현되어 있다. … 교회가 이러한 상징들로 무엇을 만들었는지를 떠올리는 것만 해도 부끄러울 지경이다. 교회는 기독교적 '신앙'의 문턱에 암피트리온(Amphitryon)[56] 이야기를 갖다놓은 것이 아닌가. 게다가 '더럽혀지지 않은 수태'[동정녀 수태(受胎)]라는 도그마를 덧붙이지 않았던가. … **그러나 이와 함께 교회는 수태를 더럽혀버렸다.**[57]

'천국'이란 마음의 한 상태다. '지상을 넘어서' 혹은 '죽음 후에' 오는 것이 아니다. 자연사라는 개념은 복음에 전혀 **나오지 않는다.** 죽음이란 하나의 다리도, 하나의 이행도 아니다. **자연사라는 개념이 나오지 않는** 것은 죽음은 전혀 다른 단순히 가상적인 세계, 단순히 기호로만 쓸모가 있는 세계에 속해 있기 때문이다. '임종의 시각'이란 기독교적 개념이 아니다. '시각', 시간, 육체적 삶과 그것의 위기라는 것은 '기쁜 소식'을 가르치는 자에게는 전혀 존재하지 않는다. … '신의 나라'라는 것도 사람들이 기대하는 것은 아니다. 신의 나라에는 어제도 내일도 없으며 그것은 '천년'이 지나도 오지 않는다.

---

56) 암피트리온의 아내 알크메네는 남편이 자기 오빠들의 원수를 갚아주기 전에는 동침을 하지 않겠다고 했다. 그러나 남편이 원수를 갚으러 간 사이, 제우스가 남편으로 변신하여 일을 마치고 돌아온 척하면서 아직 처녀인 그녀와 동침한다. 그 결과 헤라클레스가 태어났다.

57) 성모 마리아를 동정녀로 봄으로써 인간의 수태 행위, 즉 성행위를 더러운 것으로 간주하게 되었다는 말.

그것은 마음속에서 일어나는 하나의 경험이다. 그것은 도처에 있으면서도 아무 데도 없다.

———

'기쁜 소식을 가져온 자'는 — 자신이 살아왔고 **가르쳤던** 대로 — '인류를 구원하기' 위해서가 **아니라** 어떻게 살아야만 하는가를 보여주기 위해 죽었다. 그가 인류에게 남긴 것은 **실천**이었다. 그가 남긴 것은 재판관, 간수, 고소하는 자, 그리고 모든 종류의 중상(中傷)과 조소 앞에서의 태도, **십자가** 위에서의 태도였다. 그는 저항하지 않는다. 그는 자신의 권리를 변호하지도 않는다. 그는 최악의 사태를 피할 수 있는 조치도 강구하지 않는다. 오히려 그는 **그러한 사태를 도발한다.** … 그리고 그는 자신에게 악을 행하는 자들**과 더불어**, **그들 자신이 되어** 간구하고 괴로워하고 사랑한다. 그가 십자가에 매달린 도적에게 한 말 가운데는 복음의 모든 말이 다 들어 있다. "이 사람이야말로 정말 신과 같은 사람, 하느님의 아들이었구나!"라고 도적은 말한다.[58] "네가 그렇게 느낀다면," — 구세주는 이렇게 말한다 — "너는 낙원에 있는 것이다. 너는 하느님의 아들이다." 자신을 방어하지 **않는다는 것**, 노하지 **않는다는 것**, 다른 사람의 책임을 **묻지 않는다는 것**…, 그리고 악인에게까지도 저항하지 않고 그를 **사랑한다는 것**….

———

58) 이 말은 성서에서는 예수가 죽은 후 도적이 아니라 백인대장(百人隊長)이 한 말로 되어 있다. 루가복음, 23장 47절, 마태복음, 27장 54절, 마가복음, 15장 39절 참조.

예수는 '죄'라는 개념 자체를 폐기했다. 그는 신과 인간 사이에 존재하는 어떠한 간극도 부정했으며 신과 인간의 이러한 통일을 **자신의** '기쁜 소식'으로 삼고 **살았다.** ··· 그리고 그는 그러한 통일을 자신의 특권으로 생각하지 **않았다!** ─ 그때부터 구세주라는 유형 속으로, 심판과 재림의 교리, 그의 죽음이 희생이라는 교리, **부활의** 교리가 점차적으로 들어왔다. 부활의 교리와 함께, 복음이 말하는 현실의 전체이자 유일한 현실인 '지복'이란 개념 전체가 제거되어 버렸다. 죽음 **이후의** 상태를 위해서 말이다. ··· 바울은, 모든 면에서 그의 특징을 잘 나타내고 있는 그 율법학자다운 **파렴치함**으로 이러한 견해, 즉 억지스럽기 짝이 없는 견해를 다음과 같은 방식으로 합리화했다. "그리스도께서 죽은 자들 가운데서 다시 살아나시지 않았다면 우리의 믿음은 헛된 것이다."[59] 순식간에 복음은, 이루어질 수 없는 모든 약속들 가운데서도 가장 경멸스러운 약속인 개인의 불사에 대한 파렴치한 교리가 되고 말았다. ··· 바울 자신은 개인의 불사를 [신앙에 대한] **보상**이라고 가르치기까지 했다!

십자가에서의 죽음과 함께 끝나버린 것이 무엇이었는지를 우리는 알고 있다. 일종의 불교적 평화운동을 위한 새롭고도 전적으로 근원적인 단초, 다시 말해 단순히 약속된 것만은 아닌 **지상에서의** 사

---

59) 고린도 전서, 15장 14-17절 참조.

실적인 **행복**을 위한 새롭고도 전적으로 근원적인 단초가 끝나버린 것이다. 왜냐하면 내가 이미 강조했듯이, 이것이 두 가지 데카당한 종교들 간의 근본적인 차이로 남아 있기 때문이다. 불교는 아무런 약속도 하지 않지만 그것을 지키는 반면에, 기독교는 모든 것을 약속하고서도 **하나도 지키지 않는다**. '기쁜 소식'의 뒤를 이어 곧바로 **가장 나쁜 소식**이 왔다. 바울의 소식이 그것이다. 바울은 '기쁜 소식의 전달자'와는 정반대의 유형을 구현하고 있다. 그는 증오와 증오의 환상과 증오의 냉혹한 논리를 만들어내는 데 천재였다. 그 나쁜 소식의 전달자가 자신의 증오의 희생물로 삼은 것은 무엇이었던가? 무엇보다도 구세주였다. 그는 **자신의** 십자가에 구세주를 못 박아버렸다. 증오에 사로잡힌 이 화폐 위조자가 예수의 삶과 모범, 가르침과 죽음, 그리고 복음 전체의 의미와 정당성을 자신이 이용할 수 있는 것으로 만들어버렸을 때, 그것들 중의 아무것도 남아 있지 않게 되었다. 실재도, 역사적 진리도 **남아 있지 않았다!** … 그리고 유대인의 사제적인 본능은 역사에 대해서 동일한 대범죄를 다시 한 번 저질렀다. 그는 기독교의 어제와 그 이전의 날을 완전히 지워버리고 스스로 **초대 기독교의 역사를 만들어냈다**. 그뿐 아니다. 그는 이스라엘의 역사가 그의 행위를 위한 전사(前史)로 보이게끔 왜곡했다. 모든 예언자들이 **그의** '구세주'에 대해 이야기하도록 만들어놓았다. … 나중에 교회는 인류의 역사까지도 기독교의 전사로 날조하고 말았다. … 구세주의 유형, 가르침, 실천, 죽음, 죽음의 의미, 심지어는 죽음 이후의 일까지 ─그 어느 것도 그냥 둔 것이 없었다. 현실의 모습을 조금이라도 닮은 것이면 어느 것도 그냥 두지 않았다. 바울은 존재 전체의 중심을 존재의 **배후로** 송두리째 옮겨놓아 버렸다.

'부활한' 예수에 관한 **거짓말** 속으로 말이다. 근본적으로 그는 구세주의 삶을 필요로 할 수 없었다. 그는 십자가에서의 죽음을 **그리고** 그 이상의 어떤 것을 필요로 했다. … 스토아적 계몽의 중심지를 고향으로 둔 바울과 같은 사람이[60] 구세주가 **아직도** 살아 있다는 **증거**로서 어떤 환영을 꾸며낼 때 그 같은 사람을 정직하다고 보거나 그러한 환영을 보았다는 그의 이야기만이라도 믿는다는 것은, 심리학자의 관점에서 보면 정말 어리석은 일이 아닐 수 없다. 바울은 목적을 원했고, **그에 따라** 수단도 원했다. … 그 자신은 믿지 않았던 것을 **그의** 가르침을 받았던 바보들은 믿었다. 그가 필요로 했던 것은 **권력**이었다. 바울과 함께 사제는 권력을 추구했던 것이다. 그는 대중을 마음대로 지배하고 가축들로 만들 수 있는 개념과 가르침과 상징만을 이용할 수 있었다. 나중에 마호메트가 기독교로부터 빌린단 하나의 것은 무엇이었던가? 그것은 바울이 사제에 의한 전제적 지배를 확립하고 사람들을 가축으로 만들기 위해 생각해 냈던 수단, 곧 불사에 대한 믿음이었다. 곧 **'심판'에 대한 교리였다.**

현실에 대한 본능적 증오, 이것은 모든 접촉을 너무나 깊이 느끼기 때문에 더 이상 '접촉'되기를 원하지 않는, 고통과 자극에 대한 극단적인 감수성의 결과다.

모든 혐오, 모든 적의, 한계와 거리에 대한 모든 느낌의 본능적인 배제, 이것은 모든 저항과 저항하지 않으면 안 된다는 느낌을 견딜 수

---

60) 바울의 고향인 타루소에는 유명한 스토아학파의 학교가 있었다.

없는 **불쾌감**(말하자면, **해로운 것**, 자기보존 본능이 **말리는 것**)으로 느끼고 누구에게든, 악에게든 악인에게든 더 이상 저항하지 않는 것 가운데에서만 지복을 발견하고, 사랑을 삶의 유일하고 궁극적인 가능성으로 보는 고통과 자극에 대한 극단적인 감수성의 결과다….

[…] 고통에 대한 공포, 한없이 작은 고통에 대해서마저도 느끼는 공포 — 이러한 공포는 **사랑의 종교**에서만 끝날 수 있다.

나에게 중요한 것은 구세주의 심리적 유형이다. 복음서들에 아무리 왜곡되고 이질적인 특징들이[61] 지나치게 섞여 들어가 있다 하더라도 그리고 그것들이 아무리 복음서라고 하더라도 그것들은 그러한 심리적 유형을 포함하고 **있을 수 있다**. […] 모든 싸움, 자신이 싸우고 있다는 모든 느낌의 반대가 복음서에서는 본능이 되었다. 저항할 능력을 갖지 않는 것이 복음서에서는 도덕이 되어 있고("악에 저항하지 말라!"는 것이 복음서의 가장 심원한 말이며 어떤 의미에서는 복음서를 이해하는 관건이다), 평화에, 온유함에, 적의를 가질 수 **없음**에 깃들어 있는 지복이 도덕이 되어 있다. '기쁜 소식'[복음]이란 무엇인가? 진정한 삶, 영원한 삶이 발견되었다는 소식이다. 그것이 [내세에] 약속되어 있다는 것이 아니라, 바로 여기, **너희들 안**에 있다는 것이다. 사랑 속에, 뺄 것도 배제할 것도 없고 거리가 없는 사랑 속에서 사는 삶으로서 말이다. 모든 사람이 하느님의 아들이

---

61) 바울과 유대교의 특성들이 복음서에 섞여 들어가서 예수의 본래 가르침이 왜곡된 것을 가리키는 것 같다.

며 ― 예수는 분명 아무것도 자신에게만 해당되는 것으로 주장하지 않고 있다 ― 하느님의 아들로서 모든 사람은 동등하다. […] '정신'이라고 하는 우리의 모든 개념, 우리의 모든 문화적 개념은 예수가 살던 당시의 세계에서는 아무런 의미도 갖지 못했다. 엄밀한 생리학자로서 말하자면 다른 말이, 즉 백치라는 말이 여기서는 오히려 적합한 것 같다. 우리는 어떤 것이든 단단한 물체에 닿기만 해도 그리고 그것을 쥐기만 해도 기겁을 하고 움츠러드는, 병적으로 민감한 촉각의 상태를 잘 알고 있다. 그와 같은 생리적 상태(habitus)의 궁극적인 논리적 귀결을 생각해 보라. 그것은 모든 현실성에 대한 본능적 증오, '붙잡을 수 없는 것', '이해할 수 없는 것'으로의 도피, 모든 형식, 모든 시간 개념과 공간 개념, 확고한 모든 것, 관습, 제도, 교회와 같은 모든 것에 대한 반감, 어떠한 종류의 현실과도 접촉하지 않는 세계, 단지 '내적인' 세계, '참된' 세계, '영원한' 세계에서의 안주가 될 것이다…. '하느님 나라는 **너희 안**에 있다'는 것이다….

5. 니체는 불교를 어떻게 보았는가

니체는 불교와 기독교를 똑같이 허무주의적이며 데카당스적인 종교로 본다. 여기서 허무주의적이라는 것은 양자가 모두 현실을 고통에 가득 찬 부정적인 것으로 보면서 현실에 대한 적극적인 대응 대신에 내면이나 피안으로 도피하고 있다는 것을 의미한다. 그리고 데카당스적이라는 것은 양자가 모두 생명력의 약화와 퇴화에서 비롯되었으면서도 또한 생명력의 약화와 퇴화를 조장하고 있다는 것을 의미한다.

불교와 기독교를 위와 같이 본질적으로 허무주의적이고 데카당스적인 종교로 보면서도 니체는 불교와 기독교는 근본적으로 서로 다를 뿐 아니라 불교는 기독교보다도 훨씬 뛰어난 종교라고 말하고 있다. 니체는 불교를 기독교보다 더 뛰어난 종교로 보는 이유로 다음 두 가지를 들고 있다.

첫째로, 무엇보다도 불교는 기독교보다 훨씬 현실적이어서 문제를 냉정하고 객관적으로 제기하는 성질을 갖고 있다. 보다 구체적으로 말하자면 불교는 무엇보다도 인간이 부딪히는 고통의 문제를 신이나 원죄와 같은 허구적인 개념들을 끌어들여서 설명하려고 하지 않았다.

둘째로, 불교는 기독교와는 달리 선악을 넘어서 있다. 기독교의 경우 어떠한 행위가 선이고 어떠한 행위가 악인지는 신의 율법에 의해서 영원히 불변적으로 정해져 있는 것으로 간주되는 반면에, 불교는 인간의 고통을 극복하는 데 도움이 되는 것은 선이고 인간의 고통을 극복하는 데 도움이 되지 않는 것은 악이라고 본다. 즉 기독교의 경우에는 선악이란 개념은 신에 의해서 규정된 것으로 무조건적으로 준수되어야 할 것이지만, 불교의 경우에 선악이란 개념은 인간이 자신의 행복과 고통 그리고 자신의 행위 사이에 존재하는 인과관계에 대한 엄밀한 관찰에 의해서 스스로 정할 수 있는 것이며 상황에 따라서 얼마든지 변화될 수 있는 것이다. 이 점에서 불교는 선악을 넘어서 있다고 니체는 평가한다.

니체는 불교는 모든 종교와 마찬가지로 특정한 생리적인 조건들과 역사적인 조건들 아래서 나타났다고 본다. 니체는 불교가 발생할 당시의 인도 지식인 계층을 규정했던 생리적 조건을 고통에 대한 지나치게 민감한 감수성으로 보고 있다. 즉 인도의 상류계층은 오랫동안 개념적인 작업에 몰두함으로써 야성적이고 건강한 본능을 상실하고 자그마한 고통도 두려워할 정도로 지나치게 민감한 감수성을 갖게 되었다는 것이다. 니체는 이러한 생리적인 조건이야말로 우울증이 쉽게 발생할 수 있는 상태라고 보면서, 부처의 사상은 이러한 우울증을 극복하는 데 도움이 되는 위생학적인 성격을 띤다고 본다.

이런 맥락에서 니체는 불교의 본질을 지나친 '객관성'의 추구에 따른 정신적인 피로와 우울증에 대한 처방으로 본다. 이와 함께 니체는 부처에게는 이기주의가 하나의 의무가 된다고 말하고 있다. 이 경우 이기주의란 남들을 고통스럽게 하면서도 자신의 이익만을 취한다는 것이 아니라 자신의 행복과 건강을 가장 중요한 것으로 보면서 그것에 관심을 갖는 태도를 말한다. 부처는 당시 인도의 지식인들에게 객관성의 추구를 벗어나 '어떻게 하면 괴로움에서 벗어날 수 있는가'라는 문제에 몰두하게 했다는 것이다.

이런 맥락에서 니체는 불교는 피로하고 종말에 달한 문명을 위한 종교이지만, 기독교는 아직 문명의 맹아도 보지 못했다고 말하고 있다. 불교는 고대세계의 최하층계급이나 강하지만 좌절한 종족을 위한 종교가 아니라, "노년의 인간들(späte Menschen)을 위한 종교, 선량하고 부드러우며 지나치게 정신화되어 고통에 너무 민감한 종족들을 위한 종교다." 즉 불교는 지나치게 문명화되어 약화된 종족들을 평온하고 명랑한 상태로 인도한다는 것이다. 이에 대해서 기독교는 로마 제국이라는 문명세계에서 문명을 접하지 못한 최하층계급이나 아직 문명에 접한 적도 없는 야만 종족들을 병들게 하는 방식으로 문명에로 이끈다.

니체가 기독교가 아직 문명에 접하지 않았다고 보는 것은 기독교는 아직 객관성보다는 믿음을 중시하고 있다고 보는 것과도 밀접한 연관이 있다. 불교가 객관적인 탐구를 중시하는 반면에, 기독교는 어떤 것이 참인지 아닌지는 그 자체로는 전혀 중요하지 않으며 그것이 최고의 중요성을 갖는 것은 그것이 참이라고 믿어지는 한에서라고 생각한다. 예를 들어서, 만약 죄로부터 구원받았다고 믿는 데에 행복이 있다면 이를 위해서 필요한 전제는 자신이 실제로 죄를 지은 자라는 것이 아니라 오히려 자기에게 죄가 있다고 느끼는 것이다. 이렇게 가장 중요한 것이 진리 자체가 아니라 믿음이라면, 이성, 인식, 탐구는 좋지 못한 것으로 취급되어야만 한다. 즉 진리에 대한 탐구는 기독교에서는 금지된다.

이상의 분석을 토대로 하여 니체는 불교의 특성을 이렇게 정리하고 있다.

첫째로, 불교를 낳은 집단은 매우 온화한 풍토와 관습을 가진, 학문을 한 상층계급이며 이들은 전투적이지 않고 커다란 유화(宥和)와 관대함을 특성으로 갖는다.

둘째로, 이들은 명랑, 평정, 무욕을 최고의 목표로 지향하며 인간은 이러한 목표에 도달할 수 있다고 생각한다. 즉 불교는 완전성을 동경만 하는 종교가 아니다. 완전한 것이란 불교에서는 정상적인 경우다.

이런 맥락에서 니체는 불교와 기독교를 다음과 같이 대비하고 있다. 불교와는 달리 기독교는 학문을 한 상층계급에서 비롯된 것이 아니라 정복된 자들과 억압받는 자들에게서 비롯되었다. 따라서 기독교는 정복자들과 억압자들에 대해서 정복된 자들과 억압받는 자들이 행하는 일종의 정신적인 복수라는 성격을 가지고 있다. 기독교인들은 지상의 지배자들을 사탄으로 생각하며 이들이 지옥에 떨어질 것이라고 믿으면서, 지옥에서 이들이 고통 받는 모습을 천국에서 지켜볼 자신들의 모습을 상상하면서 만족해한다. 아울러 지상의 지배자들은 '육체'에만 관심이 있는 반면에 자신들은 오직 '영혼'에만 관심이 있다고 말하면서 자신들이 지배자들보다 더 우월하다고 믿는 방식으로 자신들의 힘에의 의지를 만족시킨다.

이 점에서 기독교는, 학문에 몰두하면서 객관성을 추구하다가 정신적으로 피로해진 상층계급이 겪고 있던 우울증에 대한 치유책이라는 성격을 가지고 있는 불교와는 정반대의 성격을 가지고 있다. 즉 불교는 모든 원한과 적개심으로부터 해방된 쾌활한 상태를 지향하는 반면에, 기독교는 정복된 자들과 억압받는 자들이 자신들을 괴롭히던 자들에 대해서 가지고 있던 원한과 적개심을 반영하고 있을 뿐 아니라 그러한 원한과 적개심을 정당화하면서 심화하고 있는 것이다.

니체는 그 외에 기독교와 불교를 세부적인 면에서 다음과 같이 대비하고 있다.

첫째로, 기독교는 자신과 타인들에 대해서 잔인한 면이 있다. 기독교에서는 육체와 본능과 끊임없이 투쟁하지만 그것들의 불가항력적인 힘을 경험하기 때문에 사람들은 끊임없이 자신의 죄를 고백하고 자책하고 용서를 열정적으로 간구한다. 불교 사원에는 적정이 지배하는 반면에, 기독교에서는 죄를 고백하고 용서를 갈구하는 통곡이 지배한다. 즉 기독교에서는 불교에서처럼 명랑, 평정, 무욕이 추구되는 것이 아니라 자신들의 죄를 용서해 줄 하느님이라 불리는 권력자를 둘러싼 격정이 부단히 유지된다.

둘째로, 불교가 밝은 상념들을 북돋우려고 하는 반면에, 기독교에서는 죄와 지옥의 형벌과 같은 음산하면서도 자극적인 생각들이 전면에 나와 있다. 기독교에서 가장 열렬히 추구되고 가장 높은 이름으로 칭송되는 상태, 즉 이른바 신과 만나는 상태는 간질병적인 상태다. 따라서 기독교에서는 섭생법도 병적인 현상들을 조장하고 신경을 과도하게 자극하는 방식으로 행해진다.

셋째로, 불교가 광활한 대지를 찾는 반면에, 기독교는 은밀하고 어두운 공간을 찾는다. 기독교에는 공개적인 성격이 결여되어 있다. 이는 기독교에서 죄의 고백이 중요한 역할을 한다는 것과 연관이 있다고 할 수 있다.

넷째로, 불교에서는 완전하고 최고의 상태는 인간 자신의 힘으로 도달할 수 있는 것으로 간주되는 반면에, 기독교에서는 최고의 것은 도달 불가능한 것으로 간주되며 신의 선물이나 은총으로 여겨진다.

다섯째로, 불교가 자신을 다른 종교에 강요하지 않으려고 하는 반면에, 기독교는 자기와 다른 생각을 가진 자들을 증오하고 박해하려고 한다. 이는 기독교가 인간의 죄를 용서해 줄 유일한 신에 대한 철저한 복종을 주창하기 때문이다. 이에 반해 불교는 인격신과 같은 관념은 인간이 삶에서 느끼는 불안과 공포를 해소하기 위해서 만들어낸 허구적인 관념으로 본다. 그러나 불교는 경우에 따라서는 이러한 허구가 인간을 정신적으로 건강한 상태로 만드는 데 도움이 될 수도 있다고 본다. 따라서 불교는 서방정토에서 인간을 구원하는 아미타불이라는 관념이 허구라고 보면서도, 그러한 관념은 정신력이 약한 많은 사람들이 일정한 단계에까지 그들의 정신력을 강화하는 데 도움이 될 수 있을 것이라고 보면서 그러한 관념을 인정한다. 불교에서 배격하는 것은 그러한 관념의 실재성을 주장하면서 그러한 관념만이 절대적인 진리라고 믿을 것을 강요하는 독단이다.

이런 맥락에서 니체는 기독교를 유아적인 의존 본능을 탈피하지 못한 연약한 자들의 종교라고 본다. 이에 반해서 인도의 브라만교는 신보다도 승려가 더 힘이 있다고 보았으며 승려의 힘의 원천을 신보다는 관습에서 찾았다는 점에서 보다 더 진리에 가깝다. 신에 대한 의존도가 기독교보다도 훨씬 작다는 점에서 그것은 기독교에 비해서 강하고 독립적인 인간들의 종교다. 더 나아가 불교는 브라만교를 넘어서 인간 각자가 자력에 의해 자신을 구원할 것을 촉구한다는 점에서 기독교보다도 주체적이고 강한 인간들의 종교다. 니체는 기독교에서처럼 하느님에게 인간을 불쌍히 여기는 자비와 동정을 간구하는 것을 남에게 자비와 동정을 구걸하는 것과 마찬가지로 품위 없고 수치스러운 것으로 보았다.

그러나 니체는 자신이 불교와 비교하면서 이렇게 폄하하고 있는 기독교는 바울이 해석한 기독교이지 예수가 구현하려고 했던 참된 정신은 아니라고 한다. 니체가 예수가 구현하고자 했던 참된 정신으로 주장하고 있는 내용을 보면 불교와의 유사성이 눈에 띈다. 니체는 예수가 지향한 삶의 형태는 불교가 지향한 삶의 형태와 본질적으로 동일한 것이라고 보고 있으며 더 나아가 그는 예수의 운동을 일종의 불교적 평화운동이라고까지 말하고 있다.

니체는 이렇게 말하고 있다.

나는 기독교를 단죄하고 있지만 그렇다고 해서, 그와 유사한 종교이면서도 신자수가 훨씬 많은 종교인 불교를 부당하게 취급하고 싶지는 않다. 그 두 종교 모두 허무주의적 종교라는 점에서는 다를 바 없다. 그것들은 데카당스적 종교이지만, 양자는 매우 현저하게 다르다. 오늘날 이 두 종교를 **비교할** 수 있다는 사실에 대해서, 기독교를 비판하는 자들은 인도의 학자들에게 깊이 감사를 느껴야 할 것이다. 불교는 기독교보다 수백 배 더 현실적이다. 불교는 문제를 냉정하고 객관적으로 제기하는 고래(古來)로부터의 유산을 체화(體化)하고 있다. 불교는 수백 년간 지속된 하나의 철학적 운동 **후**에 나타난 것이며, 불교가 등장했을 때에는 신 개념은 이미 폐기되어 있었다. 불교는 역사상 지금까지 나타난 단 하나의 유일한 **실증주의적** 종교다. 이 말은 그것의 인식론(엄밀한 현상주의)에 대해서도 말할 수 있다. 그것은 '죄에 대한 투쟁'을 설하지 않고, 오히려 현실을 철저하게 존중하면서 '괴로움에 대한 투쟁'을 설한다. 불교는 도덕 개념에 내포되어 있는 자기기만을 이미 넘어서고 있으며 이 점에서 기독교와 크게 구별되는 것이다. 내 식으로 말하자면, 불교는 선악의 **저편에** 있는 것이다. 불교가 자신의 기반으로 삼으면서 주시하고 있는 **두 가지** 생리적인 사실들은, **첫째로는** 고통을 잘 느끼는 섬세한 능력으로 나타나는 지나치게 민감한 감수성이며, **둘째로는** 지나친 정신화(Übergeistigung), 다시 말해 개인적인 본능이 해를 입고 '비개인적인' 것이 우세해질 정도로 개념과 논리적 절차에 지나치게 오랫동안 몰두하는 것이다(그 두 가지 상태에 대해서는 나의 독자들 중에서 적어도 몇 사람들, 곧 나처럼 '객관적인 사람들'은 경험해 보아서 알 것이다). 이러한 생리적인 조건들로 인해서 **우울증**이 발생한다. 이러한 증세에 대처하기 위해서 부처는 위생학적인 조치를 취한다. 그는 광활한 대기 속에서의 생활과 유랑생활을 권한다. 식생활에서의 절제와 선택, 모든 주류(酒類)에 대한 경계, 이와 마찬가지로 분노를 일으키고 피를 끓게 하는 모든 격정에 대한 경계, 자신을 위해서도 타인을 위해서도 **번뇌하지** 않을 것을 권한다. 그는 평안하게 하거나 마음을 밝게 하는 상념들을 요구한다. 그는 그 외의 상념들로부터 벗어나는 방법들을 고안한다. 그는 선량함과 친절을 건강을 증진시키는 것으로서 이해한다. **기도**는 **금욕**과 마찬가지로 배제된다. 어떠한 정언적인 명령도[62] 어떠한 **강제**도 배제된다. 승원 안에서도 마찬가지다(사람들은 다시 환속할 수도 있다). 이러한 모든 강제는 저 지나친 민감성을 강화시키는 수단이기 때문일 것이다. 바로 그 때문에 그는 또한 자신과 생각을 달리하는 자들과 투쟁할 것을 요구하지도 않는다. 그의 가르침이 **가장** 경계하는 것은 복수심, 반감, 원한이다('적의에 의해서는 적의는 종결되지 않는다'는 것이 바로 모든 불교의 감동적인 후렴구다⋯). 그리고 이것은 옳은 말이다. 왜냐하면 바로 이러한 정념들이야말로 중요한 섭생 목적에 비추어 볼 때 전적으로 **불건강한** 것이기 때문이다. 부처는 자신이 눈앞에서 보았던 정신적인 피로, 다시 말해서 지나친 '객관성'(곧 개인적인 관심의 약화, 중심의 상실, '자기중심주의(Egoismus)'의 상실)

---

62) 정언적인 명령이란 무조건적인 명령을 의미한다. 불교의 계율은 항상 조건적인 명령이다. 곧 그것은 '너는 무조건적으로 술 마시고 간음해서는 안 된다'고 말하는 것이 아니라 '네가 행복하려면 술 마시고 간음해서는 안 된다'고 말한다.

으로 나타나는 정신적인 피로와 싸우기 위해서, 가장 정신적인 관심사까지도 각각의 **개인**에게 엄격하게 다시 환원하여 생각한다. 부처의 가르침에서는 자기중심주의가 하나의 의무가 된다. 인생의 유일한 문제, 곧 '**그대는** 어떻게 괴로움을 벗어날 수 있는가'라는 문제가 정신상의 섭생 전체를 규제하며 제한하고 있는 것이다(순수한 '과학성'에 대해서 [부처와] 마찬가지로 싸웠던 저 아테네인, 자기 개인의 이기주의를 문제 영역에서조차 도덕으로까지 격상시킨 소크라테스를 여기에서 떠올려도 좋을 것이다).

───

불교의 전제조건은, 매우 온화한 풍토와 매우 부드럽고 관대한 관습이지 전투주의(Militarismus)가 **아니며**, 이 운동의 진원지가 되었던 높은 계급층, 더 나아가 학문을 한 계급층이 존재한다는 것이다. 이들은 명랑, 평정, 무욕을 최고의 목표로서 지향하며, 더구나 사람들은 이러한 목표를 **성취한다**. 불교는 그저 완전성을 동경하는 종교가 아니다. 완전한 것이란 여기서는 정상적인 경우인 것이다.

기독교에서는 정복된 자들과 억압받는 자들의 본능이 전면에 나타나 있다. 기독교에서 구원을 얻으려는 자들은 최하층계급의 사람들이다. 이 종교에서는 권태를 **물리치는 일**이자 수단으로서, 죄에 대한 결의론(決疑論, Casuistik),[63] 자기비판, 양심의 심문이 행해진다. 이 종교에서는 하느님이라 불리는 **권력자**를 향한 열정이 부단히 유지된다(기도를 통해서). 이 종교에서는 최고의 것은 도달 불가능한 것으로 간주되고 선물이나 은총으로 여겨진다.

불교는 **노년의** 인간들(späte Menschen)을 위한 종교, 선량하고 부드러우며 지나치게 정신화되어 고통에 너무 민감한 종족들을 위한 종교다(아직 유럽은 불교를 받아들일 정도로 성숙하지 못했다). 불교는 그러한 종족들을 평온하고 명랑한 상태로 인도하며, 정신적인 면에서 섭생 요법에로, 육체적인 면에서는 일정한 단련에로 인도한다. 기독교는 **맹수들**을 지배하고 싶어 한다. 그것이 사용하는 수단은 그들을 **병들게 하는** 것이다. — 약화시키는 것이, **길들이기 위한**, 즉 '문명'을 위한 기독교적 처방이다. 불교는 피로하고 종말에 달한 문명을 위한 종교이지만, 기독교는 아직 문명의 맹아도 보지 못했다. 사정에 따라서는 기독교는 문명의 기초가 될 것이다.

다시 한 번 말하지만 불교는 [기독교보다] 백 배나 더 냉정하고, 더 진실되고, 더 객관적이다. 불교는 자신의 괴로움과 고통을 느낄 수 있는 능력을 죄라고 해석함으로써 굳이 **고상한** 것으로 만들려고

---

63) 결의론이란 도덕적인 문제들을 법률 조문처럼 규정한 도덕법에 의해서 해결하는 것을 가리킨다. 중세 스콜라 철학이 많이 사용했던 논법인데, 이 경우 기초가 되었던 것은 기독교의 참회서다. 이것은 처음에는 부도덕한 외적인 행위에 대한 벌을 규정하고 있었지만, 나중에는 부도덕한 생각에 대한 벌도 규정하게 되었다. 일단 이러한 규정이 정해지면 그 규정에 위반되지만 않으면 양심적인 것으로 간주되면서, 오히려 크게 부도덕한 행위나 생각은 간과되게 되는 폐단이 있으며 또한 그러한 규정을 지키는 것에 얽매여서 정신의 발전에 지장(支障)이 빚어지게 된다. 즉 결의론은 인간의 자립적 활동을 구속하고 정신적 예종을 강요하는 수단이 된다. 임석진 외 편저, 『철학사전』, 중원문화, 2009 참조.

하지 않는다. 그것은 단지 '나는 괴롭다'고, 자신이 느끼는 바를 말할 뿐이다. 이에 반해 야만인에게는 괴로움 자체는 고상한 것이 아니다. 그는 자신이 괴로움을 겪고 있다는 **사실**을 자신에게 인정하기 위해서 우선 해석을 필요로 한다(오히려 그의 본능은 괴로움을 겪고 있다는 사실을 부정하고 묵묵히 인내하라고 가르친다). 여기서는 '악마'라는 말이 하나의 축복이었다. 이제 사람들은 막강하고 가공할 적을 갖게 된 셈이기 때문이다. ─ 사람들은 그러한 적에 의해서 괴로움을 겪는다는 사실을 부끄러워할 필요가 없었다.

　기독교의 바탕에는 동방적인 미묘함이 존재한다. 무엇보다도 기독교는 다음과 같은 사실을 알고 있다. 즉 어떤 것이 참인지 아닌지는 그 자체로는 전혀 중요하지 않으며 그것이 최고의 중요성을 갖게 되는 것은 그것이 참이라고 믿어지는 **한에서라는** 사실을. 진리, 그리고 어떤 것이 참이라는 신앙, 즉 두 가지의 전적으로 다른 관심 세계, 서로가 거의 **정반대인** 세계들 ─ 이 두 세계는 근본적으로 다른 길을 통해 도달된다. 동방에서는 이러한 사실에 대해서 아는 것을 통해서 거의 현자가 **된다**. 브라만들은 그렇게 이해하고 있으며 플라톤도 그렇고 비교(秘敎)적인 예지를 추구하는 모든 학도가 그렇게 이해하고 있다. 예를 들어서, 만약 죄로부터 구원받았다고 믿는 데에 행복이 있다면 이를 위해서 필요한 전제는 자신이 죄 지은 자라는 것이 **아니라** 오히려 자기에게 죄가 있다고 **느끼는** 것이다. 그러나 무엇보다도 필요한 것이 그러한 **믿음**이라면, 이성, 인식, 탐구는 좋지 못한 것으로 취급되어야만 한다. 즉 진리로 향하는 길은 **금단**의 길이 된다. 강한 **희망**은 실제로 일어나는 어떠한 행복보다도 삶에 훨씬 더 강력한 자극제가 된다. 고통 받는 자들은 희망에 의해서 고

무되어야만 한다. 즉 어떠한 현실을 통해서도 반박될 수 없고, 실현됨으로써 **없어질 가능성**이 없는 희망에 의해서, 즉 피안에 대한 희망에 의해서 고무되어야만 한다. (불행한 자들을 이처럼 어정쩡하게 붙잡아둘 수 있는 바로 이러한 힘 때문에 그리스 사람들은 희망을 악 중의 악, 참으로 **악의적인** 악으로 간주했다. 그것은 악의 상자[64] 속에 계속 남아 있었다.) **사랑**이 가능하려면, 신은 인격적인 존재이어야만 한다. 가장 밑바닥의 본능들이[65] 끼어들 수 있으려면, 신은 젊어야 한다. 여성들의 열정을 만족시키기 위해서는 잘생긴 성자를, 남성들의 열정을 만족시키기 위해서는 마리아 같은 존재를 전면에 내세워야만 한다. 이것은 아도니스 혹은 아프로디테 숭배가 이미 종교적 숭배의 **개념**을 규정하고 있는 곳에서 기독교가 지배하려고 한다는 사실을 전제로 갖는다. **정결**의 요구는[66] 종교적 본능의 격렬함과 내면성을 강화한다. ─이것은 숭배를 더욱 뜨겁고 하고, 더욱 열광적으로 만들며, 더욱 영적으로 만든다. 사랑에 빠지면 인간은 사물들을 실제와 가장 **어긋나게** 보게 된다. 환상을 만들어내는 힘은 감미롭게 하고 **성스럽게 변용시키는** 힘과 마찬가지로 사랑을 통해서 정점에 달한다. 사람들은 그 어느 때보다도 사랑에 빠져 있을 때 더욱 잘 견디며 만사를 달게 받아들인다. 따라서 [신이] 사랑받을 수 있는 종교를 고안해 내는 것이 중요했다. 이와 함께 사람들은 삶에서 일어나는 최악의 것도 넘어선다. 최악의 것은 심지어 보이지

---

64) 판도라의 상자를 가리킨다.
65) 성적인 본능.
66) 특히 성적인 정결과 순결을 염두에 두고 있다.

도 않게 된다. 기독교의 세 가지 덕목인 신앙, 희망, 사랑에 대해서
는 이쯤 해두자. 나는 그것들을 기독교의 세 가지 **영리함**이라고 부
를 것이다. 불교는 이런 식으로 영리하기에는 너무나 나이가 들었
고 너무나 실증주의적이다.

"이 표시로 너는 승리할 것이다(In hoc signo vinces)."—다른
점들에서는 유럽이 많이 진보했을지라도 종교적인 문제에서는 유
럽은 고대 브라만들의 소박하면서도 자유로운 정신에 아직 도달하
지 못했다. 이러한 사실은 인도에서는 4천 년 이전에 지금의 우리
사이에서보다도 더 많은 것이 사유되었고 더 많은 사색의 기쁨이 전
승되곤 했다는 데서 드러난다. 즉 저 브라만들은 첫째로 승려가 신
들보다도 더 힘을 갖고 있다고 믿었으며, 둘째로 승려들의 힘은 관
습에 있다고 믿었다. 이 때문에 그들의 시인들은 관습들(기도, 의식,
희생, 노래, 박자)을 모든 좋은 것들의 시혜자로서 끊임없이 찬양했
다. 아무리 수준 미달의 시와 미신이 여기에 포함되어 있더라도 그
들의 논지는 참되다! 한 걸음 더 나아가 그들은 신들을 배제했다. 유
럽도 언젠가는 그렇게 해야만 한다! 한 걸음 더 나아가서 그들은 승
려와 [신과 인간들을] 매개하는 자들도 더 이상 필요로 하지 않았다.
그리고 자력에 의한 구원을 가르치는 교사, 즉 부처가 출현했다. 유
럽은 이러한 문화적 단계에서 아직도 얼마나 멀리 떨어져 있는지!
마지막으로, 신들, 승려들, 구원자들의 힘이 의존하고 있는 모든 관
습과 풍습마저도 파괴될 경우, 다시 말해서 낡은 의미의 도덕이 사
멸할 경우 그러면 무엇이 올 것인가? 그러나 이것저것 안일하게 추

측하지 말고, 우선은 유럽이 사상가들의 나라인 인도에서 이미 수천 년 전에 사유의 율법으로서 행해졌던 것을 따라잡도록 하자! 오늘날 유럽의 여러 민족들 속에는 아마 1천만 명에서 2천만 명이 더 이상 '신을 믿지' 않고 있을 것이다. 그들이 서로 신호하는 것을 요구하는 것은 지나친 것인가? 그들은 이를 통해서 서로를 알게 되고 자신을 또한 알게 할 것이다. [이와 함께] 그들은 유럽에서 하나의 힘이 될 것이다. 그리고 다행히도 민족들 사이에서 하나의 힘이 될 것이다! 신분들 사이에서! 가난한 자들과 부유한 자들 사이에서! 명령하는 자들과 복종하는 자들 사이에서! 가장 불안해하는 자들과 가장 평온하고 평온하게 하는 자들 사이에서!

6. 어떤 종교가 건강한 종교인가

 니체는 신이라는 관념이 무조건적으로 퇴행적이고 인간을 병적으로 만드는 의미만을 갖는다고 보지는 않는다. 그리스의 신들은 기독교의 신처럼 순수정신으로 존재하는 것이 아니라 인간과 마찬가지로 욕망과 열정을 갖는 자들이다. 이렇게 신들이 인간과 동일한 욕망과 열정을 갖는다고 본다는 점에서 우리는 그리스인들은 인간의 욕망과 본능을 부정하지 않고 오히려 그것들을 신성한 것으로 긍정하고 있다는 사실을 알 수 있다. 그리스인들은 양심의 가책을 피하고 자신들의 영혼의 자유를 즐기기 위해서 자신들의 신을 이용하기까지 했다. 그리스인들은 재앙을 당해도 그것이 자신들의 죄 때문이라기보다는 어리석음 때문이라고 생각했다. 그러나 이들은 이러한 어리석음도 신이 자신들을 기만했기 때문에 생긴 것으로 생각하면서 신에게 책임을 돌렸다. 그리스인들에게 신은 인간에게 형벌을 주는 일을 맡은 것이 아니라 오히려 인간의 죄를 떠맡은 것이었다.

 또한 현세에서의 삶을 두려워하면서 피안의 세계를 희구했던 기독교인들과 달리 그리스인들은 현세에서의 삶을 긍정하고 그러한 삶에 감사의 염을 품고 있었다. 니체는 신의 존재를 부정하면서 세계를 아무런 의미도 방향도 없이 덧없이 생성 소멸하는 것으로 보는 니힐리즘 내지 염세주의는 그러한 세계가 무한히 되풀이되어도 좋다고 긍정하는, 다시 말해 영원회귀를 긍정하는 강력한 생명력에 의해서만 극복될 수 있다고 본다. 니체는 이러한 강력한 생명력과 그에 입각한 삶에 대한 긍정이 그리스인들에게서 가장 전형적으로 나타나고 있다고 본다.

니체는 이렇게 말하고 있다.

이들 그리스인들은 '양심의 가책'을 멀리하고 영혼의 자유를 즐기기 위해서 아주 오랫동안 그들의 신들을 이용했다. 즉 그들은 기독교가 자신의 신을 이용한 것과는 정반대의 의미로 신들을 이용했다. 이 장려하고 사자처럼 용감한 어린이들은 이 점에서 극단으로까지 나아갔다. 그리하여 호메로스의 제우스 정도의 권위가 때때로 나서서, 그들이 너무 경솔하다고 충고했다. "괴이한 일이로다!"라고 언젠가 제우스는 말했다. 그것은 에기스토스(Ägistos)의 경우로 매우 고약한 경우를 염두에 둔 것이었다.

"저 죽음을 면할 수 없는 자들이 신들을 향해서
소리 높여 비난을 퍼붓다니 괴이한 일이로다!
오직 우리에게서만 악이 빚어진다고
그들은 말하지만, 그러나 그들은
스스로의 어리석음 때문에
운명에 거슬리면서까지
불행을 빚어내는구나."

그럼에도 불구하고 그대들은, 올림피아에 거주하는 이 관찰자이자 심판자가 그 때문에 인간들을 결코 원망하지 않으며 인간들에 대해 악의를 품지도 않는다는 사실을 볼 수 있고 들을 수 있다. '그들은 얼마나 어리석은가!' 그는 죽음을 면할 수 없는 자들의 나쁜 짓을 보면서 이렇게 생각하는 것이다. 그리고 '어리석음', '무분별', 약간의 '머리의 혼란', 이런 것 정도는 가장 강하고 가장 용감했던 시대의 그리스인들까지도 많은 재화(災禍)와 재앙의 원인으로 인정했다. 인정된 것은 어리석음이지 죄는 아니었다! 그대들은 이를 이해하겠는가? 그러나 이 머리의 혼란조차도 하나의 문제였다. "도대체 어떻게 그런 혼란이 가능한 것인가? 도대체 어떻게 그러한 혼란이 우리 귀족적인 혈통의 인간, 행복하고 성공한 인간, 가장 좋은 사회의 인간, 고귀하고 유덕한 인간의 무리에 일어날 수 있었던가?" 수 세기 동안 고귀한 그리스인들은 그들 무리의 한 사람이 저지른 이해할 수 없는 잔인무도한 악행을 대할 때마다 그렇게 스스로에게 물었던 것이다. 마침내 그들은 머리를 절레절레 흔들면서 결론짓는다. "신이 그를 기만했음에 틀림없어"라고…. 이러한 핑계는 그리스인들에게 전형적인 것이었다…. 이처럼 당시에는 인간이 나쁜 일에서도 어느 정도까지는 자신을 옹호하는 데 신들이 이용되었던 것이다. 신들은 악의 원인으로서 이용되었던 것이다. 그 당시에는 신들은 형벌을 주는 일을 맡은 것이 아니라, 오히려 보다 고귀한 것, 즉 죄를 떠맡았던 것이다.

———

고대 그리스인들의 종교적 삶에서 경탄할 만한 점은 그것이 제어할 수 없을 정도로 충만한 감사의 염(念)을 발산하고 있다는 점이다. 이런 식으로 자연과 삶 앞에 서는 인간은 매우 고귀한 종류의 인간이다! 나중에 천민들이 그리스를 지배하게 되었을 때 종교에도 **공포**가 만연하게 되었으며 이와 함께 기독교가 출현할 기반이 마련되었다.

나처럼 어떤 수수께끼 같은 갈망을 가지고 염세주의를 그 밑바닥에 이르기까지 사유하면서, 염세주의를 마침내 금세기에 쇼펜하우어 철학의 형태로 나타났던 반쯤은 기독교적이고 반쯤은 독일적인 편협함과 순진함에서 해방시키기 위해 오랫동안 노력해 왔던 사람, 아시아적이거나 초아시아적인 눈으로 온갖 사고방식들 중에서도 가장 세계 부정적인 사고방식의 정체를—부처나 쇼펜하우어처럼 도덕적인 속박이나 망상에 사로잡혀서가 아니라 선악을 넘어서 —꿰뚫어 보고 그 밑바닥에 이르기까지 내려다본 사람은, 아마도 바로 이로 말미암아 전혀 의도치 않게 정반대의 이상에 눈을 뜨게 되었을 것이다. 그러한 이상이란 가장 대담하고 생명력에 넘치며 극한에 이르기까지 세계를 긍정하는 인간의 이상이다. 그러한 인간은 과거에 존재했고 현재에 존재하는 모든 것에 만족하고 그것과 화해하는 법을 배웠을 뿐 아니라 그 모든 것을 **과거에 존재했고 지금도 그렇게 존재하고 있는 그대로** 다시 받아들이려고 한다. 그러한 인간은 자기 자신과 인생의 연극과 구경거리 전체에게뿐 아니라 바로 이러한 구경거리를 절대적으로 필요로 하고 또한 필요한 것으로 만드는 자기 자신에게, 그야말로 영원에 걸쳐서 물릴 줄 모르고 '처음부터 다시(da capo)'라고 부르짖는다. 왜냐하면 그는 항상 거듭해서 자기 자신을 필요로 하고 필요한 것으로 만들기 때문이다. 뭐라고? 이것이야말로 악순환인 신(circus vitous deus)이 아닌가!

나는 처음으로 진정으로 대립하는 두 개의 것을 발견했다. 즉 한쪽에는 은밀한 복수심과 함께 생에 대항하는 퇴화하는 본능(그 전형적인 형태들에는 기독교, 쇼펜하우어의 철학이 있으며, 어떤 의미에서는 이미 플라톤의 철학, 이상주의[관념론] 전체가 그것에 속한다)이 있다. 그것에 대해서 다른 쪽에는 충만과 충일에서 비롯된 최고의 긍정의 형식, 즉 고통 자체와 죄악 자체, 삶의 의문스럽고 낯선 모든 것 자체에 대해서도 아무런 조건 없이 긍정하는 태도가 있다. … 생에 대한 이렇게 궁극적이면서도 가장 유쾌하며 가장 충일하면서도 가장 의기양양한 긍정은 최고의 통찰일 뿐 아니라 진리와 학문에 의해서 가장 엄격하게 확인되고 보존되는 가장 깊은 진리다. 존재하는 것에서 빼버릴 것은 하나도 없으며, 없어도 되는 것은 하나도 없다. 기독교인들과 다른 허무주의자들에 의해서 거부된 삶의 측면들은, 가치들의 서열이란 면에서 보면, 데카당의 본능이 시인하고 시인해도 되었던 측면들보다도 무한히 높은 것이다. 이것을 파악하기 위해서는 용기가 필요하며, 그러한 용기를 갖는 조건으로서 넘쳐나는 힘이 필요한 것이다. 왜냐하면 용기가 위험에 부딪히면서 나아갈 수 있는 정도만큼, 즉 정확히 힘의 정도만큼, 사람들은 진리에 접근하기 때문이다. 그러한 인식, 즉 현실에 대한 긍정이 강한 자들에게 필연적인 것은, 약한 자들에게는 약함으로 인한 현실에 대한 비겁과 도피 — '이상' — 가 필연적인 것과 마찬가지다. 약한 자들은 자신들이 바란다고 해서 마음대로 인식할 수 있는 것이 아니다. 데카당들은 거짓을 필요로 한다. 거짓은 그들을 유지하는 조건들 중의 하나이기 때문이다.

7. 고귀한 가톨릭 성직자들

니체는 기독교와 기독교 성직자를 무조건적으로 비판하는 것은 아니다. 니체는 특히 가톨릭 성직자 중에서 굳건한 정신으로 육체와 물질적인 안락에 대한 욕구를 제압하고 위엄과 우아함을 갖춘 사람들이 있다는 것에 주목한다. 니체는 이러한 사람들은 자신들의 신적인 사명을 자각하면서 신성을 대표하는 사람들로서 강력한 힘의 감정과 아울러 고상한 아름다움을 가지고 있다고 본다. 이러한 사람들은 신자들이 자발적으로 복종할 정도로 카리스마를 가지고 있다.

이에 반해 루터 이후의 성직자들은 일반 신자들 못지않게 죄의식에 사로잡히고 자신을 학대하는 병적인 양상을 보인다. 니체는 이렇게 고상한 정신과 그것이 추구하는 과제 그리고 그러한 정신이 표출되는 얼굴과 몸짓의 우아함이 서로 결합되어 있을 때 인간은 아름답고 고상한 존재가 된다고 말하고 있다. 니체는 이러한 우아한 고상함은 종교의 종언과 함께 끝나는 것인가라고 묻고 있다.

우리는 니체의 이러한 말에서 니체 철학의 궁극적인 문제의식을 알 수 있다. 그것은 종교의 지배에서 벗어난 인간이 어떻게 하면 이러한 우아하면서도 강건한 아름다움을 성취할 수 있는가 하는 것이다. 니체의 철학은 우아하면서도 강건한 인간의 육성을 목표하는 것이다.

　니체는 이렇게 말하고 있다.

모든 정신은 결국은 육체를 통해서 드러나게 된다. 기독교는 복종하기 좋아하는 수많은 사람들과 고상하든 조야하든 겸손과 경배심에 가득 찬 그 모든 열광적인 인간들의 정신 전체를 자신 안에 삼켰다. 이와 함께 기독교는 ─ 사도 베드로를 그린 가장 오래된 그림의 예에서 강하게 연상되는 ─ 촌티 나는 투박함에서 벗어나 수천의 주름살과 저의(底意) 그리고 변명들을 얼굴에 담고 있는 극히 정신이 풍부한 종교가 되었다. 기독교는 유럽의 인류를 영리하게 했으며 단지 신학적으로 교활하게 만든 것만은 아니다. 이러한 정신 안에서 그리고 권력과 결합되는 한편 헌신적인 정신으로 가득 찬 가장 깊은 확신 및 정직성과 극히 자주 결합되면서, 기독교는 인간 사회에 이제까지 없었던 가장 고상한 인물들을 조탁(彫琢)해 냈다. 이러한 인물들이란 고급의 그리고 최고급의 가톨릭 성직자들을 말한다. 이는 특히 그들이 귀족 출신이고 원래부터 천성적인 우아한 거동, 위엄 있는 안광, 아름다운 손발을 가지고 있을 경우를 말한다. 이 경우 인간의 얼굴은 저 철저한 정신화, 즉 고안된 생활방식이 인간 내의 동물성을 제압하게 된 후에 두 종류의 행복(힘의 감정과 복종의 감정)의 지속적인 물결에 의해서 생겨나게 된 정신화에 도달하게 된다. 이 경우 축복을 주고, 죄를 용서하고, 신성을 대표하는 행위가 초인간적인 사명감을 혼 속에, 그뿐 아니라 육체 속에도 깨어 있게 한다. 이 경우 천성적인 군인들이 갖고 있는 것과 같은, 부서지기 쉬운 육체와 물질적인 안락에 대한 경멸이 지배하고 있다. 그들은 복종을 그들의 자랑으로 여기며, 이러한 성격이 모든 귀족을 특징짓는 것이다. 그들은 자신들에게 부과된 과제의 거대한 성취 불가능한 성격을 자신들의 변명이자 이상이라고 생각한다. 고위 성직자들의 강력한 아름다움과 고상함은 교회의 진리를 민중에게 항상 증명해 왔다. 성직자들이 (루터의 시대처럼) 이따금 야만적으로 되었을 때 이는 항상 그 반대에 대한 믿음을 수반했다. 그리고 형태, 정신 그리고 과제가 서로 조화되어 있는, 인간의 아름다움과 고상함이라는 이 성취는 종교들의 종언과 함께 역시 파묻히는 것인가? 그리고 이것보다 더 높은 것은 도달될 수도, 고안될 수도 없을까?

8. 구약성서냐 신약성서냐

니체는 종교를 크게 두 가지 종류로 나누고 있다. 그 하나는 인간들에게 어떤 죄책감을 강요하는 신이 아니라 그 민족의 영광과 그 민족의 힘을 상징하는 신을 신봉하는 종교다. 이런 종교의 대표적인 것으로 니체는 그리스와 로마의 고대 종교와 구약성서의 종교를 들고 있다. 다른 하나는 바울이 만들어낸 기독교처럼 지상의 힘이나 쾌락을 죄악시하고 끊임없는 회개를 강요하는 신을 신봉하는 종교다.

이와 관련하여 니체는 어떤 사람이 구약성서를 어떻게 평가하느냐에 따라서 그 사람이 '위대한' 인간이냐 '왜소한' 인간이냐가 결정된다고 하면서 아마도 왜소해질 대로 왜소해진 오늘날의 유럽인들은 이른바 은총의 서(書)인 신약성서를 더 좋아할 것이라고 말하고 있다. 이와 함께 니체는 신약성서에는 연약하면서도 둔감한 맹신자와 왜소한 인간의 체취가 잔뜩 배어 있다고 말하면서, 신약성서가 로코코식인 반면에 구약은 위대한 책이라고 말하고 있다.

니체는 구약성서의 신, 특히 왕조 시대에 유대인들이 믿었던 신은 자신들이 가지고 있던 힘에 대한 의식의 표현이었고 그들 자신에 대한 기쁨, 그들 자신에 대한 희망의 표현이었다고 보았다. 그들은 신이 자신들의 편이라고 믿었고 신은 자신들에게 승리와 구원을 가져다줄 것이라고 믿었다. 그 신은 훌륭한 군인이기도 하고 정의로운 심판자이기도 한 왕의 형상을 지니고 있었으며, 도움을 주고 수단을 강구해 주며 근본적으로 용기와 자기신뢰를 불어넣어 주는 모든 행복한 영감(靈感)의 대명사였다. 그것은 그야말로 이스라엘 민족의 생존과 성장 조건의 표현이었으며 그 민족의 가장 깊은 삶의 본능이 표현된 것이었다.

이러한 신이 갖는 특성을 우리는 다음과 같이 정리해 볼 수 있을 것이다.

첫째로, 이 신은 자기 자신을 신뢰하고 자신에 대해서 긍지를 가지고 있는 민족이 섬기는 신이다. 신을 숭배하면서 그 민족은 자신이 정상에 서는 것을 가능하게 한 조건들, 즉 자신의 미덕을 숭배한다. 신은 달리 말해서 그 민족이 이상으로 여기고 구현하려고 하는 미덕들의 상징이고 그것들을 최고로 구현한 자로 간주된다.

둘째로, 그 민족은 자신에 대한 기쁨을, 자신이 힘을 가지고 있다는 느낌을 신에게 투사하면서 신에게 감사를 드린다. 이러한 민족에게 신은 최고의 힘으로 넘치는 존재이지만, 신이 가지고 있는 힘은 그 민족이 자신이 갖고 있다고 느끼는 힘의 상징에 불과하다. 따라서 그 민족이 신에게 감사를 드릴 때 그 민족은 사실은 자기 자신에게 감사를 드리는 것이다. 그 민족은 자신에게 감사하기 위해서 신을 필요로 하는 것이다.

셋째로, 이 신은 선악을 넘어서 있으며 선할 때도 있지만 악할 때도 있다. 신을 반자연적으로 거세하여 선하기만 한 신으로 만드는 것은 이러한 종교에서는 전혀 바람직한 일이 아니다. 이는 우리가 생존하는 것이 반드시 관용과 호의 덕분만은 아니기 때문이다. 분노, 복수, 질투, 조소, 간계, 폭력, 승리와 파괴의 황홀한 열정을 알지 못하는 신은 아무런 소용이 없다.

이런 맥락에서 니체는 구약성서에는 다윗과 솔로몬 시대와 같은 유대 민족의 전성기에 유대 민족이 자신에 대해서 가졌던 자부심과 긍지가 표현되어 있다고 본다. 니체에 따르면 팽창하고 정복하는 민족은 선민사상을 가질 수밖에 없다. 이와 함께 니체는 구약성서에는 유대 민족의 강한 생명력이 표현되어 있으나, 점차 유대 민족이 약해지고 다른 강대국에 의해서 예속되면서 유대인들의 신관은 사해동포주의(cosmopolitanism)적인 성향을 띠게 되었으며 이러한 성향은 신약성서에서 분명하게 표현되고 있다고 보고 있다. '만인에 대한 사랑이 넘치는 신'은 쇠락해 가는 민족정신의 한 표현일 뿐이라는 것이다.

이에 반해서 인간들에게 죄악감을 심어주고 하느님의 은총만을 기다리게 하는 바울의 이념뿐 아니라 예수의 이념도 유대 민족의 자존심이나 자긍심과는 아무 관련이 없다. 특히 예수는 유대 민족을 신의 선민으로 보는 것을 단호하게 거부했을 뿐 아니라 계급, 특권, 위계, 성직과 신학자적인 모든 것까지도 거부했다. 그런데 니체는 예수의 이러한 이념도 궁극적으로는 유대 민족이 자신의 힘을 상실하고 자신에 대한 긍지와 신뢰를 잃은 데서 비롯된 것으로 본다. 어떤 민족이 몰락하면서 자신에 대한 신뢰와 긍지를 상실하게 되면서 적에게 무조건 복종하는 것이 유리하다고 생각하게 될 때는 그 민족의 신도 모든 인간을 똑같이 사랑할 것을 요구하는 사해동포주의적인 신으로 전락하게 된다는 것이다. 사해동포주의적인 종교와 사해동포주의적인 가치라고 부르는 것의 기원을 이와 같이 니체는 어떤 민족이 겪게 된 힘의 약화에서 찾고 있다.

그런데 니체는 예수의 사해동포주의와 제도화된 기독교의 사해동포주의 사이에는 미묘한 차이가 있음을 지적한다. 이는 앞에서 본 바와 같은 예수의 이념과 바울의 이념 사이의 차이에 해당한다. 그리고 니체는 예수의 사해동포주의와 예수의 제자들 및 제도화된 기독교의 사해동포주의 사이의 차이는 결국 양자의 생리학적, 심리학적 조건이 서로 다르다는 데서 비롯된 것으로 본다.

앞에서 이미 본 것처럼 니체에 따르면 예수는 고통과 자극에 대해서 지나친 민감성을 갖고 있다. 이와 함께 예수는 한없이 작은 고통에 대해서마저도 공포를 느끼고 모든 혐오, 모든 적의, 한계와 거리에 대한 모든 느낌을 불쾌한 것으로 보면서 모든 것을 사랑함으로써 정신적인 평화를 향유하려고 한다. 이에 반해서 제자들과 제도화된 기독교 신자들의 생리학적, 심리학적 조건은 세상의 지배자들에 대한 원한과 증오다. 따라서 제자들과 제도화된 기독교는 사해동포주의를 표방하지만 그것의 교설에서 우리는 원한과 증오를 읽을 수 있다. 제자들은 예수의 이념에 증오와 원한을 섞으면서 예수가 한낱 상징으로 생각했던 것을 문자 그대로 이해하면서, 천국은 믿는 자들이 갈 곳이고 지옥은 믿지 않는 자들이 갈 곳이라고 생각하게 된다.

특히 기독교가 고대사회의 노예계급을 비롯해서 많은 미개한 대중들 사이에 퍼져나가게 되면서 기독교는 갈수록 더 조야하고 야만적인 것이 될 수밖에 없었다. 그것은 온갖 종류의 병적이고 불합리한 점들, 그리고 민중들의 원한과 증오를 받아들였다. 이에 따라 기독교는 믿지 않는 자들에 대한 보복과 심판을 요구하게 되었고, 메시아에 대한 민중의 기대가 다시 한 번 전면으로 부각되었다. 이 점에서 제도화된 기독교의 신은 사해동포주의적인 신이지만 그것은 무엇보다 억압받고 고난을 받는 자들의 신이 된다.

오늘날 대부분의 사람들은 유대 민족의 신인 여호와가 갈수록 사해동포주의적인 신의 성격을 띠게 되는 과정을 인류의 정신적인 성장과정으로 볼 것이다. 이에 반해 니체는 그러한 과정을 유대 민족이 자신의 자부심을 상실하면서 무력하게 되어가는 과정과 동일시하면서 진보가 아니라 오히려 후퇴라고 본다. 니체에게 신이라는 개념은 그것이 건강한 것인 한에서는 어디까지나 한 민족이 자신의 강력한 힘과 자신의 영광에 대해서 갖는 의식의 표현이다.

이런 연장선상에서 니체는 사해동포주의적인 사랑이라는 가치와 그에 입각한 민주주의나 사회주의라는 이념이 득세하고 있는 근대 유럽의 현실에서 유럽의 몰락을 보았다. 니체가 보기에 생은 근본적으로 정복과 착취인데 그러한 가치와 이념들은 인간들을 무기력한 수동성으로 몰아갈 수 있다고 보는 것이다.

니체는 이렇게 말하고 있다.

이전에는 신은 어떤 민족을 대표했으며, 그 민족의 강함과 그 민족의 혼에서 나오는 공격적인 모든 것과 힘에 대한 갈망을 나타냈다. 그런데 이제 신은 선량한 신에 불과하다. … 실로 신은 다음 두 가지 중 하나일 뿐이다. 즉 신은 힘에의 의지이든가 아니면 힘에의 무기력이든가이다. 전자라면 신은 민족의 신이 되지만, 후자라면 신은 필연적으로 선량한 신이 된다.

신의 정의에 대한 책인 유대인의 '구약성서'에는 너무나도 위대한 양식으로 인간과 사물 그리고 말이 표현되고 있어서 그리스와 인도의 문헌에는 그에 비견할 만한 것이 없을 정도다. […] 물론 유약하고 온순한 가축에 지나지 않으며 단지 가축이 가진 욕구밖에 알지 못하는 인간('교양 있는' 기독교인들을 포함한 오늘날의 교양인들과 같은)은 저 폐허 앞에 서서도 놀라지도 슬퍼하지도 않는다. 구약성서에 대한 취향이 '위대함'과 '왜소함'을 판단하는 시금석이다. 저 폐허 앞에서 아무런 놀람도 슬픔도 느끼지 못하는 자는 아마도 은총의 서(書)인 신약성서가 훨씬 더 자기 마음에 든다고 생각할 것이다(신약성서에는 정녕 살갑고 어리석은 맹신자와 왜소한 영혼의 냄새가 잔뜩 배어 있다). 모든 면에서 일종의 로코코 취향의 책인 이 신약성서를 구약성서와 하나로 묶어서 '성서'로, '책 자체'로 만들어버렸다는 것이야말로 유럽 문학이 자신의 양심에 범한 가장 파렴치한 짓이며 '정신에 반하는 죄'일 것이다.

기독교의 신 개념을 비판적으로 검토할 때 우리는 동일한 결론에 도달할 수밖에 없다. 자기 자신을 믿는 민족만이 또한 자기 고유의 신도 가지고 있다. 신을 숭배하면서 그 민족은 자신이 정상에 서는 것을 가능하게 한 조건들, 즉 자신의 미덕을 숭배한다. 그 민족은 자신에 대한 기쁨과 자신이 힘을 가지고 있다는 느낌을 어떤 존재에 투사하며 그것에 감사를 드린다. 부유한 자는 베풀고자 한다. 자신에 대해서 긍지를 갖는 민족이 신을 필요로 하는 것은 **희생물을 바치기** 위해서다. … 종교가 이러한 전제 아래 존재하는 한, 그것은 감사를 표하는 한 형식이다. 사람들은 자기 자신에 대해서 고마움을 느낀다. 자신에 감사하기 위해서 신을 필요로 한다. 그러한 신은 이로울 수도 있고 해로울 수도 있으며, 친구도 될 수 있고 적도 될 수 있어야 한다. 인간은 신이 선할 때뿐 아니라 악할 때에도 신을 찬양한다. 신을 **반자연적으로** 거세하여 모름지기 선하기만 한 신으로 만드는 것은 이러한 종교에서는 전혀 바람직한 일이 아니다. 선한 신 못지않게 악한 신이 필요한 것이다. 이는 우리가 생존하는 것이 반드시 관용과 호의 덕분만은 아니기 때문이다. … 분노, 복수, 질투, 조소, 간계, 폭력을 알지 못하는 신이 무슨 소용이 있겠는가. 아마도 승리와 파괴의 황홀한 열정조차도 알지 못할 신이 무슨 소용이 있겠는가. 사람들은 그런 신은 이해하지 못할 것이다. 무엇 때문에 그러한 신을 필요로 해야 하는가? 물론 어떤 민족이 몰락할 때, 미래에 대한 믿음과 자유에 대한 희망이 완전히 사라졌다고 느낄 때, 가장 이로운 것이 복종이고, 복종하는 자들의 덕목이 자기보존의 조건이

되다고 의식하게 될 때, 그때에는 그 민족의 신도 변질될 **수밖에 없다**. 신은 이제 음험한 위선자가 되고 겁도 많아지고 겸손하게 되면서 '영혼의 평화'를 가르치고, 더 이상 증오하지 말고 관용을 베풀고 친구와 적까지도 '사랑'할 것을 권하는 것이다. 그 신은 끊임없이 도덕을 설교하며, 모든 사적인 덕목의 동굴 속으로 기어들어가 모든 사람을 위한 신이 되고 사인(私人)이 되며 사해동포주의자가 된다.

―――――

어떤 형태로든 힘에의 의지가 쇠퇴하는 곳에서는 항상 생리적인 퇴화, 곧 데카당스도 보인다. 모든 남성적인 충동과 미덕이 제거당한 데카당스의 신성은 이윽고 필연적으로 생리적으로 퇴화된 자들, 즉 약한 자들의 신이 된다. 이들은 자기 자신을 약한 자라고 부르지 않고 '선한 자'라고 부른다. … 선한 신과 악한 신이라는 이분법적인 허구가 역사의 어느 순간에 비로소 출현하게 되었는지를 이해하기 위해서는 더 이상의 암시가 필요하지 않을 것이다. 정복당한 민족은 자신의 신을 '선 자체'로 끌어내릴 때의 본능과 동일한 본능을 가지고 그들을 정복한 민족의 신에게서 선한 속성을 박탈해 버린다. 정복당한 민족은 지배자들의 신을 **악마로 만듦**으로써 자신의 지배자들에게 복수한다. **선한** 신과 악마, 양자 모두가 데카당스의 산물인 것이다. 기독교 신학자들은, 신 개념이 민족의 신인 이스라엘의 신으로부터 모든 선의 총괄 개념인 기독교적 신으로 전개된 것을 **진보**라고 공언한다. 그러나 오늘날 누가 그들과 함께 그렇게 공언할 정도로 단순하겠는가? 그러나 르낭마저도 그러는

판이다.[67] 마치 르낭 자신은 단순해도 되는 권리라도 갖고 있는 것처럼 말이다! 그러나 명백한 사실은, 기독교 신학자들이 설하는 것과는 반대되는 것이 아닌가? **상승하는** 삶의 전제조건들, 즉 강하고 용감하고 권세가 있으며 자신에 대해 긍지를 갖는다는 그 모든 속성이 신 개념으로부터 제거될 때, 신이 삶에 지친 자들을 위한 지팡이나 물에 빠진 모든 자들을 위한 구조대라는 상징으로 점점 몰락해 갈 때, 특히 신이 가난한 자들의 신, 죄인들의 신, 병든 자들의 신이 될 때, 그리고 '구세주'라는 술어가 신에 대한 술어 일반으로 **남게** 될 때, 그러한 변화는, 곧 신적인 것의 그러한 **축소**는 **무엇**을 말하는 것인가? 물론 신 개념이 이렇게 변질됨으로써 '신의 왕국'은 확대되었다. 그전에는 신은 단지 자신의 민족, 자신의 '선택된' 민족만을 가졌다. 그동안에 신은 자신의 민족과 전적으로 똑같이 타향으로 나가서 방랑했다. 그때 이래로 신은 어디에도 정주하지 못하게 되었으며, 마침내 그는 모든 곳을 자기 집으로 생각하는 위대한 사해 동포주의자가 되어버렸다. ─마침내 그는 '대다수의 인간'을 그리고 지구의 절반을 자기편으로 얻게 되었다. 그러나 '대다수'의 신, 신들 가운데 이 민주주의자는 그럼에도 불구하고 긍지에 찬 이방인의 신이 되지는 못했다. 그 신은 유대인으로 남았고 구석지의 신, 온갖 어두운 구석, 어두운 장소의 신, 세계의 불건강한 지역 전체의 신으로 남았다! … 그의 세계 제국은 변함없이 하계(下界)의 제국, 병원, 지하 제국, 게토 제국이다. … 그리고 그 자신 너무도 창백하고

---

67) 르낭은 『예수의 생애』라는 책의 저자로 유명하다. 르낭은 여호와 신이 유대 민족의 신이라는 성격을 넘어서 모든 인류의 신이라는 성격을 띠게 되는 것을 신 개념에서의 진보라고 보고 있다.

너무도 약하고 너무도 데카당하게 되었다. … 그래서 창백한 자들 중에서도 가장 창백한 자, 개념의 백색증 환자인 형이상학자들 제씨마저도 신을 지배할 수 있게 되었다. 이들은 신 주위에 너무나 오랫동안 거미줄을 쳤기 때문에, 신은 그들의 움직임에 최면이 걸려서 신 자신도 마침내는 거미, 곧 형이상학자가 되어버렸다.[68] 이제 신은 ― 스피노자의 상(像) 아래서(sub specie Spinoza)[69] ― 자기 자신으로부터 세계를 짜냈다. 이제 그는 자신을 갈수록 더 희미하고 창백한 것으로 변형시켜서 '이상'이 되었고, '순수정신'이 되었으며, '절대자'가 되었고, '물자체'가 되었다. … **신의 퇴락**, 곧 '물자체'가 되었다.

---

68) 여기서 '거미'라는 말의 의미에 대해서는 이 책 41페이지 각주 3)을 참조할 것.
69) 스피노자의 유명한 말인 '영원의 상 아래서'를 비꼰 말이다.

9. 일신교냐 다신교냐

　　니체는 유일신에 대한 믿음이 사라졌기 때문에 개인의 발전이 더
쉬워졌다고 본다. 신이란 우리가 구현해야 할 이상적인 덕들의 상징
이다. 이렇게 볼 때 유일신이란 어떤 특정한 부류의 사람들에게 적
합한 덕들을 모든 사람에게 강요하는 편협하고 독단적인 관념이다.
　　니체는 이렇게 말하고 있다.

유일신 사상, 하나의 표준적인 인간형에 관한 완고한 가르침, 그 옆에서 다른 신들은 고작해야 사기나 치는 거짓된 존재일 수밖에 없는 하나의 표준적인 신에 대한 믿음, 이것은 아마도 인류가 지금껏 직면했던 위험 중 가장 큰 위험일 것이다. 인류는, 우리가 볼 수 있는 한 다른 동물 종들은 이미 오래전에 도달한, 때 이른 정체 상태에 빠져 위협받고 있다.

IV
건강한 예술,
병든 예술

1. 예술은 도취에서 탄생한다

니체는 26세에 쓴 자신의 처녀작 『비극의 탄생』에서 '아폴론적인 것'과 '디오니소스적인 것'이라는 개념에 입각하여 예술의 본질을 해명하고 있다. '아폴론적인 것'은 조각이나 건축과 같은 조형예술이나 서사시와 같은 예술의 근본원리이며, '디오니소스적인 것'은 서정시나 음악 그리고 춤과 같은 비조형적인 예술의 근본원리다. 이러한 두 예술 원리는 인간의 근본충동 내지 근본의지과 밀접한 연관을 갖는다. '아폴론적인 것'은 꿈에의 충동과, '디오니소스적인 것'은 도취에의 충동과 연관되어 있다.

니체는 그리스인들이 올림포스 신화의 형태로 창조한 신들의 장엄한 형상은 그들이 임의로 지어낸 것이 아니라 아마도 꿈속에서 보았을 것이라고 추측하고 있다. 인간은 꿈속에서 완벽한 예술가가 된다. 인간은 꿈속에서 아름다운 형상 외에 끔찍하고 추한 형상도 만들어내지만, 이러한 형상들은 현실에서보다도 훨씬 완벽하고 극적인 성격을 갖는다. 따라서 우리는 꿈을 꾸면서 그 속의 형상들이 가상이라고 어렴풋하게 느끼면서도 그러한 형상을 바라보는 데서 쾌감과 기쁨을 느낀다. 아폴론신은 꿈속의 형상이 갖는 이러한 완벽함, 절도와 균형을 상징한다. 단적으로 말해서 아폴론적인 '꿈에의 충동'은 아름다운 가상을 형성하고 그것을 관조하면서 쾌감을 맛보려는 충동이다.

'디오니소스적인 것'은 도취에의 충동과 밀접한 연관이 있다. 우리 인간에게는 술의 힘이나 축제의 분위기에 빠짐으로써 자신을 망각하고 만물과 하나가 되고 싶은 충동이 있다. 니체는 이러한 충동을 디오니소스적인 충동이라고 부르고 있다. 사람들은 도취 상태에서 노래하고 춤추면서 자신을 만물이 하나가 되는 공동체의 일원이라고 느끼게 되고, 최고의 건강한 생명력을 맛보게 된다.

그런데 니체는 후기 저작인 『우상의 황혼』에서는 『비극의 탄생』에서와 상당히 다르게 예술의 본질을 파악하고 있다. 즉 니체는 『우상의 황혼』에서 도취야말로 예술이 탄생할 수 있는 생리적인 전제조건이라고 보고 있지만 이 경우 도취는 『비극의 탄생』에서 말하는 디오니소스적인 도취와는 다른 뉘앙스를 갖게 된다. 『우상의 황혼』에서 도취는 온 기관 전체의 흥분감이 고양되는 상태를 말한다. 이러한 도취란 원시적인 형태의 성적인 흥분일 수도 있으며 봄날의 도취처럼 날씨에 의해 기분이 고양되는 것일 수도 있다. 이렇게 도취는 여러 원인들에 의해서 생겨날 수 있지만 그 도취들은 '힘의 충만과 상승의 느낌'에 있다는 점에서 공통성을 갖는다.

니체는 『비극의 탄생』에서는 도취를 아폴론적인 것과 대립되는 디오니소스적인 것으로 보면서 개체가 자신의 개체성을 망각하고 우주의지와 하나가 되는 합일의 느낌으로 파악했지만, 『우상의 황혼』에서는 도취를 힘의 상승과 고양의 느낌으로 파악하고 있는 것이다. 이러한 도취는 단순히 심리적 상태만이 아니며 신체(Leib) 전체의 흥분 상태이자 신체 전체가 느끼는 '쾌감'의 상태다. 도취를 경험할 때 우리의 혈관과 신경과 근육이 흥분하고 일깨워지면서 심리적인 차원에서는 황홀경을 경험하게 된다. 이렇게 육체와 마음이 모두 도취에 빠지는 상태에서는 인간의 공간지각 및 시간지각이 변화한다. 신체의 각 기관은 예민해지고, 그 어떤 실마리나 암시에도 민감해져 아주 작은 자극도 놓치지 않는다. 인간의 생리 상태는 최고도로 활성화된다.

『비극의 탄생』에서 도취는 개체성의 망각을 가리킨다면『우상의 황혼』에서는 개체가 경험하는 힘의 강화와 고양을 가리킨다.『비극의 탄생』은 생성 소멸하고 다양한 개체로 이루어져 있는 현상계의 이면에 하나의 통일적인 세계의지를 상정하고 있는 쇼펜하우어 사상의 영향 아래 있었다. 그러나『우상의 황혼』에서 니체는 쇼펜하우어의 굴레에서 완전히 벗어나게 된다.『비극의 탄생』에서 개진하고 있는 니체의 초기 예술철학이 개별적인 현상들의 근저에 존재하는 형이상학적인 우주의지와의 합일을 촉구하는 예술가-형이상학(Artisten-Metaphysik)이라면,『우상의 황혼』에서 니체가 전개하고 있는 예술철학은 자신의 고양과 상승을 지향하는 힘에의 의지라는 개념에 입각한 예술 생리학(Physiologie der Kunst)이라고 할 수 있다.

아울러 니체는『비극의 탄생』에서는 아폴론적인 것은 아름다운 가상을 낳는 꿈에의 충동으로 그리고 디오니소스적인 것은 도취에의 충동으로 파악했다. 그러나『우상의 황혼』에서는 앞서『비극의 탄생』에서 디오니소스적인 것의 핵심적인 성질로 제시하였던 도취라는 표현을 아폴론적인 것에 대해서도 사용한다. 즉 디오니소스적 도취뿐만 아니라 아폴론적 도취라는 개념도 사용하고 있는 것이다.

그러나 니체가 『우상의 황혼』에서 아폴론적인 것과 디오니소스적인 것으로 말하고 있는 것은 『비극의 탄생』에서와 일정한 연속성을 갖고 있다. 아폴론적 도취는 신체의 다른 어떤 부분보다도 눈을 긴장시킨다. 때문에 아폴론적 충동이 꿈을 꾸는 충동이었듯이 아폴론적 도취는 눈의 기능을 고양하며 각종 환상을 보게 한다. 화가, 조각가, 서사시인 등은 뛰어난 환상가들이다. 이와 반대로 디오니소스적 도취는 감정체계 전체를 긴장시키고 강화한다. 이렇게 온 감정의 기관이 도취된 상태에서 "본질적인 것은 역시 변신의 용이성, 반응을 하지 않고는 못 배기는 성질이다." 니체는 이렇게 디오니소스적 도취에 사로잡힌 사람을 아주 조금만 자극을 받아도 어떤 역할이든 다 하는 히스테리 환자의 경우와 비슷하다고 본다. 디오니소스적 도취로 고양된 사람은 자신이 느끼는 감정이 암시하는 것을 그것이 아무리 사소한 것이라도 결코 놓치지 않으며 그 암시에 예민하게 반응하면서 자신이 느끼는 모든 것을 육체로 모방하고 재현시킨다. 디오니소스적 도취에 따르는 예술가들은 배우, 광대, 무용가, 음악가, 서정시인이다.

도취의 상태에서 사람들은 자신의 충일함으로 인해서 모든 것을 풍요롭고 충일한 것으로 만든다. 그는 무엇을 보고 무엇을 바라든 자신이 보고 바라는 것이 충일하고 강하고 힘으로 가득 차 있다고 본다. 인간은 사물과 세계에 자기 자신의 모습을 투영하는 것이다. 따라서 아름다운 종족, 즉 힘의 상승이라는 도취에 의해서 사로잡혀 있는 종족만이 사물과 세계를 아름답게 보며, 그렇지 않은 종족은 사물과 세계를 추하고 무가치하며 무의미한 것으로 본다.

니체는 이렇게 말하고 있다.

예술가의 심리에 관하여. — 예술이 존재하기 위해서는, 또한 어떠한 것이든 미학적인 행위와 관조가 존재하기 위해서는 하나의 생리적인 예비조건, 곧 **도취**가 필수적이다. 도취에 의해서 먼저 기관(器官) 전체의 흥분이 고조되지 않으면 안 되는 것이다. 그러기 전에는 예술은 나타날 수 없다. 아무리 다양한 조건에서 생기더라도 모든 종류의 도취는 예술을 낳을 수 있는 힘을 가지고 있다. 가장 오래되었고 근원적인 형태의 도취인 성적 흥분의 도취가 무엇보다도 그렇다. 온갖 큰 욕망과 온갖 강렬한 정념에 따르는 도취도 마찬가지다. 예를 들어 축제, 경기, 용감한 행위, 승리, 모든 극단적인 운동의 도취, 잔인한 행위의 도취, 파괴의 도취, 봄(春)의 도취처럼 기상(氣象)의 영향으로 인한 도취, 또는 마약으로 인한 도취, 마지막으로 의지의 도취, 벅차고 부풀어오른 의지의 도취도 예술을 낳는 힘을 가지고 있다. 도취에서 본질적인 것은 힘의 상승과 충만의 느낌이다. 이런 느낌으로부터 사람들은 사물들에게 베풀고, 사물들에게 우리에게서 가져가도록 **강요하며**, 사물들에 폭력을 가한다. 이런 과정이 **이상화**라고 불리는 것이다. 여기서 우리는 편견 하나에서 벗어나도록 하자. 이상화는 흔히 믿어지는 것처럼 사소하거나 부차적인 것을 빼내거나 제거하는 것에 있지 **않다**. 오히려 주요한 특징들을 크게 **드러내어 강조하는 것**이 결정적인 것이다. 그럼으로써 다른 특징들은 사라져버리는 것이다.

이러한 도취 상태에서 사람들은 자신의 충만함으로부터 모든 것을 풍요롭게 만든다. 무엇을 보고, 무엇을 바라든, 사람들은 그 모든 것이 팽만(膨滿)해 있으며, 강하고, 힘으로 넘쳐난다고 본다. 이런 상태에 있는 인간은 사물들을 변형시키게 되고 마침내 사물들은 그의 힘과 완전성을 반영하게 된다. 이렇게 사물들을 완전한 것으로 변화시켜야만 **하는** 것이 — 예술이다. 자신이 아닌 모든 것조차도 — 그 자신이 아닌 것임에도 불구하고 — 자신에 대한 기쁨이 된다. 예술에서 인간이 즐기는 것은 완전한 존재로서의 자기 자신이다. 이 것과는 정반대의 상태, 곧 본능의 특수한 반(反)예술가적 상태를 생각해 볼 수 있을 것이다. 그것은 모든 사물을 빈약하게 만들고 피폐하게 만들고 시들게 만드는 존재양식이다. 사실 역사적으로 보면 이러한 반(反)예술가, 생명력을 결여한 자들은 아주 많이 있었다. 그들은 필연적으로 사물들을 약탈하여 쇠약하게 만들고 **여위게** 만들 수밖에 없다. 예를 들면 진정한 기독교인이 그런 인간에 해당한다. 이를테면 파스칼이 그런 경우다.[70] 예술가이면서 동시에 기독교인인 사람은 **없다.** 유치하게 라파엘로나 19세기의 몇몇 동종요법적 기독교인을[71] 예로 들면서 나를 반박할 생각은 하지 말라. 라파엘로는

---

70) 파스칼은 염세주의에 빠져서 지상에서의 삶은 사람들로 하여금 피안의 삶을 지향하도록 하기 위해서 고통스럽게 창조될 수밖에 없었다고 말했다.

71) 어떤 병을 야기하는 약품을 환자에게 극히 적은 양만 투여하여 그 병을 치료하는 방법으로서, 여기에서는 '극히 적은 양'에 중점이 두어지고 있다고 할 수 있다. 즉 동종요법적 기독교인이란 극히 적은 정도로만 기독교인이라는 의미다.

[삶을] 긍정했으며, 긍정을 **실행했던** 사람이다. 따라서 라파엘로는 기독교인이 아니었다.[72)]

―――――――

내가 미학에 도입했던 **아폴론적인 것**과 **디오니소스적인 것**이라는 대립 개념이 도취의 두 가지 종류라고 해석될 경우 그것들은 무엇을 의미하는가? 아폴론적 도취는 무엇보다도 눈을 흥분 상태에 빠지게 하여 눈이 환상(Vision)을 보는 능력을 얻게 한다. 화가, 조각가, 서사시인은 환상을 보는 데 탁월한 사람들이다. 이에 반해 디오니소스적 상태에서는 감정체계 전체가 흥분되고 고조된다. 그래서 감정체계 전체는 자신이 가지고 있는 모든 표현수단을 한꺼번에 분출하면서, 표현, 모방, 변형, 변모의 힘, 모든 종류의 흉내내는 기술과 연기력을 동시에 발휘한다. 본질적인 점은 능란한 변신, 반응을 하지 **않고는** 못 배기는 능력이다(이는 아주 작은 암시에도 민감하게 반응하면서 **어떠한** 역할이든 다 하게 되는 어떤 종류의 히스테리 환자의 경우와 유사하다). 디오니소스적 인간에게는 어떤 종류의 암시든 이해하지 못하고 넘어가는 것은 불가능하다. 그는 감정이 보내오는 어떠한 신호도 간과하지 않는다. 그는 최고의 전달 기술을 갖는 것과 똑같이 이해하고 알아차리는 데서도 최고의 본능을 가지고 있

――――――――

72) 라파엘로가 기독교적인 그림들을 많이 그렸지만 사실은 기독교에 무관심했으며 아마도 진정한 기독교인이 아닐 수 있다는 사실과 관련하여 니체 당시의 관련 문헌들에서 격렬한 논쟁이 행해졌다. 야콥 부르크하르트도 그의 저서 『치체로네(*Cicerone*)』(1869a, 3, 903)에서 라파엘로를 극히 강력하고 건강한 영혼으로 묘사하면서 르네상스적인 의지의 인간(Renaissance-Willensmensch)의 전형으로 보고 있다.

다. 디오니소스적 인간은 어떠한 피부든 어떠한 감정이든 그것들 속으로 들어간다. 곧 그는 자신을 끊임없이 변모시키는 것이다. 우리가 오늘날 이해하고 있는 것과 같은 음악도 똑같이 감정들의 흥분이자 분출이지만 그럼에도 불구하고 그것은 감정의 훨씬 더 풍부한 표현세계의 잔재에 불과하며 디오니소스적인 연기술의 **찌꺼기**에 불과하다. 음악을 하나의 독자적인 예술로 만들기 위해서 사람들은 몇 개의 감각을, 그중에서도 특히 근육 감각을 작동하지 못하게 했다(적어도 상대적으로는 그렇다는 것이다. 왜냐하면 모든 리듬은 일정한 정도로 우리의 근육에 말을 걸어오기 때문이다). 그 결과 인간은 이제 [음악에서는] 자신이 느끼는 모든 것을 곧장 신체로 모방하거나 표현하지 않게 된다. 그러나 **자신이 느끼는 것을 신체로 모방하거나 표현하는 것**이야말로 본래의 디오니소스적 정상(正常) 상태이며, 어떠한 경우에도 그것의 근원적 상태다. 음악은 가장 가까운 혈연관계에 있는 능력들을 희생하고 그 상태를 서서히 특수화시킨 것이다.

　배우, 광대, 무용가, 음악가, 서정시인은 그들의 본능 면에서 근본적으로 근친성을 가지고 있으며 원래는 하나다. 그러나 점차 전문화되고 서로 분리되어 상반되는 지경에까지 이르렀다. 서정시인은 가장 오랫동안 음악가이기도 했고, 배우는 무용가이기도 했다. **건축가**는 아폴론적인 상태도 디오니소스적 상태도 표현하지 않는다. 건축의 경우 예술적 표현을 추구하는 것은 위대한 의지의 작용, 산을 들어 옮기는 의지, 위대한 의지의 도취다. 가장 강력한 인간들

은 건축가들에게 항상 영감을 불어넣어 주었다. 건축가는 항상 권력의 영향 아래 있었다. 건축물에서는 긍지, 하중(荷重)에 대한 승리, 힘에의 의지가 자신을 가시화(可視化)하려고 한다. 건축은 일종의 권력의 웅변술로서 형태들을 통해 때로는 설득하는가 하면 때로는 비위를 맞추기도 하며 때로는 명령한다. 인간이 느낄 수 있는 최고의 힘과 확신의 느낌은 **위대한 양식**을 갖는 작품에서 표현된다. [자신이 힘이 있다는 사실을 입증하는] 어떠한 증명도 더 이상 필요로 하지 않는 권력, 남들의 기분을 맞춰주는 것을 경멸하고, 쉽사리 답변하지 않으며, 자기를 보고 있는 주변 사람들을 개의치 않으며, 자신에 대한 적대자가 있다는 사실을 의식하지 않고 **자기 자신** 안에 안식하는, 숙명적이며 법 중의 법인 권력, **바로 이것**이 위대한 양식을 통해서 자신에 대해서 말하고 있는 것이다.

───

아무것도 아름답지 않고, 오직 인간만이 아름답다. 모든 미학은 이런 소박한 생각에 기초하고 있으며, 이것이야말로 미학의 **제일의** 진리다. 여기에 곧장 제2의 진리를 덧붙여보자. **퇴락한** 인간 이외에는 아무것도 추하지 않다. 이와 함께 미적 판단의 영역이 규정된다. 생리학적으로 고찰해 볼 때 모든 추한 것은 인간을 약화시키고 우울하게 만든다. 그것은 쇠퇴, 위험, 무력함을 상기시킨다. 사실 인간은 추한 것들 앞에서 힘을 상실한다. 추한 것이 갖는 영향력을 우리는 검력기(檢力器)로 측정할 수 있다. 어떤 식으로든 침울한 기분이 들 때, 인간은 무언가 '추한' 것이 가까이 있다는 사실을 감지하게 된다. 힘의 느낌, 힘에의 의지, 용기, 긍지 ─ 그것들은 추한 것의 출현과 함께

저하되며 아름다운 것의 출현과 함께 상승한다. ⋯ 추함의 경우에도 아름다움의 경우에도 **우리는 하나의 추론을 행한다**. 그러한 추론을 행하기 위한 전제들은 본능 안에 엄청나게 쌓여 있다. 추한 것은 퇴락의 암시이자 징후로서 이해된다. 어렴풋하게라도 퇴락을 상기시키는 것은 우리에게 '추하다'는 판단을 불러일으킨다. 소진, 힘듦, 늙음, 피로의 모든 징표, 경련이라든가 마비와 같은 모든 종류의 부자유, 특히 해체와 부패의 냄새, 색깔, 모양은 그것들이 단순히 상징 정도로 약화된 형태로 나타나더라도, 그 모든 것은 동일한 반응, 곧 '추하다'는 가치판단을 불러일으킨다. 이때 **증오감**이 일어난다. 그 경우 인간은 무엇을 증오하는가? 의심할 여지없이 대답은 '**인간이라는 전형의 쇠퇴**'를 증오한다는 것이다. 그때 인간은 인류의 가장 깊은 본능으로부터 증오하게 된다. 이러한 증오에는 전율, 신중함, 심원함, 멀리 내다봄이 들어 있다. 이러한 증오는 세상에 존재하는 가장 깊은 증오다. 이러한 증오가 있기 때문에 예술은 **심오한 것**이다.

2. 어떤 예술이 건강한 예술인가

니체는 그리스의 예술작품이야말로 건강한 예술의 전형이라고
보고 있다. 니체는 그리스인들의 특성을 빙켈만이나 괴테의 전통적
인 해석과는 대립되는 방향에서 해석하고 있다. 빙켈만과 괴테가
그리스인들의 특성을 '조용한 위대성, 고귀한 소박성'에서 찾고 있
는 반면에, 니체는 그리스인들의 특성을 제어하기 어려울 정도로
강렬한 힘에의 의지에서 찾고 있다. 니체에 따르면 그리스인들이
축제와 예술을 통해서 노렸던 것은 자신들이 우위를 점하고 있다고
느끼고 우위를 점하고 있다는 것을 과시하는 것이었다. 축제와 예
술은 자기 자신을 찬미하고 사정에 따라서는 자신들에 대해서 두려
움을 느끼도록 만들기 위한 수단이었다는 것이다.

니체는 고대 그리스의 너무나 풍요로워서 넘쳐흐르기까지 하는
힘의 과잉을 디오니소스적인 것이라고 부르고 있으며 이러한 현상
은 디오니소스 비밀제의에서 가장 분명하게 나타나 있다고 보고 있
다. 그리스인들은 이 비밀제의에서 영원한 삶, 죽음과 변화를 넘어
서 있는 삶, 생식과 성의 신비를 통한 총체적 생명의 존속을 긍정하

고 있다. 기독교에서 성적인 것은 불결한 것으로 간주되었지만 그리스인들에게 성적인 것은 경외할 만한 상징이었다. 생식, 수태, 출산이 그리스인들에게는 최고의 엄숙한 감정을 불러일으켰으며, 비밀제의에서는 고통이 신성한 것으로 선포되고 있다. 모든 생성과 성장, 미래를 보증하는 모든 것에는 고통이 수반되는데, '산모의 통증'은 이러한 고통 일반을 신성한 것으로 만든다. 창조의 기쁨이 존재하려면 그리고 삶에의 의지가 자신을 영원히 긍정할 수 있으려면, '산모의 고통'도 영원히 존재해야만 한다는 것이다. 니체는 이렇게 고통과 기쁨 속에서 영원히 회귀하는 삶을 긍정하는 충일한 생명력이야말로 그리스적 정신의 본질이라고 본다.

이런 맥락에서 니체는 그리스 비극의 본질도 쇼펜하우어와 같은 염세주의적 철학자와는 전적으로 다르게 파악한다. 쇼펜하우어는 그리스 비극이 고통으로 가득 찬 삶의 본질을 보여준다는 점에서 그것을 최고의 예술로 파악하고 있다. 그러나 니체는 그리스 비극은 쇼펜하우어식의 염세주의, 즉 삶을 비참하고 고통에 가득 차 있는 것으로 보는 염세주의를 표현하는 것이 아니라고 본다. 오히려 그리스 비극은 가장 낯설고 가혹한 삶의 문제들에 직면해 있으면서도 삶을 긍정하는 것, 자신의 무궁무진성에 기쁨을 느끼면서 삶의 최고의 전형인 비극적 영웅을 희생하는 것도 불사하는 생에의 의지를 표현하고 있다는 것이다.

그 모든 고통과 고난에도 불구하고 삶을 긍정하는 정신을 니체는 디오니소스적인 정신이라고 부른다. 디오니소스는 니체가 기독교의 신을 대신하여 제시하고자 하는 새로운 신이다. 기독교의 신은 인간의 자율성을 억압하는 권위주의적인 신이다. 대부분의 기독교인들에게 신은 인간이 자신의 뜻에 순종하면 은총을 내리고 자신을 거역하면 진노하고 벌을 내리는 하느님을 의미한다. 이러한 하느님은 인간이 자신을 거역하고 독자적으로 서는 것을 두려워하는 권위주의적 하느님이다. 니체는 이러한 권위주의적인 신에 대해서 인간의 독립과 자율을 기뻐하고 오히려 인간이 자신의 위치로 올라오기를 바라는 신을 내세운다. 니체는 이러한 신을 디오니소스라고 부르고 있거니와 이러한 신이란 인간 위에 군림하는 신이 아니라 사실은 세계와 인간의 무한한 힘의 상징이라고 할 수 있다.

니체에게 아름다움이란 강함에서 비롯된다. 혼돈과 무질서로 가득한 것처럼 보이는 세계와 자신은 오직 강한 자에게만 아름답게 나타날 수 있다. 따라서 니체에게 최고의 아름다움이란 항상 비극적인 아름다움이다. 이러한 아름다움이란 인생의 고난과 고통을 두려워하지 않고 그것들을 자신의 고양과 강화를 위한 계기로 삼는 아름다움이다. 니체에게 인간이 지향해야 하는 이상적인 삶의 형태는, 카오스적인 생성의 세계에 의해 휩쓸려버리지 않고 그 세계 안에서 의연히 버틸 수 있는 힘을 강화함으로써, 세계를 인간을 압도하는 것으로서가 아니라 오히려 아름답고 강력한 힘으로 충일한 세계로서 경험하는 삶이다. 이러한 삶에서 인간은 세계와의 대결을 통해서 그것을 의연히 버티는 자신의 힘을 향유하는 한편, 그 세계를 이제는 더 이상 두려운 세계로서 느끼지 않고 아름다운 세계로서 느끼게 된다. 세계는 무수한 힘에의 의지들이 서로 간의 긴장에 찬 대립을 통하여 서로의 힘을 고양시키는 세계로서 나타나게 되는 것이다. 그것은 비극적인 아름다움의 세계다.

니체는 이렇게 말하고 있다.

모든 현상적인 변화에도 불구하고 사물의 근저에는 파괴될 수 없는 힘과 기쁨에 가득 찬 생명이 가로놓여 있다.

━━━

가장 정신적인 인간들은, 그들이 만약 가장 용기 있는 자들이라고 전제할 경우, 단연코 가장 고통스러운 비극을 체험하는 자들이기도 하다. 그러나 그들은 삶이 그들에게 가장 무서운 적대적인 모습을 드러낸다는 바로 그 이유로 삶을 존경한다.

━━━

여기가 로도스다. 여기서 춤춰라. 우리의 음악은 바다의 악마처럼 아무런 고유한 성격도 가지고 있지 않기 때문에 모든 것으로 변화할 수 있고 변화하지 않으면 안 된다. 이 음악은 이전에는 기독교 학자를 쫓아다녔고 그의 이상을 음향으로 번역할 수 있었다. 그들은 왜 이상적인 사상가에게 어울리는 보다 밝고 보다 즐거운 그리고 보편적인 음향을 발견하지 못했을까? 즉 그의 부유하는 광대한 활 모양의 영혼 속에서 비로소 고향에 온 것처럼 오르내릴 수 있는 음악을. 우리의 음악은 이제까지 너무나 위대했고 너무나 훌륭했다. 그것에는 어떤 것도 불가능하지 않았다! 그러니 음악이여, 다음 세 가지, 즉 숭고함, 깊고 따뜻한 빛 그리고 완벽한 일관성의 환희를 동시에 느끼는 것이 가능하다는 것을 보여줘라!

세계를 '참된' 세계와 '가상' 세계로 나누는 것은 그것이 기독교적인 방식으로 행해지든 칸트(결국은 **교활한** 기독교인인)의 방식으로 행해지든 단지 데카당스를 암시하는 것에 지나지 않는다. 그것은 **몰락하는** 삶의 징후인 것이다. … 예술가가 실재보다 가상에 더 높은 가치를 인정한다는 사실이 이 명제를 부정하는 것은 아니다. 왜냐하면 이 경우 예술가의 '가상'은 **또다시** 실재를 의미하기 때문이다. 이러한 실재는 예술가의 가상에서 단지 선택되고 강조되고 수정되었을 뿐이다.[73] … 비극적인 예술가는 염세주의자가 **아니다.** 그는 의심스럽고 가공할 만한 모든 것을 긍정한다. 그는 **디오니소스적**이다.

고통조차도 그 안에서는 하나의 자극제가 되는, 넘치는 생명과 힘의 느낌으로서의 주신제 — 그것에 관한 심리학은, 특히 우리네

---

[73] 예술가는 생성 소멸하는 세계를 가상의 세계로서 배격하는 것이 아니라 오히려 생성 소멸하는 세계에서 선택하고 강조하고 수정하는 것이다. 따라서 예술가가 표현하는 세계는 생성 소멸하는 실재세계와는 구별될 수 있다. 이런 의미에서 니체는 예술가가 표현하는 세계를 가상이라고 부르고 있다. 그러나 이러한 가상은 이원론적인 종교나 철학이 실재라고 주장하는 가상과는 다른 것이다. 생성 소멸하는 실재에서 어떤 특징을 선택하고 강조하고 수정하는 것을 니체는 나중에 이상화라고 부르고 있다. 이러한 이상화의 본질은 사물들이 갖는 주요한 특징들을 크게 드러내어 강조하는 것이며 그럼으로써 다른 특징들은 사라져버리게 하는 것이다. 형이상학자들이 생성 소멸하는 세계를 부정하는 반면에, 예술가는 이상화를 통해서 생성 소멸하는 세계를 아름답게 경험하면서 긍정한다.

염세주의자들뿐 아니라 아리스토텔레스까지도 오해를 했던 저 비극적 감정이라는 개념을 이해할 수 있는 열쇠를 내게 제공해 주었다. 비극은 쇼펜하우어적인 의미에서 그리스인들의 염세주의를 지지해 주는 증거가 아니라 그것에 대한 결정적인 거부와 반증으로 간주되어야 한다. 가장 낯설고 가혹한 삶의 문제들 가운데서도 찾아볼 수 있는 삶에 대한 긍정, 가장 고귀한 삶의 전형을 희생시켜 가면서도 고유의 무궁무진성에 환희를 느끼는 삶에의 의지 ― 그것이 바로 내가 디오니소스적이라고 부르는 것이며 그것이 바로 내가 비극시인의 심리학에 이르는 교량으로서 인식한 것이다. 동정과 공포를 없애기 위해서가 아니라 그리고 감정의 격심한 방출을 통해 그 위험한 감정을 정화하기 위해서가 아니라 ― 아리스토텔레스는 그렇게 이해했지만 ― 동정과 공포를 넘어서서 자기 자신 안에서 생성의 영원한 기쁨을 실현하기 위해서 그리고 파멸에 대한 기쁨까지도 포함하는 그 기쁨을 실현하기 위해서 말이다…. 이렇게 해서 나는 내가 처음 출발했던 곳으로 돌아온다. 『비극의 탄생』은 모든 가치에 대한 나의 첫 번째 전도였다. 그것에 의해서 나는 다시 내 의지와 내 능력이 자라나는 그 지반으로 돌아간다. 철학자 디오니소스의 최후의 제자인 나, 영겁회귀의 스승인 나는….

3. 쇼펜하우어의 예술관 비판

쇼펜하우어는 예술을 사람들이 맹목적인 욕망에 의해 지배되는 상태에서 벗어난 관조의 상태에서 탄생한다고 말하고 있다. 쇼펜하우어의 이런 예술관에 대해 니체는 '기독교를 제외하고 역사상 가장 엄청난 심리학적 날조'라고 비난한다.

니체는 플라톤의 변증법은 하나의 에로스적인 경쟁에서 비롯되었다고 본다. 플라톤의 철학은 아름다운 청년들을 매료시키기 위한 경기에서 비롯되었다는 것이다. 또한 고전적 프랑스의 모든 고급문화와 문학 역시 성적 관심의 토양 위에서 성장했다. 다시 말해서 예술은 쇼펜하우어가 말하고 있는 것처럼 모든 욕망에서 벗어난 관조의 상태에서 탄생하는 것이 아니라 오히려 성적인 욕망에 바탕을 두고 있는 것이다. 이 점에서 니체는 예술을 성욕의 승화라고 보고 있는 프로이트의 견해를 선취하고 있다고 할 수 있다.

쇼펜하우어는 기독교가 속된 것으로 거부했던 '예술, 영웅주의, 천재, 아름다움, 위대한 공감(共感), 인식, 진리에의 의지, 비극'을 긍정적으로 받아들였지만, 그것들의 목적을 삶에의 의지의 불꽃을

꺼뜨리는 데서 찾았다. 쇼펜하우어는 특히 비극 예술의 본질을 사람들로 하여금 삶의 비참함을 깨닫게 함으로써 삶을 혐오하게 만들면서 삶에 대한 체념에 빠지게 한다는 데서 찾았다. 따라서 쇼펜하우어는 기독교가 부정했던 예술과 같은 인류의 위대한 문화적 소산을 받아들이면서도 그것을 기독교적인 관점에서, 대지와 삶을 부정하는 허무주의의 관점에서 시인한다. 그는 그것을 현실과 고통 그리고 생에서 벗어나 죽음과 같은 평안에 이르게 하는 구원의 길로서 시인하는 것이다. 이런 의미에서 니체는 쇼펜하우어가 기독교가 거부했던 것들을 긍정적으로 수용하는 것 같지만 결국은 그것들을 기독교적인 의미로, 즉 허무주의적인 의미로 해석하고 있다고 말한다.

니체는 이렇게 말하고 있다.

쇼펜하우어는 **아름다움**에 대해서 우울한 열정을 가지고 말한다. 이는 결국 무엇 때문인가? 그것은 그가 아름다움에서 하나의 다리, 즉 그것에서 더 나아가거나 더 나아가려는 갈증을 갖게 되는 **다리**를 보기 때문이다. … 그에게 아름다움이라는 다리는 '의지'로부터의 찰나적인 구원을 가져다주는 것이며 영원한 구원을 향하도록 유혹한다.[74] 특히 쇼펜하우어는 아름다움을 '의지의 초점'인 성욕으로부터의 구원자로서 찬미한다. 아름다움에서 그는 생식 충동이 **부정되고 있다고** 본다. … 기묘한 성자여! 누군가는 당신에게 항의할 것이다. 그것이 어쩌면 자연이 아닐지 염려된다. 아름다움이 자연의 소리, 색깔, 향기, 율동적인 움직임에 깃들어 있는 것은 도대체 **무엇을 위해서**일까? 무엇이 아름다움을 **나타내도록 내모는** 것일까? 다행히도 그 역시 철학자인 한 사람이 그를 논박하고 있다. 다름 아닌, 저 신과도 같은 플라톤(쇼펜하우어는 이렇게 부른다)의 권위가 다른 명제를 내세우고 있다. 즉 모든 아름다움은 생식 충동을 자극한다고. 바로 이것이 감각적인 것에서부터 가장 정신적인 것에 이르기까지 아름다움의 고유한 작용이라고.

플라톤은 보다 멀리 나아간다. 그는 그리스인만이 가질 수 있고

---

74) 쇼펜하우어에 따르면, 아름다움은 우리가 아름다움을 느끼는 그 순간에만 맹목적인 의지와 욕망으로부터 벗어나게 해줄 뿐이며 의지와 욕망으로부터의 영원한 구원을 얻기 위해서는 금욕에 의해서 욕망을 근절하고 부정해야만 한다.

'기독교인'은 도저히 가질 수 없는 무구함과 함께 이렇게 말하고 있다. 아테네에 그토록 아름다운 청년들이 없었더라면 플라톤 철학은 있을 수 없었을 것이라고. 그들의 용모야말로 철학자의 영혼을 에로스의 도취 속에 빠뜨려놓고 철학자의 영혼이 모든 드높은 것들의 씨앗을 그토록 아름다운 토양[75] 속에 심어놓기까지는 그의 영혼에 안식을 허락하지 않는다고. […] 플라톤식의 철학은 오히려 에로스적인 경쟁으로서, 즉 고대 체육 경기와 이것의 내적 **전제**를 발전시킨 것이자 내면화한 것으로서 규정되어야만 된다. […] **고전적** 프랑스의 모든 고급문화와 문학도 성적 관심을 토대로 하여 성장했다는 사실을. 그것에서 우리는 여성에 대한 친절과 정중한 예의, 관능, 성적 경쟁, '여자'를 어디에서든 발견할 수 있다. 찾아보면 헛수고는 아닐 것이다.

— — —

예술은 삶 속의 추하고, 가혹하고, 의문스러운 많은 것도 표현한다. —이와 함께 예술은 사람들을 삶의 고통으로부터 벗어나게 하는 것처럼 보인다. —그리고 실제로 예술에 이러한 의미를 부여했던 철학자들이 있었다. 쇼펜하우어는 '의지로부터의 해방'을 예술의 전체적 의도라고 설했으며, '삶에 대해 체념하게 하는 것'을 비극의 최대의 역할로 보면서 비극을 경외했다. 그러나 이것은 — 내가 이미 암시했지만 — 염세주의자의 관점이며 '사악한 시선'이다. 우리는 예술가 자신에게 직접 물어보지 않으면 안 된다. '**비극적 예**

---

75) 아테네의 아름다운 청년들을 가리킨다.

술가는 자신의 무엇을 전달하는 것인가? 그것은 그가 보여주는 가공할 것과 의문스러운 것 앞에서 두려움이 없는 상태 아닌가? 이러한 상태 자체가 소망할 만한 고귀한 것이다. 이런 상태를 알고 있는 자는 최고의 경의와 함께 그것을 존중한다. 그가 예술가라면, 그가 전달의 천재라면, 이 상태를 전달**해야만 한다.** 강력한 적, 커다란 재난, 전율을 불러일으키는 문제에 직면했을 때의 용기와 침착함—이렇게 **승리감으로 충만한** 상태야말로 바로 비극적 예술가가 선택하고 찬미하는 상태. 비극 앞에서 우리 영혼 속에 있는 어떤 전사(戰士)적인 것이 자신의 사투르누스제를[76] 거행한다. 고통에 익숙한 자, 고통을 찾아다니는 자, **영웅적인** 인간은 비극과 함께 자신의 존재를 찬양한다. 오직 그에게만 비극 시인은 이 가장 달콤한 잔혹한 술[비극]을 권한다.

―――――

쇼펜하우어 ― 최후의 문제적인 독일인 쇼펜하우어(그는 괴테, 헤겔, 하인리히 하이네처럼 하나의 **유럽적** 사건이며 **단순히** 지역적, 국가적 사건에 불과한 것이 **아니다**)는 심리학자에게는 연구해 볼 만한 가장 좋은 사례다. 이렇게 말하는 것은, 쇼펜하우어는 총체로서의 생의 가치를 허무주의적으로 폄하하기 위해서 정반대의 것들, 곧 '삶에의 의지'의 위대한 자기긍정이나 삶의 풍요로운 형식들을 제거하려 한 악의에 찬 천재적 시도이기 때문이다. 그는 **예술**, 영웅주

―――――

76) 사투르누스제는 고대 로마에서 매년 12월에 열린 축제로서 그날 하루는 노예가 주인으로부터 섬김을 받았다.

의, 천재, 아름다움, 위대한 공감(共感), 인식, 진리에의 의지, 비극을 차례차례 '의지'의 '부정' 또는 '의지'를 부정하려고 하는 욕구의 결과로 발생하는 현상으로 해석했다. 이러한 시도는 기독교를 제외하면 역사상 존재했던 최대의 심리학적 날조다. 보다 자세히 보면, 쇼펜하우어는 이 점에서 기독교적 해석의 상속자에 불과할 뿐이다. 다른 점이 있다면, 그는 기독교에 의해서 **거부되었던** 인류의 위대한 문화적 사실들을 기독교적인, 즉 허무주의적인 의미로(즉 '구원'에 이르는 길로서, '구원'의 예비적 형식으로서, '구원'을 향한 욕구를 자극한 것으로서) **시인할** 줄 알았다는 것뿐이다.

4. '예술을 위한 예술' 비판

플라톤과 톨스토이, 통속적인 마르크스주의의 입장에서 볼 때 예술은 인간의 도덕성을 강화하거나 건전한 사회를 형성하는 데 기여해야 한다. '예술을 위한 예술'은 이렇게 예술을 도덕화하는 경향에 대해서 반항한다는 점에서 의의가 있다. 도덕적인 시각에서 볼 때 경복궁과 같은 예술작품은 수많은 민중들의 고혈을 짜낸 부도덕한 작품이다. 그러나 '예술을 위한 예술'을 표방하는 사람들은, 경복궁은 그것의 건설이 수많은 민중들의 삶에 불리하게 작용했든 유리하게 작용했든 그런 것과는 전혀 상관없이 아름다운 작품이라고 평가한다. 즉 이들은 예술은 예술작품으로서 평가되어야지 도덕적인 잣대를 기준으로 해서는 안 된다고 말한다. 즉 아름다움과 도덕적 선은 전적으로 다른 가치라는 것이다.

그러나 니체가 보기에 '예술을 위한 예술'을 주창하면서 예술과 도덕을 분리시키려고 하는 사람들은 도덕에는 반자연적인 도덕밖에 없다고 생각하는 점에서 일정한 편견에 사로잡혀 있다. 니체는 예술은 우리의 삶을 떠나서 존재할 수 없는 것이기 때문에 우리의 삶의 반영이라고 본다. 예술은 어떤 현상을 찬양하고 칭송함으로써 가치판단을 행하고 있으며, 이를 통해서 특정한 가치판단을 강화하기도 하고 약화하기도 한다. 이것은 예술에 부수적인 현상이 아니라 오히려 예술이 진정으로 예술이 되기 위한 필수적인 조건이다. 예술이란 삶의 자극제인 것이다.

니체는 이렇게 말하고 있다.

예술을 위한 예술. — 예술이 목적을 갖는 것에 대한 투쟁은 항상 예술의 **도덕화** 경향에 대항하는 투쟁이며, 예술이 도덕에 종속되는 것에 대한 투쟁이다. 예술을 위한 예술은 '도덕 같은 것은 꺼져버려라!'를 의미한다. 하지만 이런 적개심조차도 여전히 편견이 지배하고 있음을 드러내고 있다. 비록 도덕을 설교하고 인간을 개선한다는 목적을 예술에서 배제했다고 하더라도, 이것으로부터 예술이 전혀 목적과 목표 그리고 의미를 갖지 않는 것이라는, 요컨대 예술을 위한 예술 — 자기의 꼬리를 물고 있는 한 마리의 벌레 — 이라는 결론이 나오지는 않는다. '도덕적인 목적을 갖느니 차라리 아무런 목적도 갖지 않는 것이 더 낫다!' 이렇게 주장하는 것은 단순한 정열에 지나지 않는다. 그러한 주장에 반대하면서 심리학자는 이렇게 묻는다. 모든 예술은 무엇을 하고 있는가? 모든 예술은 칭찬하고 있지 않는가? 찬미하고 있지 않는가? 선별하고 있지 않는가? 끄집어내고 있지 않는가? 이 모든 것과 함께 예술은 일정한 가치평가를 **강화하거나 약화시킨다**. ⋯ 이것은 단지 부수적인 일에 불과한 것일까? 우연일까? 예술가의 본능이 전혀 개입하지 않는 어떤 것일까? 아니면 오히려 그것은 예술가가 예술가로서 존재할 수 있기 위한 전제조건일까? 그의 가장 깊은 본능은 예술을 향하고 있는 것일까? 아니면 오히려 예술의 의미인 **삶을, 소망할 만한 삶**을 향하고 있는 것은 아닐까? 예술은 삶의 위대한 자극제다. 그런데 어떻게 해서 그것을 목적과 목표가 없는 것으로서, 예술을 위한 예술로서 이해할 수 있단 말인가?

5. 자연주의 비판

졸라나 공쿠르 형제와 같은 자연주의자는 인간은 모든 관점에서 벗어나서 세계를 객관적으로 고찰할 수 있다고 생각한다. 그러나 니체에 따르면 인간의 세계 관찰은 모두 힘에의 의지라는 생리적인 상태를 반영하며 그러한 생리적인 상태에 의해서 규정된 관점에 입각하여 세계를 고찰한다. 따라서 세계를 있는 그대로 고찰하고 관찰을 위해서 관찰한다는 것은 사실은 약화된 생명력의 징후일 수 있다. 그것은 세계를 아름다운 것으로 볼 수 있는 능력을 상실한 자들이 세계를 바라보는 방식이다. 자연주의 예술은 도취를 결여한 파리한 생명력의 상태에서 자연을 보는 것이다.

니체는 자연주의 소설가들은 모두 행상(行商)식 심리학을 한다고 본다. 이들은 전체를 조망하는 시선을 상실했다. 따라서 그들이 그려내는 것은 덕지덕지 바른 물감, 기껏해야 하나의 모자이크이며 어떻든 한데 거둬 모은, 불안정하고 겉만 번지르르한 어떤 것이다. 이 중에서 최악의 것을 니체는 공쿠르 형제의 것으로 보고 있다. '관찰을 위한 관찰'은 오히려 전체를 잘못 보게 되고 왜곡되게 보게 되며 과장된 억지 결과를 내놓는다. 타고난 심리학자나 타고난 화가는 보기 위해서 보는 것을 경계한다. 그들은 결코 '자연에 의지하여' 일하지 않는다. 그들은 자연, 사건, 체험을 걸러내며 그렇게 걸러내는 일을 자신들의 본능에 맡긴다.

따라서 니체는 자연은 예술의 모델이 될 수 없다고 말한다. 자연은 과장하고 왜곡시키며 틈을 남겨둔다. 자연은 우연이다. 자연주의는 우연한 자연에 자신을 내맡기는 연약함, 숙명주의다. 자연주의는 자질구레한 사실들을 중시하면서 그것에 굴종하는 것이다. 이러한 태도는 완전한 예술가에게는 어울리지 않는다.

자연주의 예술과는 달리 진정한 예술은 사물과 세계를 그대로 반영하는 것이 아니라 변모시키고 자신의 충만하고 완전한 힘에 상응하게 사물과 세계를 완전하게 만든다. 니체는 이러한 변모를 이상화라고 부르고 있다. 이러한 이상화는 사소한 것을 제거하는 것이 아니라 오히려 사물과 세계의 근본적인 특징을 드러내는 것이며 이와 함께 사소하고 보잘것없는 것은 저절로 사라지게 하는 것이다. 즉 진정한 예술가는 사물에게 자신의 충일한 힘을 증여하며 나누어 준다.

니체는 이렇게 말하고 있다.

심리학자들을 위한 교훈. ─ 행상(行商)식의 심리학을 하지 말 것! 관찰**을 위한** 관찰을 하지 말 것! 이 경우에는 잘못된 시각을 갖게 되며 삐뚤어지게 보게 되고 억지스럽고 과장하는 결과가 나오게 된다. 체험해 보고 싶은 **욕망** 때문에 체험하는 것 ─ 이것으로부터는 제대로 된 결과가 나올 수 없다. 체험하는 동안 자기 자신을 돌아봐서는 **안 된다.** 그 경우 모든 시선은 '흉조의 시선(böser Blick)'이[77] 되고 만다. 타고난 심리학자는 보기 위해서 보는 것을 본능적으로 경계한다. 이러한 사실은 타고난 화가에 대해서도 타당하다. 타고난 화가는 '자연에 따라' 작업하지 않는다. 그는 자신의 본능, 즉 **자신의 암실**(暗室, camera obscura)에게,[78] '사건', '자연', '체험'을 걸러내고 표현하는 일을 맡긴다. … 그의 의식으로 들어오는 것은 **보편적인 것**, 결론, 결과뿐이다. 다시 말해서 그는 개별적인 경우들에서 [보편적인 것을] 자의적으로 추상해 내는 것에 대해서는 전혀 알지 못한다.[79] 그렇지 않을 경우 어떤 결과가 빚어지겠는가? 예를 들어 파리의 소설가들처럼 행상식의 심리학을 한다면? **그것**은 말하

---

77) 독일에 널리 퍼져 있었던 오랜 미신에 따르면 어떤 사람들은 '시선'을 통해서 또는 시선과 결합된 말을 통해서 다른 사람이나 타인의 재산에 마법을 걸어 해를 입히는 마력을 가지고 있다고 한다. 이런 시선을 böser Blick이라고 불렀다.

78) camera obscura는 '어두운 방'을 의미하는 라틴어로 카메라라는 말의 어원이 되었다. camera obscura는 방을 어둡게 만들고 벽에 작은 구멍을 내어 건물의 외부 대상으로부터 오는 빛이 그 작은 구멍을 통과하면서 반대쪽 벽에 외부 대상의 모습을 투사하게 만드는 광학장치를 말한다.

79) 타고난 화가는 본능적으로 보편적인 것을 통찰하지, 개별적인 것들의 비교를 통해서 보편적인 것을 추상해 내지 않는다는 것이다.

자면 현실을 숨어서 기다리다가 매일 저녁 신기한 것들을 한 줌씩 집으로 가지고 돌아오는 것과 같은 것이 된다. … 그러나 이 경우 궁극적으로 어떤 결과가 나오게 되는지를 보라. 얼룩들의 집합, 가장 잘한 경우에도 하나의 모자이크, 어떻든 함께 덧붙여놓은 것, 불안정하고 색깔만 요란한 것. 이런 것들 중에서 최악의 것을 공쿠르 형제가 이룩해 놓고 있다. 그들은 눈을, 즉 **심리학자**의 눈을 고통스럽게 하지 않는 세 문장도 함께 연결시키지 못한다. 자연은 예술적으로 평가할 때, 모델이 될 수 없다. 자연은 과장하고 왜곡하며 빈틈을 남긴다. 자연은 **우연**이다. '자연에 따르는' 연구는[80] 나에게는 나쁜 징표로 보인다. 그것은 종속, 약함, 숙명론을 드러내며, 자질구레한 사실들 앞에 이렇게 바짝 엎드린다는 것은 **완전한** 예술가에게는 어울리지 않는다. **있는 그대로** 본다는 것 — 이것은 다른 종류의 정신, 즉 **반(反)예술적**이고 사실적인 정신에 속한다. 우리는 자신이 **누구인지를** 알지 않으면 안 된다.

비관주의적 예술이란 있을 수 없다. … 예술은 긍정한다. 중요한 일은 긍정하는 것이다. 그런데 졸라는? 공쿠르 형제는? 그들이 전시해 보이는 것은 추악한 것들이다. 그러나 그들이 그러한 것들을 전시해 보이는 이유는 **그러한 추악함에서 기쁨을 느끼기 때문이다.**

---

80) 자연주의처럼 사실을 있는 그대로 파악하겠다는 식의 연구를 말한다.

6. 바그너 음악 비판

니체는 오늘날의 인간을 최후의 인간이라고 말한다. 이러한 인간은 일신의 안락을 가장 중요한 것으로 간주하면서 삶의 안정과 소소한 쾌락을 추구한다. 이들에게는 사나운 본능이 잠들어 있으며 이들은 휴식을 위해서 여행을 하고 바그너의 음악을 듣는다. 바그너의 음악은 음악에 연극적 효과와 신화적 요소 등을 끌어들임으로써 사람들을 마취시키는 효과를 갖는다. 니체는 바그너의 음악이 진정으로 사람들을 고양시키고 강화하는 것이 아니라 삶에 지친 사람들을 마취시킴으로써 이들에게 일시적인 위로를 제공하는 성격을 갖는다고 본다.

니체는 이렇게 말하고 있다.

우둔할 수 있는 권리. ― 선량한 눈빛을 갖고 세상일을 되어가는 대로 내버려두는 지칠 대로 지쳐서 천천히 숨을 몰아쉬는 노동자. 노동의 (**그리고** '제국'의!) 시대인 오늘날 사회의 모든 계층에서 마주칠 수 있는 이러한 전형적 인물은 책, 무엇보다도 저널을 포함해서 **예술**까지도 자기네 것으로 주장하고 있다. 그뿐인가. 아름다운 자연과 이탈리아는 말할 것도 없다. … 파우스트가 말하는 '잠들어 있는 야성적인 충동'을 가진 이 저물녘의 인간은 여름날의 피서지를, 해수욕을, 빙하를, 바이로이트를[81] 필요로 한다. … 이러한 시대에 예술은 정신과 지혜 그리고 마음을 위한 일종의 휴식으로서의 **순수한 어리석음**이란[82] 성격을 가질 수 있는 권리를 갖는다. 이러한 사실을 바그너는 잘 알고 있었다. 순수한 어리석음이 일종의 회복제 역할을 한다.

───

더 나아가 이 독일 음악[바그너의 음악]은 가장 신경을 망가뜨리는 것이며, 술 마시기 좋아하고 애매함을 미덕으로 찬양하는 민족[독일 민족]에게는 이중으로 위험하다. 즉 그것은 도취시키는 것과 동시에 몽롱하게 한다는 이중의 속성을 갖는 마취제라는 점에서 위험한 것이다.

───

81) 바이로이트는 바그너 음악제가 열리는 독일의 도시로서 여기서는 바그너의 음악을 가리킨다.
82) 바그너의 오페라 『파르시팔』의 주인공 파르시팔은 순진한 바보로 묘사되고 있는데 이러한 순진성으로 그는 모든 유혹을 이겨낸다.

독일 음악에 대해서는 많은 경계를 할 필요가 있다고 생각한다. 남유럽은 가장 정신적인 면과 관능적인 면에서 치유의 위대한 학교이며, 자신에 대한 긍지와 신뢰에 넘치는 존재를 비추는 태양에 의한 정화가 일어나고 태양빛의 넘칠 듯한 충만함이 존재하는 곳이다. 내가 이러한 남유럽을 사랑하듯이 누군가가 남유럽을 사랑한다고 가정해 보자. 그런 사람은 독일 음악에 대해서 조심할 필요가 있음을 알게 될 것이다. 왜냐하면 독일 음악은 그의 취미를 타락시키면서 그의 건강도 함께 망치기 때문이다. 혈통이 아니라 **믿음**에 의해 남유럽인이 된 사람이 음악의 미래를 꿈꾼다면 그는 북유럽으로부터의 음악의 해방을 꿈꾸게 될 것이며, 보다 심원하고 보다 강력하며 아마도 보다 악하고 비밀에 찬 음악, 관능적인 푸른 바다와 지중해의 밝은 하늘빛을 눈앞에 두고도 모든 독일 음악처럼 수그러들거나 시들어버리거나 희미해지지 않는 초(超)독일적인 음악의 서곡을 듣게 될 것임에 틀림없다. 그러한 음악은 동시에 초유럽적인 음악이다. 그것은 사막의 갈색 일몰(日沒) 앞에서도 의연하며 그 영혼은 야자수와 같아서 거대하고 아름답고 고독한 맹수들 사이에서도 두려움 없이 배회할 줄 안다. 나는 선과 악에 대해서 더 이상 아무것도 알지 못하는 것을 자신의 가장 희귀한 매력으로 갖는 음악, 그리고 때때로 뱃사람의 향수 같은 것과 황금빛 그림자와 부드러운 약함 같은 것이 그 위를 스쳐 지나가는 음악을 떠올릴 수 있다. 또한 몰락하고 있으며 거의 이해할 수 없게 된 다채로운 **도덕적** 세계가 피신처를 구해 자신에게로 도피해 오는 모습을 아주 멀리 떨어진 곳에서 보면서, 그렇게 뒤늦게 찾아든 도망자를 기꺼이 받아들일 만큼 친절하고 깊이가 있는 예술을 떠올릴 수 있다.

박찬국

서울대학교 철학과 교수.

서울대학교 철학과를 졸업하고 동대학원에서 석사학위를, 독일 뷔르츠부르크 대학교에서 철학박사학위를 받았다. 니체와 하이데거의 철학을 비롯한 실존철학이 주요 연구 분야이며 최근에는 불교와 서양철학의 비교를 중요한 연구 과제 중 하나로 삼고 있다. 2011년에 『원효와 하이데거의 비교연구』로 제5회 청송학술상, 2014년에 『니체와 불교』로 제5회 원효학술상, 2015년에 『내재적 목적론』으로 제6회 운제철학상, 2016년에 논문 「유식불교의 삼성설과 하이데거의 실존방식 분석의 비교」로 제6회 반야학술상을 받았으며, 『초인수업』은 중국어로 번역되어 대만과 홍콩 및 마카오에서 출간되었다. 주요 저서로는 위의 책들 외에 『그대 자신이 되어라: 해체와 창조의 철학자 니체』, 『들길의 사상가, 하이데거』, 『하이데거는 나치였는가』, 『하이데거의 《존재와 시간》 강독』, 『니체와 하이데거』 등이 있고, 주요 역서로는 『니체 I, II』, 『근본개념들』, 『아침놀』, 『비극의 탄생』, 『안티크리스트』, 『우상의 황혼』, 『상징형식의 철학 I, II』 등이 있다.

니체의 문화혁명: 건강한 문화, 병든 문화

1판 1쇄 인쇄　2018년 6월 20일
1판 1쇄 발행　2018년 6월 25일

　　지은이　박 찬 국
　　발행인　전 춘 호
　　발행처　철학과현실사

　　등록번호　제1-583호
　　등록일자　1987년 12월 15일
　　　　　　서울특별시 종로구 동숭동 1-45
　　　　　　전화번호 579-5908
　　　　　　팩시밀리 572-2830

　　　　　　ISBN 978-89-7775-811-7 03160
　　　　　　값 15,000원